乱世先生

师者，所以传道、授业、解惑也。在那个乱世，有这样一群先生，为教育甘奉献，为传承壮根源。

一 丁 ◎ 著

台海出版社

图书在版编目（CIP）数据

乱世先生／一丁著. —北京：台海出版社，2016.1
ISBN 978－7－5168－0847－4

Ⅰ.①乱⋯ Ⅱ.①一⋯ Ⅲ.①纪实文学－作品集－
中国－当代 Ⅳ.①I25

中国版本图书馆 CIP 数据核字（2016）第 012941 号

乱世先生

著　者：一　丁

责任编辑：侯　玢
装帧设计：张子墨　　　　　　版式设计：红　英
责任校对：史小东　　　　　　责任印制：蔡　旭

出版发行：台海出版社
地　址：北京市朝阳区劲松南路 1 号　　邮政编码：100021
电　话：010－64041652（发行，邮购）
传　真：010－84045799（总编室）
网　址：http://www.taimeng.org.cn/thcbs/default.htm
E - mail：thcbs@126.com

经　销：全国各地新华书店
印　刷：河北信德印刷有限公司
本书如有破损、缺页、装订错误，请与本社联系调换

开　本：880 mm×1230 mm　1/32
字　数：225 千字　　　　　　印　张：10
版　次：2016 年 5 月第 1 版　　印　次：2024 年 5 月第 2 次印刷
书　号：ISBN 978－7－5168－0847－4

定　价：46.00 元

序　曲

　　教育是一场累年跋涉的文化苦旅，任重而道远。

　　盘古开天，生灵苍茫，结绳治事，磨石山塘。口耳相传，技能绵长，观察模仿，教育初张。黄帝史官，仓颉造字，意符文笔，风骨万方。

　　西周兴校，贵族"国学"，礼乐射御书数，官府华堂；庶民"乡学"，礼教政三物，相聚民房；典章文物，道德流芳，"明人伦"，万古香。

　　春秋私学兴，战国争鸣忙。孔丘墨子，"显学"始昌。孔徒三千，有教无类，《诗》《书》《礼》《易》，《春秋》南望；立志乐道，自省克己，身体力行，改过善良。上说下教，墨翟首创，饥者得食，寒者得衣，乱者得治，"贤士"兼爱倡。孟子"性善"，荀子"积靡"，兴教学扬，相得益彰。《礼记》华章：尊师重道，教学相长，豫时孙摩，相辅息藏，启发诱导，长善救亡。

　　秦与汉，统大疆。罢百家、尊儒术，改选士，太学创，理古籍，文字量。董仲舒，性善恶，强道德，必正我；王充笑，"鸿儒"仰。

　　魏晋南北朝，"儒""玄""史""文"，四学并扬，医学始昌。嵇康君，"玄学"强；颜之推，家教忙。

隋唐五代，科举新场。"生徒"起，出校坊；"乡贡"来，州县堂；"制举"诏，由帝皇。韩愈"师说"，妙语华章，业精于勤，道出衷肠，博览精学，言明专长，"传道""授业"加"解惑"，育出华夏好栋梁；柳宗元兴教，文以明道常，交以为师生，补短各取长，顺天与致性，博采大众长，奋志和厉义，凛然绝仓惶。

宋元"重文"，"兴学"繁忙。范仲淹知政，州县立学堂，策论与经学，"苏湖教法"扬；王安石两度为相，太学"三舍法"首创，专设武、律、医分学场；徽宗崇宁时，全国兴学强；书院兴山梁，众生读书忙，白鹿洞石鼓岳麓、应天府嵩阳茅山，六大书院走笔狂；朱熹尊儒学，白鹿洞重妆，"存天理、灭人欲"，"书院揭示"上墙，"小学""大学"分房，居敬务穷理，学思要力行，因材来施教，读书六法尝：循序加渐进，熟读精思量，虚心与涵泳，切己体察偿，著紧勤用力，居敬持志昂。

明代崇儒纳士，八股创立盛行，横施文化专制，思想禁锢深层；王守仁，"心即理"，"致良知"，起扶桑，"训蒙教约"，孝悌忠信、礼义廉耻，声誉遍城乡，"知行合一"，并进知行，"各得其心"，自求自刚。

明末清初，动荡民伤，黄宗羲、顾炎武、王夫之、颜元诸贤达，"实学"不落荒；王夫之畅笑，人性乃"气禀"，"新故相推"行，"行可兼得知，知不可兼行"；颜元批传统，毁坏人才、灭绝圣学、败坏市风，必治这三伤，强调兴"实学"，"礼乐兵农"昌；龚自珍求改良，反对脱离实际，主张经世致用详；魏源学西方，革除"人心之寐"、"人才之虚"，绝不再彷徨；洪仁玕斥责："不务实学，专事浮文"，主张建造火车、轮船、钟表作坊，施以宗教道德、科学技术、文学艺术"三宝"教育，不断兴城乡。

洋务运动起，戊戌变法至，京师同文馆，创办新学堂；容闳率幼童，一百又二十，留学美利坚；张之洞《劝学篇》，"中学为体，西学为用"谱华章，起草《奏定学堂章程》，祖国首个近代学制扬；康有为，变科举，废八股，兴学堂，《大同书》，去国、去家、男女平等新主张；梁启超，开民智，育新民，师范教育兴城乡；严复论教，救国良方，新体系：蒙学堂，中学校，大学堂，留学常，省立师范学堂，五管齐下，各领风光。

蔡元培，德、智、体、美和谐行；陶行知，生活教育逾高墙；张伯苓，南开先生四育忙；黄炎培，职业学校出好郎；竺可桢，求是学风引思量；徐特立，不动笔墨不读书；吴玉章，素质教育第一强；吴贻芳，女校天地首开创；孙敬修，小故事里大道扬；晏阳初，平民化教育行四方；陈鹤琴，儿童专家永留芳……

东方红，升艳阳，新中国，普教忙，义务普九，免费学堂，教育改革，人才成长，《新华字典》，发遍村庄，教利万民，欢腾昂扬！

壮耶美哉！圆梦图强！师生同心，步履铿锵；教化后人，城乡统量；登月探海，誉远声翔。

教育兴邦，有教无类兮育出好栋梁；

华夏兴旺，反腐自强兮盛世新辉煌！

吾今起柔笔，追思落彷徨；小文醒悟否？揪心醉夕阳。

一丁

2014 年 4 月 11 日·科技城·梦想苑

目　录

梁启超：做一个有个性的人

梁启超，1873 年 2 月 23 日生于广东新会县熊子乡茶坑村，字卓如，号任公，又号饮冰室主人、中国之新民等。1929 年 1 月 19 日，病逝于北京协和医院，他 56 个春夏秋冬的行走，怀揣的梦想，就是爱国与救国。

他 5 岁始读《四书》《五经》，8 岁学写文章，9 岁能写千字文，12 岁考中首榜秀才第一名，被乡里人称为"神童"。

他师从康有为，一生行为深受老师影响，投身政治运动，影响很大。1895 年春，他赴京会试，因甲午战争中国惨败，他协助老师康有为，发动 3000 名在京应试的举人联名上书请求变法，史称"公车上书"。

他支持"五四"运动，倡导文体改良的"诗界革命"和"小说界革命"，倡导新文化运动。他主张教育必须培养新国民，教育必须以培养"新民"为目的。

他是中国近代教育史上较早提出设立师范教育的教育家。1896 年，他在《论师范》一文中专门论述了师范教育：师范教育是"群学之基"，是整个教育质量提高的基础与保证。

他既不盲目于新学，也不固执泥古，对于我国过去思想界受儒家思想的束缚，极为不满；他认为这种儒家思想所形成的束缚，使我国两千年来殊少杰出的大思想家，即使有也只能托古而存，毫无独立精神。所以他一生致力于提倡思想自由，力图破除这种思想界的痼疾。

他思想独特，著作等身，1400多万字的遗作，合编为《饮冰室合集》，极大地丰富了我国史学、哲学、法学、社会经济学、新闻学等诸多领域的学术研究。其中，《新民说》拉开了中国启蒙学的序幕，"五四"后的思想家，无论是胡适、鲁迅，还是陈独秀、李大钊、毛泽东，在青年时代都接受过《新民说》的思想洗礼。

岭南神童

梁启超，在家中排行老大，论干支，癸酉年，属鸡；论星座，则为双鱼座。

梁氏家族在他以前，已经发展了250多年。家族始于宋代梁绍，进士，于广东为官，居南溪雄珠玑里，传3代；梁南溪始迁新会县大石桥，传12代；梁谷隐于茶坑村立户，谷隐10世孙为他高祖；高祖子名炳昆，炳昆8子中老二，名维清，是他祖父。梁氏代代农耕为业，是最普通的农民，到他祖父才一边勤耕苦种，一边攻读诗书，最终考取了秀才，成为当地受人尊敬的乡绅。

岭南多豪杰。他就生长在这样一个岭南福地，祖父梁维清，已经成为靠剥削起家的小地主，梁姓在茶坑村100多户人家、5000多人中已达2/3，势力较大。

他的家族，虽已富裕，但在整个地主阶级中，还属于"富而不贵"的小地主。梁氏家族，还没有人通过科举，跻身于上层封建统治者中。

对此，他祖父深以为憾，决心改变这种局面，自己苦读诗书，以期实现为官梦。夫人黎氏，是广东提督黎第光之女，对改变梁氏门庭也很卖力。然而，奋斗多年，梁维清也只中了个秀才，挂名府学生员，在仕途上也不过做到教谕，管理县文教事业。在清代九品之制的官阶中，位列八品，职位卑微。

祖父在茶坑村，却是个大人物，春风得意，算是给梁家开辟了通往官场的道路。凭借教谕的头衔和身份，购买图书，置买10多亩好地，满怀信心地让儿子梁宝瑛在自己拓开的道路上，继续奋斗。

梁宝瑛是梁维清的三儿子，是梁启超的父亲。

祖父对他的父亲要求极严，千方百计地让他父亲刻苦攻读，希望他父亲能博取功名，光宗耀祖。

然而，他父亲不仅没能更上层楼，而且苦读一生，连续应试，从少年童子考到两鬓染霜，连半个秀才也没有捞到，只落得茶坑村的私塾先生。

但梁宝瑛一生勤奋，事事按儒家伦理道德律己，严守家风，为后代能跻身官场费尽心血。

父亲的为人，使之在茶坑村有了威信，掌握着老会长达30多年，为乡邻做过一些善事，为乡亲所拥戴。

母亲赵氏，出身书香门第，粗知诗文，勤劳干练，贤淑聪慧，以"贤孝"闻名乡里，属于典型的贤妻良母。母亲的敦厚朴实、温柔忍让，对他的一生产生了深远的影响。

他祖父在一大群孙儿、孙女中，最看重、最疼爱他。6岁以前，他一直生活在祖父身边。白天，他跟着祖父一起读书、玩耍；夜里，就和祖父睡在一张床上，听祖父给他讲历史故事。他祖父喜欢讲古代英雄豪杰、学者硕儒的故事，尤其喜欢讲宋代、明代亡国的故事，对那些沉痛的往事，总是津津乐道。

虽然成长于优越的家庭环境中，但梁启超不是沉醉于玩乐，而是早早地开始了启蒙。母亲在他两三岁时，就教他认字。他的祖父，在他四五岁时，就笑着引导他，读起了四书五经；一到晚上，他祖父还一边让他背书，一边给他讲故事；他祖父还教他手握毛笔，练习书法；他6岁未满，就读完了五经。之后，他到父亲的私塾学习《中国略史》等课程，开始接受比较系统的中国历史知识。8岁，他就学作八股文了。在祖父、父母的悉心教导下，他学业大进，9岁时，就写出了洋洋洒洒数千言的八股文章。

梁启超才华早露，童年时就常表现出惊人的智慧，深受梁氏家族的宠爱。

有一次，他爬着竹梯登高玩耍，他祖父怕危险，急忙叫他："下来，快下来！莫跌下来呀……"他看到祖父站在梯旁，竟双手扶梯又攀了一级，还叫道："有人在平地，看我上云梯。"祖父听了开怀大笑，感到自己孙子非比寻常。

有一天，他在外玩得满头大汗，口渴回家，看到父亲正和客人笑谈，他却没管那么多，自顾自提起茶壶给自己倒水，正要喝却被客人叫住："启超，听说你认识很多字，你过来我考考你。"说完在茶几上的大纸上狂草了一个"龙"字，问他："你读给我听听。"他端着碗看了一眼字，摇了摇头。客人见他连龙字都没认出来，哈哈大笑起来。他却没有理会，而是将水一口气喝了下去。客人看了笑着说："饮茶龙上水。"他看着笑的洋洋得意的客人，回应道："写字狗耙田。"客人收敛了笑容。他父亲很尴尬，正要惩罚他，客人却夸赞道："了不得！令公子才思敏捷，对答工整，好！好！好！"

他刚满9岁时，祖父和父亲就决定让他去广州考秀才。他第一次出远门，从新会上船沿西江而上。同船的多是赶考的，四五十岁的、十多岁的比比皆是，他年龄最小，不免胆怯。

这天中午，大家在船中进餐，忽然有人提议，以餐中咸鱼为题，吟诗助兴。大家还在冥思苦想，他就忍不住吟了两句：太公垂钓鱼，胶鬲举盐初。

他话音一落，就博得了一片喝彩。有的说，这两句诗，诗意浓郁，风格高雅；有的说，他年纪最小，出句最快又好，才华不同寻常。从此，他舟中咏诗的故事，不胫而走，梁家"神童"的声名，传遍了新会，响誉岭南。

梁启超10岁那年，跟父亲进城，夜里，住在秀才李兆镜家。第二天早晨起来，他就到李家正厅对面的杏花园玩耍，看见朵朵带露杏花，争妍斗艳，十分可爱，就伸手摘下几朵。

突然，他听到一阵脚步声，抬头一看，是父亲和李秀才。他急忙把杏花藏进袖子里，但还是被他父亲看见了。父亲不好意思在朋友面前责怪儿子，就严肃地吟出上联："袖里笼花，小子暗藏春色。"本来他父亲打算用对联来处罚儿子，却不料，他在抬头间偶然看到对面厅檐挂着挡煞的镜子，急中生智对道："堂前悬镜，大人明察秋毫。"

李兆镜听父子俩的对子，禁不住拍掌叫绝，笑着说："让老夫也来考考贤侄，'推车出小陌'，怎样？"话音刚落，梁启超就立即回应："策马入长安。""好，好！"李兆镜笑容满面地连声夸赞。

11岁那年，他到省城参加考试，一举考中秀才。考完试之后，主考的三品大员、广东学政使叶大焯，得知广东出了这么一个神童，再细细阅读了他的试卷后，大为赞赏，专门召见他和几个年龄稍小的秀才面试，与他们谈论经学、唐诗宋词和唐宋八大家等。

被接见的新科秀才，一个个进去后，很快就退了出来，惟独他，虽然小小年纪，却无所不知，对答如流。叶大焯不觉十分高兴，对他大加赞赏。

机灵的他，在赞赏声中马上跪下请求说："老师啊，我的祖父今年已经是七十高龄，他的生日是农历冬月二十一，弟子很快就回家乡看望他老人家了，如果在我为祖父祝寿时，能得到先生所写的寿言，一定会使我祖父延年益寿，而且，还可以告慰叔父和父亲的孝顺之心。"

叶大焯听完这个稚气未脱的孩子说出这番成熟的话语，大为惊讶，并深深地为他这份孝心所感动，于是接受了他的请求，欣然提笔，为梁老先生写下了寿文。

叶大焯在这篇洋洋洒洒的祝寿文中，表达了三层意思：一、梁启超才学不凡，可与历史上的吴祐、任延、祖莹相媲美；二、劝勉梁启超不可骄傲，巩固所学的知识，勤学新的知识，树立远大的理想；三、梁家教子有方，茶坑人杰地灵，梁启超前途不可限量。

回到家中，他祖父一读，惊讶地瞪大双眼，手理胡须，笑着说："广东学政是朝廷三品大员呀，竟亲自挥笔为老夫写寿文，真是大喜过望，大喜过望啊！"

茶坑村双喜临门，就像过节一样，既庆祝他考中秀才，又庆贺他祖父得到高官的祝寿。

光绪十五年（1889 年），年仅 17 岁的他，参加了广东乡试，顺利考中举人，排名第八，而且是这次新会籍考生中成绩最优秀的一个，也是全省考生中年纪最小的一个。

在这次乡试中，他的试卷文章，写得洋洋洒洒，气势磅礴，思路敏捷，富有才情，自然引起了两位主考官的特别关注。

正主考官李端棻，是贵州省贵筑人（今已并入贵阳）；副主考官为福建人王仁堪。两人都很赏识梁启超的学识与才华。

李端棻心想，自己多年来担任乡试主考官，从来就没有遇到像梁启超这样才学超群的学子，他感到应该和梁启超见见面，试试他的真正才学，同时，李端棻心想，自己有个年轻的堂妹，待字闺中，不如乘此机会，撮合撮合，兴许能成就门婚事，于是，李端棻就请副主考官王仁堪作媒。

正当李端棻如此考虑的时候，副主考官王仁堪也因为很欣赏梁启超的才智，想把自己尚未出阁的女儿，许配给这位年轻举子。

当李端棻提出请王仁堪做媒人的时候，王仁堪目瞪口呆，半晌说不出一句话来。但是，由于李端棻最先提出，王仁堪内心虽然有说不出的惋惜，最后也只得无可奈何地答应了。

后来，李端棻借与考生面谈的机会，直接向梁启超提出了自己的想法。

他在主考官面前，一时之间，无法拒绝，而且他也无意拒绝这门婚事，便深深地感谢主考官的厚意和栽培，并马上写信告诉了父母。他父亲知道这件事之后，觉得很不妥当，因为自己家族，世代耕读，李家则世代为官，难以高攀，门不当户不对，就婉言谢绝了。李端棻却并不死心，坦然写信给他的父亲说："我也知道启超出自寒门，但他前途无量，不久即可青云直上。我家物色的是人才，而不是从贫富来考虑，而且我也知道我的堂妹深明大义，我才敢于为她主持这门婚事，你们就不必推却了"。

就这样，这门婚事就定了下来。

后来，李小姐在他的一生中起着重要的作用，成为一段佳话，当然，这是后话。

康梁维新

梁启超考中举人以后，并不满足已取得的成就，他继续努力学习，在广州的学海堂发奋读书。

一

学海堂中，他有一个同学陈千秋，是南海县西樵乡人，两人非常要好。

一天，陈千秋从外面回来，非常兴奋地对他说："梁兄，我听说南海康有为先生上书皇帝请求变法，现在，他刚巧从京师回来，我正想前去拜见他，他的学问是我与你所想象不到的。如果我们现在能找到一位好老师，那就太好了。"

陈千秋见他还是一脸纳闷，就向他介绍了康有为的学问和思想——1888 年，康有为在北京参加顺天乡试，写了一封 5000 字的《上清帝书》，向光绪皇帝提出："强邻四逼于外，奸民蓄乱于内，一旦有变，其何以支？"他还警告皇帝，如果还是因循守旧，不变法图强，外国列强必然会进一步深入国土，像太平天国那样的起义就会再次发生。本来康有为在这次乡试中，已经考中举人，可是顽固派大臣徐桐认为，"像康有为这样轻狂之人，如果让他考中，今后必然会将朝廷搞得乌烟瘴气。"于是，抽去了康有为的试卷，使他不幸落榜。但这次上书却轰动了整个北京官场，产生了较大的社会影响。

这个消息大大地震动了求知欲极强的梁启超，他急切地恳求陈千秋说："陈兄，我也想见见这位康先生，你快带我去见见他吧！"陈千秋爽快地应允了。

初次见面，两人竟从早上8点聊到晚上7点。梁启超后来追忆这段往事说，康有为以"大海潮音作狮子吼"，给了他当头棒喝。

见到康有为后，他便决定正式拜康有为为师。

他和陈千秋二人，共同请求康有为自己开学馆。于是，康有为就在广州长兴里，成立了"万木草堂"，从此，梁启超就结束了在学海堂的学习。

1890年，18岁的举人梁启超，拜33岁的监生康有为为师！

康有为中举，是1893年的事，比梁启超中举晚四年。他拜康有为为师，是举人拜秀才，这在历史上是罕见的。

二

万木草堂，是康有为用以讲学、培养人才和宣传文化思想的基地，草堂的命名含有培植万木、为国家培养栋梁之才的深意。

不过，鲜为人知的是，万木草堂本是丘氏宗祠，原名丘氏书室，也是教育家、爱国志士、清末岭南三大诗人之一的丘逢甲族人祭祖、授课之地。

康有为创办万木草堂，主张"脱前人之窠臼，开独得之新理"。1891年3月，康有为以《论语》"志于道，据于德，依于仁，游于艺"为纲，撰写了《长兴学记》，作为万木草堂的学规，对学生施以德、智、体教育。

在德育方面，康有为提倡慎独、主静、厉节、养心、敦行孝悌、检摄威仪、崇尚任恤、同体饥溺等道德修养，内容虽没摆脱封建教育巢臼，其目的却在于激励气节，发愤图强。

在智育方面，康有为开设四种课程：经世之学、义理之学、词章之学和考据之学。义理之学，包括孔学、佛学、周秦诸子之学、宋明理学等；经世之学，包括政治学原理、政治应用学、中国政治沿革得失、万国政治沿革得失、群学等；词章之学，包括中国词章学、外国语言文字学；考据之学，包括中国经学、史学、数学、地理学、万国史学、格致学等等。

最初，万木草堂的学生不满 20 人，后来，声名鹊起，学者日众，增至 100 多人；1893 年，学生猛增至数百人，于是，再次搬迁至广府学宫仰高祠（今文明路广州市第一工人文化宫内）

1894 年康有为赴北京参加会试，一度停办。1896 年后又有短期讲学活动。

三

1894 甲午年，日本侵略中国和朝鲜，史称"甲午战争"。中国战败。1895 年 4 月 17 日，清政府负责议和的全权大臣李鸿章与日本首相伊藤博文，在日本马关签订了停战条约，史称《马关条约》。在这个丧权辱国的条约即将签订前，消息传到国人耳中，立即引起了国人及在北京参加会试的各省举人的强烈反对。

此时，康有为倡议发动各省的举人联名上书皇帝，拒绝签订《马关条约》。

经过康有为和梁启超的昼夜奔走呼号，湖南的举人首先响应，福建、江西、贵州、四川的举人跟着响应，河北、山东、河南的举人也随后响应。

结果，进京参加会试的 18 省举人，都被鼓动起来。康有为大受鼓舞，立即用了一天两夜的时间，赶写了 14000 字的"上皇帝书"，史称"公车上书"，慷慨激昂地提出了拒和、迁都、变法三项建议，在文章中签名的举人就有 1300 余人。

后来举人们在松筠庵集会，讨论和通过上书的内容，到会的举人有数百人。在京城这是前所未有的创举，可以说，这是中国后来学生运动的先导。

主和派见到这种情况，马上感到情况不妙，就派人到各省会馆，恐吓举人，要他们撤销签名。胆小之人在威逼下妥协了，然最后仍有 603 人不愿屈服，继续保留签名。

当时朝廷规定：上呈皇帝的文书，不能直达，必须经都察院转呈皇上，但等到四月初十，上书送至都察院时，《马关条约》已提前两天，初八就在烟台换文了。

都察院的官员就推说签约已成，无法挽回，拒绝代收这份"公车上书"。

上书失败之后，康有为、梁启超便把维新思想转向民间宣传，为提高广大民众对时局的认识，他们两人就在上海撰写了《公车上书记》这本小册子。

这次上书，还是由都察院代转，最终顺利到达了光绪帝的手中。

光绪和恭亲王奕訢看了之后，十分欣赏，下令誊抄四份，一份呈慈禧太后，一份交军机处转发各省，一份存乾清宫，一份存勤政殿，以备展阅。

四

1896 年 8 月 9 日，梁启超、汪康年和黄遵宪在上海办《时务报》，这是维新运动时期著名的维新派报纸，也是中国人办的第一份报纸。其中，梁启超是主笔，汪康年任总经理。

梁启超在戊戌时期的重要文章《变法通论》《论中国积弱由于防弊》《论君政民政相嬗之理》等均发表于此报。梁启超为《时务报》撰写的政论，痛陈爱国救亡、呼吁变法维新，言论新颖，在爱国知识分子和一部分开明官僚中引起强烈反响，"士大夫爱其语言笔札之妙，争礼下之。自通都大邑，下到僻壤穷陬，无不知有新会梁氏者"。其他维新人士也纷纷撰稿，揭示日益深重的民族危机，倡言变法，抨击顽固守旧势力，因此报纸颇受读者欢迎，数月间行销万余份，"为中国有报以来所未有"。

《时务报》连载《变法通论》，猛烈抨击封建顽固派的因循保守。由于议论新颖，文字通俗，数月之内，销行万余份，对推动维新运动起了很大作用。

《时务报》发行一年后，发行量从创刊时的3000多份增加到1.2万份，最高达1.7万份，成为维新派最重要、影响最大的机关报。

翌年，梁启超去湖南，仍遥领该刊。由于张之洞横加干预，汪康年总理管起主笔，汪梁之间矛盾激化，他愤然辞职，自第55期后再无梁文，排式也与前不同。

五

1898年7月3日，在梁启超身上发生了一件重要的事，对于梁氏家族来说，这次是他最接近光宗耀祖的一次，可惜当时他祖父已过世——

这一天，光绪皇帝召见了梁启超。按清代惯例，举人得到皇帝召见，至少能成为内阁中书。

遗憾的是，他不谙官话，在这次会面中，把"孝"字说成"好"，把"高"说成"古"，弄得皇帝目瞪口呆。

光绪皇帝大为扫兴，因此只赏了他一个小小的六品衔。而康有为与光绪几小时的长谈，就大受嘉赏。

从这以后，康有为多少受到这次召见的鼓舞，一直以君王师自居。这为后来康梁思想上的分歧，埋下了重重的伏笔。

维新变法，提出的各种新政，涉及政治、经济、文化、教育、军事等方面，包括废除八股、取消旗人特权、改革官制、裁掉各种无用衙门、允许平民上书等等，每一项改革，都将冲击甚至剥夺既得利益者的利益。加上康有为的《新学伪经考》和《孔子改制考》，动摇了传统学者和广大士绅的思想基础，因此，变法受到巨大阻挠，最终以失败告终。

另外，维新党虽改名改革派，却因言论过激，用革命手段改革，得罪了很多温和派。甚至康有为还书生意气的喊道"杀几个一品大员，法即变矣"。

变法失败，政局紧张，朝廷大肆捕拿维新党人。谭嗣同劝梁启超外逃，伊藤博文也要求日本驻华代理公使林权助，想方设法营救他，并说："救他吧！让他逃到日本吧！到了日本，我帮助他。梁这个青年对于中国是珍贵的灵魂啊！"

在这种时局下，梁启超剪掉辫子，穿上西服，东逃日本，一去14年。他还给自己取了个日本名字——吉田晋。

首唱"中华民族"

"中华民族"，这个今天家喻户晓的称谓，是梁启超首先提出，并唱响全世界的。

在"中华民族"一词出现前，国人并无民族观念，而是习惯说华夏、汉人、唐人、炎黄子孙，乃至外国人把我国称为大秦、震旦、支那等等，还有华夷之辨、夷夏之防。这些都不是现代意义上民族国家的称谓。

1894年中日甲午战争后，救亡图存的热潮，迫使国内先进的思想家们开始重新思考许多凝重的问题。严复的《天演论》，使国人意识到了合群的重要，其中发出了"保国、保种"的呼声。

1898年秋，梁启超流亡日本后，沿着严复"保种、合群"的思路，比较系统地研究了欧洲的民族主义论著。1899年在《东籍月旦》一文中，他首次使用了"民族"一词，随后他又从民族进化和竞争的理念出发，大胆提出了民族主义是近代史学的灵魂。他在《新史学》中明确指出："历史者，叙述人群进化之现象而求得其公理公例者也。"这里的人群进化，其实就是民族进化。这时他的民族观念，就已上升到了理论层面。

1901年，在《中国史叙论》中，他首次提出了"中国民族"这一独特的概念，还把中国民族的历史演变，划分为三个时代："第一，上世史，自黄帝以迄秦之一统，是为中国之中国，即中国民族自发达、自竞争、自团结之时代也；第二，中世史，自秦统一后至清代乾隆之末年，是为亚洲之中国，即中国民族与亚洲各民族交涉、繁赜、竞争最激烈之时代也；第三，近世史，自乾隆末年以至于今日，是为世界之中国，即中国民族合同全亚洲民族与西人交涉、竞争之时代也。"

在此基础上，1902年，他正式提出了"中华民族"这一概念。在《论中国学术思想变迁之大势》一文中，他先对"中华"一词的内涵做了说明："立于五洲中之最大洲而为其洲中之最大国者，谁乎？我中华也；人口之居全地球三分之一者，谁乎？我中华也；四千余年之历史未尝一中断者，谁乎？我中华也。"随后，在论述战国时期齐国学术思想地位时，他正式使用了"中华民族"一词："齐，海国也。上古时代，我中华民族之有海权思想者，厥惟齐。故于其间产出两种观念焉，一曰国家观；二曰世界观。"

就这样，从"保种""民族"到"中国民族"，再到"中华"和"中华民族"，他完成了"中华民族"一词的全新创造。

不过刚提出"中华民族"时，他的定义较为混乱，有时，指汉族；有时，又指中国的所有民族。直到 1903 年，在《政治学大家伯伦知理之学说》一文中，他才清晰地赋予了"中华民族"较为科学的内涵。他说："吾中国言民族者，当于小民族主义之外，更提倡大民族主义。小民族主义者何？汉族对于国内他族是也。大民族主义者何？合国内本部属部之诸族以对于国外之族是也……合汉合满合蒙合回合苗合藏，组成一大民族。"

1905 年，他又写了《历史上中国民族之观察》一文，断然结论说："中华民族自始本非一族，实由多民族混合而成。"

6 年时间，中华民族完成了创造，不论形式还是内容，均引起了强烈的反响。当时留日的众多学生都对中华民族的含义展开了热烈讨论。甚至孙中山、章太炎等当时不大关心民族融合的革命党人，也开始思考民族团结、平等的问题。

现在，"中华民族"是多民族共同体这一理念，早已成为了国人的共识。

新民说

梁启超虽然只在人间行走了 56 个春秋，但他精妙治学，辛勤笔耕，给后人留下了 148 卷、1400 万字的宝贵财富。其中，影响最大的莫过于《新民说》。

《新民说》是他在 1902 年至 1906 年，用"中国之新民"的笔名，发表在《新民从报》上的二十篇政论文章。1916 年部分收入《饮冰室文集》；1936 年收入中华书局出版的《饮冰室合集》，同年出版《新民说》单行本。

《新民说》讲述了现代国民应有的条件和准则，旨在唤起国民的自觉：从帝国时代的臣民，转化为现代国家的国民。在 20 世纪的中国起了启蒙作用。

他的每篇文章，都饱含激情，对读者有一种魔力。这也使得他风靡一世，声震天下，成为名副其实的"舆论骄子，天纵文豪"。王文濡挽梁启超："《饮冰》一集，万本万遍，传诵国人，雅俗同赏，得其余沥以弋鸿名而张骚坛者，比比者是也。"

梁启超在《新民说》中首次提出了"新民"思想。他振聋发聩地呼吁"改造国民性"，当时应者云集，且至今还有适用性；尤其难能可贵的是，这个呼吁不仅是口号，他还在探索后提出了具体方案，形成了"新民说"理论。

"新民"一词，出自儒家经典《大学》："大学之道，在明明德，在亲民，在止于至善。"梁启超主张"亲民"即"新民"，而"新"就是革新，革故鼎新。

戊戌变法的失败，使他意识到，人的革新，决定制度的变革，"民德、民智、民力实为政治、学术、技艺之大原"。欲要国家独立富强，先须改造国民、提高国民素质，有"新公民"而后有新的国家。新民说的一个重点，在于大力提倡"公德"，因为，梁启超发现："我国民所最缺者，公德其一端也。昧于公德，则人群不成其为人群，国家也不成其为国家。"反之，"知有公德，而新道德出焉矣，而新民出焉矣。"新民就要有公德、能处群。如何培养新民？他想到借助于艺术（小说）和宗教（佛教）的力量，特写出了有名的论著《论小说与群治之关系》和《论佛教与群治之关系》。

他在《新民说中》还就如何去掉"心中的奴隶"，谈了具体的看法，就是在今天，也很有借鉴意义，他说：

勿为古人之奴隶。对待古人留下的宝贵遗产要珍惜，要继承，但不要被古人的思想束缚，对待文化遗产要有客观分析的精神；

勿为世俗的奴隶。一个时代有一个时代的世俗，但不等于说所有的时代世俗都是好的，都是比前代进步的，盲目追求世俗是不恰当的，对待世俗也需要有冷静的态度，分清是非的精神；

勿为境遇之奴隶。许多人在对待事情时，往往过多的强调环境的作用，将自己或别人的成败归于环境因素，这是不恰当的。我们不能完全否认环境的作用，但是主观的作用才是第一的。当你遇到不好的环境时，应该有克服困难的精神，有实事求是的态度去应对环境，为自己开辟一片有希望的天地。有些青年当遇到困难时甚至采取自残的行为，这是很不应该的，希望你们摆脱"境遇的奴隶"思想，为自己和家人的幸福开辟道路，那怕是很困难的；

勿为情欲之奴隶。情和欲都是人性的表现，压制情欲是不对的，但是对待情和欲要保持正确的态度，自持的态度，不能陷入情和欲望的陷阱中，当情和欲得不到时，你要客观的分析原因，不要一味责备别人或自己，要始终保持冷静态度，就会从情欲的束缚中解脱出来，而且你最终会获得使你幸福的情和欲。

在《新民说》中，他提出了塑造理想国民的思想。他吸收东西方道德特点，针对时代和社会的需要，塑造了一个理想的国民标准，即为"新民"。

"新民"应具有下列特点：要有公德心；要有国家观念；要有进取冒险的精神，人民进取冒险的精神愈盛，其国家也愈强；要有权利观念；要了解自由的真义；要有规律的生活；要认清义务；要能够自尊；要有毅力；要能够合群；要做社会的生利分子，所谓生利分子，并不是要每个人直接参加到生产事业里，而是指所有能够保护生利的人，比如像官吏、军人和医生等，也都是社会的生利分子，而能够增加人类知识、改进人类品质的人，像教育家和文学家等，也莫不是社会的生利分子；要有尚武精神；要注重私德；要具政治能力，他认为，一个政府是否健全，要看这个国家的人民有无行使政治的能力。要建立一个民主有效的政府，人民的政治能力尤其重要。

穿越一个多世纪的历史沧桑，重新阅读《新民说》，让人有一种醍醐灌顶的感觉。《新民说》可以说是我国启蒙思想的处女地，是充满原始气象的混沌之作，惟其混沌，气象和格局之大，后来者无人可比。

可以说，中国的启蒙，非自"五四"起，实乃从《新民说》开始。"五四"的启蒙思想家们，无论是胡适、鲁迅，还是陈独秀、李大钊、毛泽东，在青年时代都接受过《新民说》的思想洗礼。

趣味主义

在梁启超庞大的思想体系中，令后人敬仰和奉行的，莫过于趣味主义人生哲学。

1922 年 4 月 10 日，他在《趣味教育与教育趣味》中，开门见山说地说：

> 假如有人问我："你信仰的什么主义？"我便答道："我信仰的是趣味主义。"有人问我："你的人生观拿什么做根底？"我便答道："拿趣味做根底。"我生平对于自己所做的事，总是做得津津有味，而且兴会淋漓；什么悲观咧厌世咧这种字面，我所用的字典里头，可以说完全没有。我所做的事，常常失败——严格的可以说没有一件不失败——然而我总是一面失败一面做；因为我不但在成功里头感觉趣味，就在失败里头也感觉趣味。我每天除了睡觉外，没有一分钟一秒钟不是积极的活动；然而我绝不觉得疲倦，而且很少生病；因为我每天的活动有趣得很，精神上的快乐，补得过物质上的消耗而有余。

文中他从三个方面，详细论述了自己的趣味主义。结尾，还以孔子为例，来强化这种趣味主义。他说：

> 孔子屡屡说："学而不厌，诲人不倦"，他的门生赞美他说："正唯弟子不能及也"。一个人谁也不学，谁也不诲人，所难者确在不厌不倦。问他为什么能不厌不倦呢？只是领略得个中趣味，当然不能自已。你想：一面学，一面诲人，人也教得进步了，自己所好的学问也进步了，天下还有比他再快活的事吗？人生在世数十年，终不能一刻不活动，别的活动，都不免常常陷在烦恼里头，独有好学和好诲人，真是可以无入而不自得，若真能在这里得了趣味，还会厌吗？还会倦吗？孔子又说："知之者不如好之者，好之者不如乐之者。"诸君都是在教育界立身的人，我希望更从教育的可好可乐之点，切实体验，那么，不惟诸君本身得无限受用，我们全教育界也增加许多活气了。

梁启超从丰富的人生体验和人生阅历中，总结出来了"安身立命"的见解，从中提升、凝固出了一个逻辑建构系统——趣味主义。

到底什么是"趣味"？他认为，趣味就是生机、生趣，正所谓"生趣盎然"，生趣是好的、是值得追求和肯定的，它本身就是一种价值，正如健康是种价值一样。反过来，死气沉沉、老气横秋、病快快，必然是无趣味、没有价值的。

他说："近代文学家写女性，大半以'多愁多病'为美人模范，古代却不然……以病态为美，起于南朝，适足以证明文学界的病态。唐宋以后的作家，都汲其流，说到美人便离不了病，真是文学界的一件耻辱。我盼望以后文学家描写女性，最要紧先把美人的健康恢复了才好。"

他认为，趣味就是乐趣、快乐。这也是一种价值，所以，他赞成"人生行乐耳"的享乐主义人生观。人生在世，追求快乐，理所当然，不去追求快乐，难道要去追求痛苦吗？避苦趋乐、离苦得乐，这是生命的本能。可能会有人理解趣味主义如同享乐主义。然而和享乐主义先师伊壁鸠鲁定义的快乐即"身体的无痛苦和灵魂的无纷扰"不同，他在《教育家的自家田地》中说，趣味的积极表述就是"乐"，消极表述就是"不厌不倦"。真正的趣味应当前后一贯，能够"以趣味始，以趣味终"，而快乐也应当"要继续的快乐"、"要圆满的快乐"、"要彻底的快乐"。

他认为，趣味就是情趣，非偏理智而偏情感，所以趣味教育就是情感教育。他在《中国韵文里头所表现的情感》里说："古来大宗教家大教育家，都最注意情感的陶养，老实说，是把情感教育放在第一位。""情感教育最大的利器，就是艺术。""用情感来激发人，好像磁力吸铁一般，有多大分量的磁，便引多大分量的铁，丝毫容不得躲闪，所以情感这样东西，可以说是一种催眠术，是人类一切动作的原动力。"

他还认为，趣味就是鉴赏力，就是品味。这些都需要培养，文学、音乐和美术，就是诱发和培养趣味的，美感需更新，趣味也如此。"楚王好细腰，宫中多饿死；吴王好剑术，国人多伤疤。""江山代有才人出，各领风骚数百年。"这些说的就是审美，也是趣味。

可见，趣味既是生活的根本，也是艺术的根本，它贯通了生活和艺术，使之因趣味而交汇、重叠。所以当梁启超说趣味是生活的根基、源泉和动力时，实则是说：艺术是生活的根基、源泉和动力。只有返回生活的源头，才能发现艺术，而返回生活源头，就是要回复生活的本真。因此可说，他所谓趣味主义，实则是生活趣味，趣味人生，也即艺术人生。这不仅是一种人生观，更是一种艺术观。

温馨家事

梁启超爱妻纳妾，婉拒红颜，教育九个子女成才，一门三院士，这些往事，虽已随风飘逝，但细细品来，却温馨得令后人赞叹。

发妻李惠仙

1889 年，梁启超 17 岁，参加广东乡试榜列八名，秋闱折桂，成为当时年龄最小的举人。姓李的主考官，看重他年少才高，就把自己的堂妹李惠仙，许配给了他，李惠仙大他 4 岁，二人在两年后结了婚。

婚后次年夏天，两人南归故里。

梁家世代务农，家境并不宽裕，新婚不久的夫妇，只好借用梁姓公有书室的一个小房间，作为新居。广东的气候，溽热难当，久居北方的李惠仙，对这种气候极不适应，但这位从北京来的大小姐，既不嫌恶劣的气候，更不嫌梁家的贫寒，只看中自己夫君的才华。

此时梁启超的生母，早已仙逝，继母只比李惠仙大两岁，李惠仙仍然操劳侍奉，尊老敬孝，深得梁家人喜爱，被乡邻赞为贤妻良母。

维新变法失败后，慈禧太后下令要捉拿维新党人家人，梁家只得避居澳门，逃过这场灭门灾难。至于梁启超，不得不亡命东瀛，流亡十多年。

这种境况下，李惠仙成了梁家的顶梁柱。几个月内，梁启超给她写了六七封家书，高度赞扬她在清兵抄家时的镇定自若，鼓励她坚强应对乱世，还告诉她解闷良言，读书妙法，浓情蜜意，饱凝笔尖。有一封信，这样写道——

"……南海师来，得详闻家中近况，并闻卿慷慨从容，词声不变，绝无怨言，且有壮语，闻之喜慰敬服，斯真不愧为任公闺中良友矣。"

后来，两人相聚日本。他与妻子，相敬如宾，夫妻恩爱，一辈子只吵了一回架，正因这次架，致使他终生悔恨。在李惠仙弥留之际，他忍受不了煎熬，向大女儿梁思顺，坦露了愧疚心情："顺儿啊！我总觉得你妈妈的那个怪病，是我和她打架时留下的，我实在哀痛至极！悔恨至极！我怕伤你们的心，始终不忍说，现在忍不住了，说出来像把自己罪过减轻一点。"

1924年9月13日，李惠仙因不治之症，无力回天，溘然仙逝。他含泪饮悲，写下了《祭梁夫人文》：

> 我德有阙，君实匡之，我生多难，君扶将之；我有疑事，君榷君商；我有赏心，君写君藏；我有幽忧，君噢使康；我劳于外，君煦使忘；我唱君和，我揄君扬。

三拒侨商美女何蕙珍

1899年底，梁启超应康有为之邀，到美国檀香山办理保皇会事宜。

有一天，檀香山一位何姓侨商设家宴款待他。当他走入何家大院时，就看见出迎的主人身边站着20岁的女儿何蕙珍。这个出身侨商之家的何小姐从小受过西方教育，16岁做老师，英文很好，因而担任梁启超的翻译。

翻译当然紧贴他落座，席间，何小姐长发飘逸、谈吐不凡、学识广博、尤为活跃。她还十分熟悉梁启超的著述，仿佛宴会成了何小姐和他的交流会。席近尾声，何小姐拿出一份原稿说："这是我代先生笔战而起草的英文中译稿，请先生惠存并予指教。"

他接过手稿顿时冰释疑惑：他刚到檀香山时到处演说，清廷买通了一家当地报纸，不断写文章攻击他，他虽心有不服，却无奈不懂英文，只好置之不理。可没过多久，另一家报纸上却连载了为他辩护的文章，文字清丽，论说精辟，只是文章没有署名。如今真相终于大白。

临别时，何蕙珍含情脉脉地对他说："我十分敬爱梁先生，今生或不能相遇，愿期诸来生，但得先生赐一小像，即遂心愿。"数日后，他践约把照片赠给了何小姐，何小姐当即回赠了亲手织绣的两把精美小扇。

顿时，他坠入了情网。

没过多久，有位好友专程拜访他，笑着劝他：如果娶个懂英文的夫人，会对事业更有帮助。

他沉思片刻，回应说："我知道你说的是谁。我敬她，爱她，思念她，但我已有妻子，我曾和谭嗣同君创办'一夫一妻世界会'，我不能自食其言；再说，我这头颅早已被清廷悬赏十万，连妻子都聚少散多，怎么能再去连累人家呢？"就这样，他第一次婉言拒绝了何蕙珍。

没过几日，何小姐的英文教师，宴请梁启超。席间，他见到何蕙珍，心情极其复杂，避开所有的敏感话题。

倒是何蕙珍谈吐自如，大方有度。临别，何小姐笑着对他说："先生他日维新成功后，不要忘了小妹。但有创立女学堂之事，请来电召我，我必来。我之心惟有先生！"

这番赤裸的表白，令人心醉。但他意志坚定，微笑着道了声珍重，就惶恐而逃。这是他第二次婉言拒绝侨商美女的好意。

虽然理智战胜了他，但感情却无论如何无法压抑，所以他只好以纸笔对话，陆续写了24首情诗，有一首这样吟道：

> 颇愧年来负盛名，天涯到处有逢迎；
> 识荆说项寻常事，第一知己总让卿。

他不愿把这事瞒着结发妻子，1900年5月24日，他通过一封家书，将此事告诉了妻子。信中，他表示自己决不做"万万有所不可"的决定。

妻子读了他的信，气恼无比，遂回信说：你不是女子，大可不必从一而终，如果真的喜欢何蕙珍，我准备禀告父亲大人，为你做主，成全你们；如真的像你信中所说，就把它放过一边，不要挂在心上，保重身体要紧。

聪慧的妻子，要将问题交给公公处理，因为她知道，梁父绝不会同意儿子娶小老婆。这下梁启超慌神了，急忙复信说自己对何蕙珍已"一言决绝，以妹视之"。信中说：

> 此事安可以禀堂上？卿必累我捱骂矣；即不捱骂，
> 亦累老人生气。若未寄禀，请以后勿再提及可也。前

信所言不过感彼诚心，余情缱绻，故为卿絮述，以一吐其胸中之结耳。以理以势论之，岂能有此妄想。吾之此身，为众人所仰望，一举一动，报章登之，街巷传之，今日所为何来？君父在忧危，家国在患难，今为公事游历，而无端牵涉儿女之事，天下之人岂能谅我？……任公血性男子，岂真太上忘情者哉。其于蕙珍，亦发乎情，止乎礼义而已。

后来，梁启超出任民国司法总长，何蕙珍专程到北京，想结秦晋之好。他却只在总长客厅里接待了何蕙珍。李夫人病逝后，何蕙珍又赶来，但他仍然婉谢。梁启超这一做法，引得世人指责，说他薄情，何蕙珍的表姐夫、《京报》编辑梁秋水，责备他"连一顿饭也不留她吃"。

就这样，他第三次婉言谢绝了侨商美女的好意。

从那以后，梁启超三拒红颜的故事，就流芳传世。

一墓悼三魂

当年，李惠仙与梁启超结婚时，带来阿好、王来喜两名丫环。阿好脾气坏，不听使唤，没多久，就被梁家赶走。王来喜本名王桂荃，勤快聪明，深得梁氏夫妇喜欢。1903 年，她成了侧室。

梁启超对王夫人，虽不像对结发妻子那样恩爱，但却十分尊重。他曾对长女梁思顺说："她也是我们家庭极重要的人物。她很能伺候我，分你们许多责任，你不妨常常写些信给她，令她欢喜。"

本来他对这桩婚事，感觉有悖一夫一妻制，所以尽量讳避，从不张扬。写信都是多称"王姑娘"、"三姨"或称"来喜"。只在1924年李惠仙病重，王桂荃怀有身孕，又快要临产，他写给好友蹇季常的信里，才用了"小妾"的称呼。

他的孩子们，对王桂荃的感情非常深，他们把李惠仙叫妈，把王桂荃叫娘。

他始终与时俱进，肩负着天下兴亡的重任前行。让他义无反顾，没有后顾之忧的，就是在背后默默支持他的两位夫人。

而在李惠仙、梁启超去世后，王桂荃一人照顾全家上下，梁家的九个孩子，从她的身上学到更多的是勤劳与善良。

1968年，85岁的王桂荃，在"文革"中与孩子们分离，最后在一间阴暗的小屋里与世长辞。"文革"后，梁家子女们，在香山梁启超与李惠仙的合葬墓旁，种下了一棵母亲树，立碑纪念这位平凡而伟大的母亲——王桂荃。

教育九子女

梁启超的孩子，在我国科技史上，曾创下一门三院士的辉煌荣耀——

早在1948年，中央研究院第一届院士评选，81人当选，其中28人的人文组里，梁思成、梁思永两兄弟，同期上榜；45年后的1993年，中国科学院院士评选，这兄弟俩的弟弟梁思礼，又当选为院士。这在我国科学史上是绝无仅有的。

梁启超与两位妻子，生了14个子女，成人9个，除3子（二子梁思成、三子梁思永、九子梁思礼）名列院士外，其余6子，均在各自领域，成就非凡。

长女梁思顺，诗词研究专家，曾任北京市东城区政协委员和中央文史馆馆长；四子梁思忠，炮兵上校，英年早逝；五女梁思庄，著名的图书馆学家，我国图书馆西文编目首屈一指的专家；六子梁思达，著名的经济学家；七女梁思懿，著名的社会活动家，第六届全国政协委员；八女梁思宁，光荣的革命军人。

梁家满门俊秀，这与他言传身教密不可分，他曾在给儿女们的信里这样说："我的生活内容，异常丰富，能够永久保持不厌不倦的精神，亦未始不在此。我每历若干时候，趣味转过新方面，便觉得像换个新生命，如朝旭升天，如新荷出水，我自觉这种生活是极可爱的，极有价值的。我虽不愿你们学我那泛滥无归的短处，但最少也想你们参采我那烂漫向荣的长处。"

他九个孩子的成才，与他耳提面授分不开，从他的《宝贝，你们好吗？——梁启超爱的教育，给孩子们的 400 余封家书》，就能看出他对孩子们的谆谆教导。

这些家书，前后持续 15 年，每年少则几封，多则几十封，有的寥寥十几字，有的则长达几千字，或畅谈家事，或纵论时事，或者聊天谈心。其写作时间有的深夜两三点，有的清晨起床后，可见，只要稍有时间，他就会和孩子唠叨几句。在每一封信里，都透露着父亲浓浓的爱意。

有一段时间，梁思成对自己所学，深感困惑，怀疑美国的死板仿古教学方法，会使自己变成纯粹的画匠。梁启超知道后，就写信劝说："你觉得自己天才不能负你的理想，又觉得这几年专做呆板工夫，生怕会变成画匠。你有这种感觉，便是你的学问在这时期内将发生进步的特征，我听见倒喜欢极了。孟子说：'能与人规矩，不能使人巧。'凡学校所教与所学总不外规矩方面的事，若巧则要离了学校方能发见。规矩不过求巧的一种工具，然而终不能不以此为教，以此为学者，正以能巧之人，习熟规矩后，乃愈益其巧耳。（不能巧者，依着规矩可以无大过。）""凡做学问总要'猛火熬'和'慢火燉'两种工作，循环交互着用去。在慢火燉的时候才能令所熬的起消化作用融洽而实有诸己。""我生平最服膺曾文正两句话：'莫问收获，但问耕耘'。将来成就如何，现在想他则甚？着急他怎甚？一面不可骄盈自慢，一面又不可怯懦自馁，尽自己能力做去，做到哪里是哪里，如此则可以无入而不自得，而于社会亦总有多少贡献。我一生学问得力专在此一点，我盼望你们都能应用我这点精神。"

他作为父亲，虽然希望孩子们个个成才，却不希望孩子们因忙于学习而致使身体有损，在给长女梁思顺的信里，他一再告诫最宝贝的女儿说："功课迫则不妨减少，多停数日亦无伤。要之，吾儿万不可病，汝再病则吾之焦灼不可状矣。"

多年后，他给远在美国的梁思成写信，也多次提醒注意身体："你们现在就要有这种彻底觉悟，把自己的身体和精神十二分注意锻炼、修养，预备着将来广受孟子所谓'苦其心志，劳其筋骨，饿其体肤，空乏其身，行拂乱其所为'者，我对于思成身子常常放心不下，就是为此。"

细细想来，只有真正疼爱孩子的父亲，才会在孩子的学习与健康之间，毫不迟疑地选择后者，真可谓，如山的父爱呵。

梁思成后来回忆说：父亲的治学方法，对自己和思永的影响特别大。

梁思礼回忆说："父亲伟大的人格、博大坦诚的心胸、趣味主义和乐观精神，对新事物的敏感性和严谨的治学态度，都是我们取之不尽，用之不竭的精神源泉。"

参阅资料

《梁启超传》. 李喜所 元青. 人民出版社. 1993 年

《新民说》. 梁启超. 宋志明选注. 辽宁人民出版社. 1994 年

《梁启起》. 耿云志 崔志海. 广东人民出版社. 1994 年

《梁启超学术思想评传》. 陈鹏鸣. 北京图书馆出版社. 1999 年

《百年婚恋（4）》. 张德玉等编著. 辽宁人民出版社. 2003 年

《梁启超传》. 徐刚. 广东旅游出版社. 2006 年

《梁启超〈中国史叙论〉最早提出"中华民族"称谓》. 李喜所. 《今晚报》. 2006 年

《中国近三百年学术史》. 梁启超. 生活·读书·新知三联书店. 2006 年

《阅读梁启超》. 夏晓虹. 生活·读书·新知三联书店. 2006 年

《梁启超和他的儿女们》. 吴荔明. 北京大学出版社. 2009 年

《梁启超传》. 吴其昌. 东方出版社. 2009 年

《梁启超三拒红颜知己》. 胤凌. 《黄石日报》. 2009 年

《追忆梁启超起》. 夏晓虹. 生活·读书·新知三联书店. 2009 年

《清华传奇》. 吴清军. 新世界出版社. 2011 年

《梁启超其人其书》. 汤志钧. 中国人民大学出版社. 2011 年

《宝贝你们好吗（梁启起爱的教育给孩子们的 400 余封家书）》. 穆卓. 山西人民出版社. 2012 年

《一门三院士：梁启超怎么教育子女的》. 李占苾. 《羊城晚报》. 2012 年

《自由书》. 梁启超. 吉林出版集团. 2012 年

《自立：梁启超论人生》. 梁启超. 九州出版社. 2012 年

《梁启超传》. 解玺璋. 上海文化出版社. 2012 年

蔡元培：有所不为，无所不容

蔡元培，字鹤卿，又字仲申、民友、孑民，乳名阿培，1868 年 1 月 11 日生于浙江省绍兴府山阴县城的笔飞弄，1940 年 3 月 5 日在香港病逝。他用 72 个春夏秋冬，见证了新旧中国的历史巨变，他一生兴教，注重人格塑造。

他 4 岁入家塾，11 岁亡父，12 岁寄居姨母家读书，次年转到李姓塾师家读书；17 岁考取秀才，18 岁设馆教书，22 岁中举人；23 岁进京会试得中贡士，未殿试；25 岁经殿试中进士，被点为翰林院庶吉士（殿试策论成绩为二甲三十四名，等于现在全国统考第三十七名）；27 岁春应散馆试，得授翰林院编修。

他是中国著名的革命家、教育家、政治家，中华民国首任教育总长。1916 年 12 月 26 日出任北京大学校长，革新北大，开"学术"与"自由"之风，1920 年至 1930 年同时兼任中法大学校长。

他重视劳动教育、平民教育和女子教育；从他开始，中国才形成了较完整的现代教育思想体系和教育制度。

他第一个提出"军国民教育、实利主义教育、公民道德教育、世界观教育、美感教育皆近日之教育所不可偏废"的"五育并举"教育思想。

在他整个教育思想体系中，大学教育思想占有非常突出的地位。他认为：要发展中国教育，高等教育是关键。因此，他说"自己的兴趣偏于高等教育，在高等教育方面多参加点意见"，且他曾主持北京大学较长时间，有丰富的大学教育实践经验，从而形成了颇有创建、系统的大学教育思想。

他用"思想自由、兼容并包"的指导思想，主持北京大学的改革，不仅使北大改变了面貌，也成为我国高等教育近代化发展中的一个里程碑，北大也因此成为新文化运动和马克思主义传播的中心、新文化运动的发祥地、"五四"运动的策源地，为新民主主义革命的发生创造了条件，其影响远远超出了教育领域。

在教育实践中，他提出了"学为学理，术为应用"，"学为基本，术为枝叶"的观点。他注重人格的塑造，多次强调："教育者，养成人格之事业也。"

他一生经历风雨，致力于废除封建主义的教育制度，奠定了我国新式教育制度的基础，为我国教育、文化、科学事业的发展，作出了富有开创性的探索，因而被毛泽东同志称为"学界泰斗，人世楷模"。

商贾后代

蔡元培有6个兄弟姐妹，说来奇怪，他们兄弟姐妹，排行占单数，长得像母亲，脸型椭圆，肤白晰；排行占双数的，却像父亲，方脸，肤黄。他排行老二，自然就像父亲的翻版。

他的先世，在明朝隆庆、万历年间，从诸暨迁来山阴定居，初以造林售薪为业，后来，某代祖先，因遭同行忌妒，被斧砍伤，从此，断绝木材生意。

到他高祖时，又才开始经商，从浙江运绸缎到广州贩卖，颇获利。但因偷关漏税，第三曾伯祖，被关吏拘捕，将处死刑，家中罄物营救，才免一死，家业从此中落。

到他祖父廷桢，经营典当业，做当地一家典当铺经理。他祖父行事公正，又善经营，家业渐兴，在笔飞弄买下一房——坐北朝南，大厅三楹。诸子结婚后，又在屋后加盖五楼五底，作为大家庭用房。家景渐臻小康。

他祖父生 7 子，但包括他父亲在内，大多经商，只有他的六叔读书。

他后来回忆说："余家自六叔以前，祖传无读书登科之人。"

他本有 7 个同胞兄妹，长姐 19 岁、二姐 18 岁时，因病去世；四弟 6 岁、七妹 2 岁时，夭折，只有他和大哥、三弟活了下来，三人分别相差 2 岁。

4 岁时，他就开始在自家私塾读书，先读《百家姓》《千字文》《神童诗》，后读"四书"、"五经"。

虽然私塾先生并不讲解，但他不管懂不懂，总是认真背诵，从不东张西望，更不玩耍嬉戏。从小，就展露出一股从容安详、异乎常童的性格与气质。

一次，他独自在自家楼上读书。忽然楼下房宅着火，幸亏火势不大，家人都尖叫扑火，很快就扑灭了大火。却唯独不见他，大家四处寻找，才在楼上找到他，此时他依然安坐楼上，口中念念有词，还在读书，甚至不知发生了何事。

又一次，天快黑了，奶妈叫玩耍的他和大他几岁的小表叔下楼，奶妈先抱小表叔下楼，让他在楼梯口坐着等。谁知奶妈一忙将此事忘却了，几个小时后奶妈想起，才急匆匆去接他，只见他正襟危坐在楼梯口，位置都没动，也不哭不叫，举止安详，根本不像五六岁的孩子。

他父亲自立、仁厚、清廉、阔达的风范，成为了他立身处世的准则，而父亲也对他超乎常人的淡定气质备加器重。可惜他父亲因病英年早逝，当时他仅11岁。

父亲过世，曾受其父资助的相邻曾想资助其母周氏和他们三兄弟，但周氏没有接受，而是自己省吃俭用，辛勤操劳，来满足孩子们成长的需要。

他入私塾后，母亲常伴他完成家庭作业。有一次他在灯下苦苦思索作业却不得解，母亲心疼夜深儿疲，就叫他早些睡去，早起再做。不曾想第二日黎明，他起来很快就解决了难题。自此到老，他一直秉持母亲培养出来的习惯——熬夜不如早起。

周氏没上过几天学，但深明大义，性格倔强，具有中国母亲的传统美德。她常以"自立"、"不倚赖"来勉励他们三兄弟。

她提醒他们说："每有事与人谈话，一定要预想对方将会作何言语，我宜以何言语应之。谈话完毕后，又当追省对方刚才说了些什么，而我又应了些什么，有没有差错的地方，如此才能减少愤懑的事。"

周氏这种不苟取、不妄言的教诲和善良、勤劳、坚韧的品德，深深地影响了他，使他养成了好学上进和正直无私的人格品质。

由于母亲的正确引导，他连试皆捷，17岁中秀才，23岁中举人，24岁中进士，26岁补翰林院庶吉士，28岁补翰林院编修。

所以，他特别爱自己的母亲。19岁时，他母亲胃病，服药不愈，他听说割臂肉和药，可为母亲延寿 12 年。他就背过家人，从左臂上割下一小片肉，为母亲和药。

然而，母病不愈而亡，他极度悲痛，欲执寝苦枕块陪母亲亡灵，被家人劝阻；又在灵堂增设床铺，兄弟共宿。

可见，他爱母亲之真、之深！

笃学精进

蔡元培的六叔蔡铭恩，是蔡家读书登科第一人，在绍兴招徒授业，略有藏书。而蔡元培的科举道路，引路人就是其六叔。

他跟随六叔开始自由读书，并学做散文和骈体文。1890 年考中贡士，1892 年，进京补试殿试，此后又经过朝考，被点为翰林院庶吉士。1894 年春，他再次赴京参加散馆考试，被授为翰林院编修，不满 28 岁的他已经达到了当时读书人羡慕的科举巅峰。

正当他踌躇满志，打算一展抱负时，中国在甲午战争中惨败，割地赔款的奇耻大辱，使这个踌躇满志的青年翰林，不得不重新思考问题，他开始接触新学。

他先后浏览了《日本新政考》《环游地球新录》《日本史略》《盛世危言》《读西学书法》等书，此时，站在传统文化厚实土壤上，遥望"西学新知"，别有洞天，他对新学新书产生了强烈的求知欲望。

当时中国国势日危，民族危亡，形势把他从功名仕途推上了寻求救国救民真理的道路。

他与维新派代表人物梁启超、谭嗣同关系密切，看到"百日维新"如春梦一场，他痛苦而清晰地感到："康党所以失败，由于不先培养革新之人才，而欲以少数人弋取政变，排斥须旧，故不能不情见势绌。"由此，他看透了清政府的昏庸腐败。

1898年9月，而立之年的他，毅然弃官南下，回到绍兴老家。并应知府之邀，担任绍兴中西学堂总理，走上了教育救国之路。

堂堂翰林，居然做起了一校之长，这在绍兴城内引起了一番议论。但他心中最在乎的不是人们如何议论，而是要快速改变传统私塾教育唯经是读、唯经是尊的积习，把这所规模不大、学生不多的学校，真正办成于民族有益的学校。

他做的第一件事是聘任教员。在中学方面，他聘请国学根基深厚的教员，还聘请了史学、词学、蒙学等方面造诣较深的人才；在西学方面，他更是四处网罗懂西文的人士，聘为教员。

他克服了经费不足的困难，购置了一批实用书籍，创立了名为"养新书藏"的图书室，意为培养新式人才。他还亲手拟定《绍郡中西学堂借书略例》，规定没有条件进学堂读书的向学之人，也可以借阅书刊，无形中扩大了受教育的人群。

日后北大校长之一的蒋梦麟，就是当时这所学校的学生，他后来在《西湖》一书中这样评价学堂："教的不但是我国旧学，而且还有西洋学科，这在中国教育史上还是一种新尝试。虽然先生解释的很粗浅，我总算开始接触西学了。"

他除了担任绍兴中西学堂校长外，还先后到杭州、上海等地，兴办新式学堂。1901年夏，34岁的他，就到上海代理澄衷学堂（现上海市澄衷高级中学），出任首任校长；同年9月，他被聘为南洋公学经济特科班总教习。

1902年，他与蒋智由等，在上海创办了我国教育会，并出任会长；后来还创立爱国学社、爱国女学，都被推为总理。

1904 年，他发起组建反清组织光复会，主编《俄事警闻》《警钟日报》，提倡民权，鼓吹革命；第二年他参加孙中山的中国同盟会，并任上海分会会长。

1906 年，革命形势出现低潮，革命队伍内部又出现分裂，他失望之中返回绍兴。同年，清廷计划派翰林编修出国留学，他想利用这个机会去海外学习，便再次来到北京。

然而，由于经费欠缺，且大部分翰林又不愿去欧美留学，朝廷便改派留学日本。他不想去日本，便在译学馆暂时担任教授，讲授国文及西洋史。译学馆归属于 1898 年创办的京师大学堂，也是北京大学的前身。

后来他自己回忆说，这"是我在北大服务之第一次"。虽然他已经是知识界领袖人物，但他内心始终没有失去书生本色，"盖弟数年来，视百事皆无当意。所耿耿者，唯此游学一事耳。"他心中仍然期盼能够实现游学欧美的夙愿。

1907 年 6 月，担任驻德国公使的孙宝琦，答应每月资助他三十两银子作学费；商务印书馆也同他签约，每月支付一百元编辑费。终于，39 岁的他实现了夙愿，随孙宝琦一同前往德国，进入莱比锡大学学习。

学习期间，他没有选定某一专业攻读学位，而是任由兴趣和爱好自由听课。他主修的课程有哲学、历史、文学、美学、教育学，涉及到各个方面。

年近不惑，自己需要什么，他心里一清二楚。总之，只要不冲突的，他都尽力涉猎。用他自己的话说："如果是时间上不相冲突，我感兴趣的课我都去听。"

他就像海绵渴望水一样，扎进莱比锡大学，疯狂勇猛地吸收知识。

因为他经常听美学、美术史、文学史的演讲，加之他被莱比锡的音乐和艺术大环境熏陶，他不知不觉地将心力集中在了美学上。

期间，他一边学习，一边兼作家庭教师，每月可得到一百马克的报酬。

从 1907 到 1915 年，他在旅欧留学期间，撰写了《世界观与人生观》《文明之消化》等论文，寄给商务印行的《东方杂志》《教育杂志》发表，还根据在德、法进修得到的新知识，结合国情编著了《哲学大纲》《伦理学原理》《中国伦理学史》《中学修身》《艺术谈概（欧洲美术小史）》等，全交由商务印书馆在上海出版。

黄炎培曾在《吾师蔡孑民先生哀悼辞》中回忆说："蔡元培有一天对我说，救中国必定要从学术着手，世界学术以德国为最尊，我一定要去德国求学，所以要先去青岛学习德文。以四十之龄，仍有此坚定向学之心，殊为不易。更何况是曾为翰林，任过京官的进士老爷？"

留学年间，他还学过钢琴、提琴，看了大量的话剧、小歌剧，并且在朋友的影响下，改成了素食主义者。

他还深入到莱比锡的世界史与文明史研究所（这是由德国一个很有远见的历史学家兰普莱西创建的），他想弄明白以德国为代表的西方文明的来龙去脉。

他先后五次到欧洲游历，希望自己是个巨大的氧气瓶，可以为将来回国实现教育救国的理想，积攒下足够的养分。

不过，在他留学德国的第五个年头，1911 年，他的革命挚友孙中山，已经向腐朽的满清帝国扔出了炸弹。为了响应辛亥革命，他在陈其美去电催促下，取道西伯利亚回国。

教育先行

1912 年 1 月 4 日，蔡元培回国不久，中华民国临时政府在南京成立，他出任南京临时政府教育总长。

教育部在他的主持下，公开征求国歌，其中由沈恩孚作词的《五旗共和歌》，后来被颁布为中华民国的临时国歌。

同年 1 月 19 日，他颁布了《普通教育暂行办法》，主持制定了《大学令》和《中学令》，这是我国第一个大学和中学的校令。

其中《大学令》，以教授治校、民主管理为大学校务管理原则，规定各科设立教授会，大学设立评议会，不过当时未能施行。

他主持修订了教育部的学制，强调要把中学和大学建造成健全国民的学校，主张废止祀孔读经，采用西方教育制度，实行男女同校等改革措施，第一次在政府法令条文中宣布教育上的男女平等。不久，全国初级小学实行了男女同校。

由于守旧势力异常强大，高等学校到"五四"运动前夕，仍未实现男女同校。教育部对此畏首畏尾，各大学都不敢提议招收女生。他非常不满此等现状，不仅在北京青年会进行演讲，也对上海《中华新报》记者发表谈话，公开倡导高校男女同校。他说："一提议，必不通过。其实学制上并没有专招收男生的明文；如招考时有女生来报名，可即著录；如考试及格，可准其就学；请从北大始。"

他当时就明确指出："教育者，养成人格之事业也。"提出了"学为基本，术为枝叶"、"学为学理，术为应用"的观点。

他在跟吴稚晖的通信中谈到："大约大学之所以不满人意

者，一在学课之凌杂，二在风纪之败坏。救第一弊，在延聘纯粹之学问家，一面教授，一面与学生共同研究，以改造大学为纯粹研究学问之机关。救第二弊，在延聘学生之模范人物，以整饬学风。"

他坦陈：教育是要个性与群性平均发达的。政党是要制造一种特别的群性，抹杀个性。例如，鼓励人民亲善某国，仇视某国；或用甲民族的文化，去同化乙民族。今日的政党，往往有此等政策，若参与教育，便是大害。教育是求远效的，政党的政策是求近功的……若把教育权也交与政党，两党更迭的时候，教育方针也要跟着改变，教育就没有成效了。所以，教育事业不可不超然于各派政党之外。

他明确提出了废止忠君、尊孔、尚公、尚武、尚实的封建教育宗旨，倡导以道德教育为中心，以军国民教育、实利主义教育为急务，以世界观教育为终极目的，以美育为桥梁的民主主义的教育方针。

1913 年，孙中山的二次革命失败，46 岁的他，携眷赴法，与李石曾等创办留法勤工俭学会。1915 年 6 月，他在法国同吴玉章、李石曾等人，发起组织了华法教育会，倡导勤工俭学，希望以此组织，帮助更多华人到欧洲求学。后来，周恩来、邓小平等都是通过这个组织，才顺利到达法国学习的。在留法的三年时间里，他从事学术研究，编撰了不少哲学和美学著作。

1916 年夏，黎元洪的北京政府，终于明令恢复了民国初年的《临时约法》，孙中山、黄兴等一大批流亡海外的革命党人，纷纷回国。一些浙江籍议员，还发电给远在法国的蔡元培，说是要推选他当浙江省督军。11 月 8 日，他和吴玉章一起，乘船出马赛，劈波斩浪，抵达上海。

他一踏上祖国的土地，就给自己约法三章：不做官，不纳妾，不打麻将。

五育并举

1912 年 2 月，蔡元培担任中华民国临时政府首任教育总长，发表了《对于新教育的意见》。

他在《关于新教育的意见》中首次提出了具有近代意义的教育方针，新的教育方针包括：军国民教育（军事、体育）、实利主义教育（智育）、公民道德教育（德育），世界观教育和美学教育等内容，主张五育并举。

他是我国近代史上，第一位提出五育并举的教育思想家。具体内容是——

军国民教育

他认为：从国外环境看来，中国处于"邻强交逼，亟图自卫，而历年丧失之国权，非凭借武力，势难恢复"。

就国内情况而言，要打破军人成为"全国中特别之阶级"的局面，就"非行举国皆兵之制，否则无以平均其势力"。

实利主义教育

他认为，这一教育是富国的手段。当今世界的竞争，不仅仅是在武力，尤其是在财力上。因此，加强科学技术教育，提高生产力，发展国民经济，国家富强，才能够在世界竞争中，立于不败之地。

公民道德教育

他把西方近代资产阶级"自由、平等、博爱"的道德观念，分别比做我国古代儒家提倡的"义、恕、仁"。他主张广泛吸收国外文化，同时"必择其可以消化者而吸收之"，并且"必须以'我'食而化之，而毋为彼此所同化"。他批评有些志行薄弱者，一到国外留学，"即弃捐其'我'而同化于外人"。

世界观的教育

他强调，这一教育是建立在把世界划分为现象世界和实体世界基础上的，要求人们遵循言论自由、思想自由的原则，不要被束缚于某一学说。这在当时，具有打破几千年思想专制统治的作用。

美育教育

他认为，美育教育是进行世界观教育最重要的途径，是使人们从现象世界通向实体世界所必经的桥梁。美育教育的重要性源于其特点，人从现象世界通向实体世界存在的障碍不外两种意识，一是人我之差别、二是幸福之营求。

同时，他还明确提出了人格塑造的教育思想。

1912年5月，他在参议院发表演说："普通教务顺应形势、养成共和国健全之人格，在专门教育务养成学问神圣之风习。"他以教总长的身份，正式提出养成健全人格的培养目标。

同年7月，在全国临时教会上，他阐明民国教育与君主时代教育的区别时说："君主时代之教育方针，不从受教者本体上着想，有如用一个人主义或一部分人主义，利用一种方法，驱使受教育者迁就他之主义。国民教育方针，应从受教育者本体着想，有如何能力，方能尽如何责任，受如何教，始能具如何能力。"教育"须立于国民之地位，而体验其在世界在社会有何等责任，应受何等教育"。所以，他认为现代民主国家的教育，应以养成国民个人的健全人格为目的。

1915 年，他受教育部委托，参加巴拿马万国教育会议，在提交的论文《1900 年以来教育之进步》中响亮提出："小学教育既以遵循天性，养成人格为本义，则于身心两方面决不可偏废，而且不可不使为一致调和。"

1917 年 1 月 15 日，他受邀到和章炳麟 1902 年创办的上海爱国女学校演讲时，在《爱国要培养完全的人格》中再次强调说："欲符爱国之名称，其精神不在提倡革命，而在培养成完全之人格。""完全人格，首在体育，次在智育，德育实为完全人格之本。"

可见，他当时提出完全人格塑造的教育思想，具有三层深刻的含义：第一，培养完全人格，就是德、智、体、美的和谐发展；第二，培养完全人格，必须是促进个性与群性的协调发展；第三，培养完全人格，必须促进身、心两方面平衡协调发展。

北大新风

1916 年 12 月 26 日，蔡元培接受了北洋政府大总统黎元洪请他出任北大校长的委任状。次年 1 月 4 日，他于北大上任，挑起了这个历史的重担。

一

1916 年 9 月 1 日，身在法国游学的他，就收到了时任民国政府教育部长范源濂发来的电报：聘请他担任北京大学校长。

1912 年，蔡元培就任民国政府第一任教育部长时，就曾聘范源濂出任教育部次长。因范源濂不属于同盟会，所以蔡元培的邀请在国民党引起了反对，但他坚持己见："现在是国家教育创制的开始，要撇开个人的偏见、党派的立场，给教育立一个统一的智慧的百年大计。"

四年后，两人位置刚好倒转。当时北京大学建校才 18 年（1898 年京师大学堂建立），这所"皇家大学"官僚气和衙门气浓厚，教员多是官僚，他们不学无术，学生为了仕途，还是阿谀奉承。

陶希圣先生对那时的北大曾这样回忆："民国初年，贵族子弟仍然不少，文科那边有一个学生坐自用人力车（洋车）来上课……两院一堂是八大胡同（当时的妓院集中地）受欢迎的重要的顾客。两院是国会的参众两院，一堂就是北京大学——京师大学堂。"

当时，北大的腐败名声，闻者众多，朋友们曾劝蔡元培不要去，担心他"进去了，若不能整顿，反于自己的名声有碍"，然而，他却已下定决心，他在给国外友人的信中这样说："吾人苟切实从教育入手，未尝不可使吾国转危为安。而在国外所经营之教育，又似不及在国内之切实。"

事实上也是这样，他一直都希望"教育救国"，通过整顿教育达到改良社会的目的。他到任那天的情景，据当时正在北大上学的顾颉刚后来回忆：校工们在门口恭恭敬敬排队向他行礼，他却"脱下自己头上的礼帽，郑重其事地向校工们回鞠了一个躬，这就使校工和学生们大为惊讶"。

实际上，蔡元培从来没有把北大校长看作是一个官职，他对学生们说："入法科者，非为做官；入商科者，非为致富。诸君须抱定宗旨，为求学而来。宗旨既定，自趋正轨。"

他认为大学是研究高等学术之地，并非养成官僚之所。要发展学术，没有自由的思想环境是不行的，被禁锢的思想不会有创造。因此他对各种学说"循思想自由原则，兼容并包。无论何种学派，苟其言之成理，特之有故，尚不达自然淘汰之命运，即使彼此相反，也听他们自由发展"。

二

1917年1月9日，蔡元培笑着站到北大的讲台上，面对师生、墙外的祖国和全世界，发出了振奋人心的演讲：

五年前，严几道先生为本校校长时，余方服务教育部，开学日曾有所贡献于同校。诸君多自预科毕业而来，想必闻知。士别三日，刮目相见，况时阅数载，诸君较昔当必为长足之进步矣。予今长斯校，请更以三事为诸君告。

一曰抱定宗旨。诸君来此求学，必有一定宗旨，欲求宗旨之正大与否，必先知大学之性质。今人肄业专门学校，学成任事，此固势所必然。而在大学则不然，大学者，研究高深学问者也。外人每指摘本校之腐败，以求学于此者，皆有做官发财思想，故毕业预科者，多入法科，入文科者甚少，入理科者尤少，盖以法科为干禄之终南捷径也。因做官心热，对于教员，则不问其学问之浅深，惟问其官阶之大小。官阶大者，特别欢迎，盖为将来毕业有人提携也，现在我国精于政法者，多入政界，专任教授者甚少，故聘请教员，不得不下聘请兼职之人，亦属不得已之举。究之外人指摘之当否，姑不具论。然弭谤莫如自修，人讥我腐败，而我不腐败，问心无愧，于我何损？果欲达其做官发财之目的，则北京不少专门学校，入法科者尽可肄业法律学堂，入商科者亦可投考商业学校，又何必来此大学？所以诸君须抱定宗旨，为求学而来。入法科者，非为做官；入商科者，非为致富。宗旨既定，自趋正轨。诸君肄业于此，或三年，或四年，时间不为不多，苟能爱惜分阴，孜孜求学，则其造诣，容有底止。若徒志在做官发财，宗旨既乖，趋向自异。平时则放荡冶游，考试则熟读讲义，不问学问之有无，惟争分数之多寡；试验既终，书籍束之高阁，毫不过问，敷衍三四年，潦草塞责，文凭到手，即可借此活动于社会，岂非与求学初衷大相背驰乎？光阴虚度，学问毫无，是自误也。且辛亥之役，吾人之所以革命，因清廷官吏之腐败。即在今日，吾人对于当轴多不满意，亦以其道德沦丧。今诸君苟不于此时植其基，勤其学，则将来万一因生计所迫，出而任事，担任讲席，则必贻误学生；置身政界，则必贻误国家。是误人也。误己误人，又岂本心所愿乎？故宗旨不可以不正大。此余所希望于诸君者一也。

二曰砥砺德行。方今风俗日偷，道德沦丧，北京社会，尤为恶劣，败德毁行之事，触目皆是，非根基深固，鲜不为流俗所染，诸君肄业大学，当能束身自爱。然国家之兴替，视风俗之厚薄。流俗如此，前途何堪设想。故必有卓绝之士，以身作则，力矫颓俗。诸君为大学学生，地位甚高，肩此重任，责无旁贷，故诸君不惟思所以感己，更必有以励人。苟德之不修，学之不讲，同乎流俗；合乎污世，己且为人轻侮，更何足以感人。然诸君终日伏首案前，芸芸攻苦，毫无娱乐之事，必感身体上之苦痛。为诸君计，莫如以正当之娱乐，易不正当之娱乐，庶于道德无亏，而于身体有益。诸君入分科时，曾填写愿书，遵守本校规则，苟中道而违之，岂非与原始之意相反乎？故品行不可以不谨严。此余所希望于诸君者二也。

三曰敬爱师友。教员之教授，职员之任务，皆以图诸君求学便利，诸君能无动于衷乎？自应以诚相待，敬礼有加。至于同学共处一堂，尤应互相亲爱，庶可收切磋之效。不惟开诚布公，更宜道义相励，盖同处此校，毁誉共之，同学中苟道德有亏，行有不正，为社会所訾詈，己虽规行矩步，亦莫能辩，此所以必互相劝勉也。余在德国，每至店肆购买物品，店主殷勤款待，付价接物，互相称谢，此虽小节，然亦交际所必需，常人如此，况堂堂大学生乎？对于师友之敬爱，此余所希望于诸君者三也。

余到校视事仅数日，校事多未详悉，兹所计划者二事：一曰改良讲义。诸君既研究高深学问，自与中学、高等不同，不惟恃教员讲授，尤赖一己潜修。以后所印讲义，只列纲要，细微末节，以及精旨奥义，或讲师口授，或自行参考，以期学有心得，能裨实用。二曰添购书籍。本校图书馆书籍虽多新出者甚少，苟不广为购办，必不足供学生之参考。刻拟筹集款项，多购新书，将来典籍满架，自可旁稽博采，无漠缺乏矣。今日所与诸君陈说者只此，以后会晤日长，随时再为商榷可也。

三

声音发出，蔡元培就拉开了改造北大的序幕，他没有推倒重来，而是进行了一系列的系统革新。

第一，立原则。

他认为，大学需要自由的思想环境，被禁锢的思想不会有创造性。因此，他对各种学说"循思想自由原则，兼容并包。无论何种学派，苟其言之成理，特之有故，尚不达自然淘汰之命运，即使彼此相反，也听他们自由发展"。

"思想自由，兼容并包"这八字原则一立，北大学术空气大大活跃；这八个字几乎成了蔡元培和北京大学的代名词。

蒋梦麟先生后来在《苦难与风流》中写道——蔡元培时代的北大，"保守派、维新派和激进派，都同样有机会争一日之短长。背后拖着长辫，心里眷恋帝制的老先生与思想激进的新人物并坐讨论，同席笑谈"。

蔡元培的办学思路，使北大"学风丕振，声誉日拢"。由于良好的学术风气，北大人才辈出，学术成果累累，这其中有许多是本学科开创性、奠基性成果，如：徐宝璜的《新闻学》、胡适的《中国哲学史大纲》（上卷）、陈大齐的《心理学大纲》、陈垣的《二十史朔闰表》等。此外，陈大齐在北大创建了中国第一个心理学实验室，钟观光在北大创建了中国第一个用现代科学分类标记的植物标本馆……

北大开始声名远扬。八字原则也成为了各种学术思想存在发展的良好土壤。

第二，揽人才。

蔡元培认为，"人才为国之元气"。而培养人才，首先要有好的教师。于是，他在国内广聘名师，标准是"积学而热心"之士，即学有专成又热爱教育事业的人均可。

在这种办学方针下，北大教员中包括了许多来自不同学派、持有不同政治倾向的学者。辜鸿铭，这位自称"生在南洋，学在西洋，婚在东洋，仕在北洋"的怪人，平时拖着长辫，以复古派自居，主张尊王尊孔，反对共和，北大师生戏称，辜鸿铭头上有全世界最后一条封建时代的辫子。蔡元培因其精通西学，对英国文学有专长，仍留聘他教授英国诗歌；旧国粹派的黄侃和新白话派的钱玄同，观点针锋相对，互不相让，大唱对台戏，蔡元培也聘他们，让北大充满百家争鸣的意见言论。当时北大大师云集：李大钊、陈独秀、鲁迅、胡适、徐悲鸿等均在此任教。

他不仅延揽众多大家教授学生，而且聘请高明的管理人才。傅斯年后来曾说，蔡先生请蒋梦麟作总务长、助理校务为最佳搭档："梦麟先生学问不如蔡子民，办事却比蔡先生高明。"

第三，建体制。

蔡元培把中外大学管理体制进行比较后认为，要使学校按既定方针办下去，不受校长一人去留的牵涉，就要建立起以诸教授为中心的教授治校体制，于是设立校评议会及聘任、财务、审计、图书、仪器、学生生活指导等各种专业委员会的制度，其精神是由教授民主治理学校，评议会由教授代表组成，为学校最高权力机构，校长是评议会主席。

同时，他改年级制为选科制，学生可以自由选课。于是北京大学课堂的秩序是：来者不拒，去者不追。

在教育内容上，他提倡融通文理，融合中西文化，重视学生美育，提出以美育代宗教。在招生制度方面，从 1920 年春天开始招收女生入学，开创了我国大学教育男女同校的先河。他进一步主张"学术分校"。他看到了文、理分科所造成的流弊之后，进一步主张"沟通文理"。1919 年，北大进行改革，撤销文、理、法三科界限。全校设立 14 个系，废学长，设系主任。

第四，养风气。

我国学者历来认为环境、风气对人才培养有着重要作用。在北大任教多年的林语堂深有感触地说："我深信凡真正的教育，都是风气作用。风气就是空气，空气好，使一班青年朝夕浸染其中……学问都会的……因为学问这东西，属于无形，所求于朝夕的熏染陶养……古人所谓春风化雨，乃得空气教育之真义……"

蔡元培为改变旧北大的风气习惯，养成"人人见贤思齐，图自策励，以求不落人后"的良好风气，他注重校园文化，亲自发起或支持组织了各种有益的多种学生社团，以使学生就兴趣所近，发展自己的爱好和特长，在各社团中互相磋砺，品学并进。进德会、新闻学会、平民教育演讲团、画法研究会、书法研究会、音乐会等都非常活跃。一时间北京大学社团体立竞秀，刊物百花争辉。事实表明："讲学之空气成，人才必出。"

当时在北大旁听并做图书管理员的毛泽东，就是新闻学会的会员。而这些社团的成员，如傅斯年、罗家伦、许德珩、张国焘等学生中的活跃分子，后来在"五四"运动中，都成为了学生领袖。

第五，倡科研。

蔡元培认为，办好大学仅教书不进行科学研究是不行的。他说，"所谓大学者，非仅为多数学生按时授课，造成毕业生之资格而已也；实以是为共同研究学术之机关"，"且欲救中国于萎靡不振中，惟有力倡科学化"。

因此，他到任后十个月，北京大学即成立了文、理、法三科研究所共九个，开国内大学设科研机构之先河。供高年级学生、毕业生、青年助教在教授指导下进行专题研究，写出研究报告或论文。同时还组织群众性各科目的研究会，使学生人人有机会进行学术研究。

第六，广交流。

蔡元培认为："世界学术德最尊，吾将术学于德。"从1907年起，他开始到当时世界科学中心德国进行研修；后来，他又赴日、德、法、英、比利时、意大利、瑞士、匈牙利、荷兰等国游学，了解世界科学发展的状况与趋势。

他先后拜会过科学巨匠居里夫人、爱因斯坦等，并邀请他们来华讲学。先后到北大来讲学的国际著名学者有德国的魏礼贤、法国的班乐为、美国的杜威等。这种高水准的交流对提高北大师生的学术水平与科研兴趣起到积极的推动作用。

他改革北大，取得了举世公认的辉煌效果，化腐朽为神奇。

可以说，北大因蔡元培，才确立了现代传统和校格；而蔡元培也因北大，成为了伟大的教育家。

四

蔡元培在当北大校长期间，做得最骇人听闻的一件事是开放女禁。

那时，有一个勇敢的女生王兰，向蔡先生请求入学，蔡元培就让她到北大当了旁听生。这件事当时轰动了全北大、全北京。此后，招生时，就允许女生和男生一样地应考了。

就此事，他后来回忆说："有人问我：'兼收女生是新法，为什么不先请教育部核准？'我说：'教育部的大学令，并没有专收男生的规定；从前女生不来要求，所以没有女生；现在女生来要求，而程度又够得上，大学就没有拒绝的理。'这是男女同校的开始，后来各大学都兼收女生了。"

北大的改革，并非一帆风顺。在那个时代，新的教育理念的施行遇阻甚多。为捍卫"思想自由，兼容并包"的办学思想，他也多次应战。

据顾颉刚的《蔡元培先生与五四运动》回忆，在"五四"运动前夕，蔡元培和林琴南曾经发生过一次有名的公开辩论，轰动了全国。

林琴南写信给蔡元培，攻击他主办北京大学以来"覆孔孟，铲伦常"，"尽废古书，引用土语为文学"。蔡元培于1919年3月18日写了一封公开信答复："对于学说，仿世界各大学通例，循'思想自由'原则，取兼容并包主义。无论有何种学派，苟其言之成理，持之有故，尚不达自然淘汰之命运者，虽彼此相反，而悉听其自由发展。对于教员，以学诣为主。例如复辟主义，民国所排斥也，本校教员中，有拖长辫而持复辟论者，以其所授为英国文学，与政治无涉，则听之。筹安会之发起人，清议所指为罪人者，本校教员中有其人，以其所授为古代文学，与政治无涉，则听之……夫人才至为难得，若求全责备，则学校殆难成立。且公私之间，自有天然界限。"

这封公开信，通篇平实深沉，入情入理，不亢不卑，很理性地阐述了他"思想自由，兼容并包"的办学思想，且行文彬彬有礼，立论有据，令对手无法不折服。

五

以北京大学为中心的波澜壮阔的新文化运动，为"五四"运动孕育了丰厚的文化背景，这些都离不开蔡元培的大力支持。甚至"五四"运动本身，也与他直接相关。

1919 年 5 月 3 日，得知中国政府准备在《巴黎和约》上签字，时任北洋政府外交委员会委员长的汪大燮，亲自赶到蔡元培家里，将内情告知。

当晚，蔡元培就将消息通报给了学生代表，消息传开后，群情激愤。他们将定于 5 月 7 日举行的游行，提前到了 5 月 4 日。游行队伍出发前，蔡元培曾在门口阻拦，未能如愿。

当天晚上，火烧赵家楼后，32 名学生被逮捕，其中有 20 名是北大学生。北大学生群集在三院大礼堂商讨对策，蔡元培对学生们说："你们今天所做的事情我全知道了，我寄以相当的同情。"他又说："我是全校之主，我自当尽营救学生之责……我保证在三天之内，把被捕同学营救回来。"

他的营救方式，就是到一位段祺瑞所敬重的前辈家中说情，因为事态严重，所以老先生没能一口答应。他就从晚上 9 点一直坐到了 12 点，最终老先生同意一试。因为社会舆论压力，5月 7 日，学生被保释出狱。而蔡元培却在次日提出了辞呈，随后就悄然辗转天津后回到浙江老家。

他的辞职，产生了极大的社会震荡。甚至北京各中专以上校长，都提出了辞呈，而"挽（留）蔡"竟成了学潮难以平息的一个因素。在重大压力下，蔡元培终于答应 7 月复职。

大学校长的楷模

蔡元培既是一个理想主义气质浓重的人，又是一个实干家。他不仅在北大，而且在我国整个现代教育史上，都已成为大学校长的楷模，更是一种象征与启示。

中山大学历史系教授袁伟时在接受《中国新闻周刊》记者采访时，这样评价蔡元培："他曾经做官做到国民党的中常委，但他不是政治家，在政治上他曾被人利用；在学术上，他曾有过伦理学等方面的论述，但远远比不上他在教育事业上的成就：他将北大办成了中国第一所真正意义上的现代大学。"

蔡元培认为，要发展我国的教育事业，办好高等教育是关键。正如他所说："自己的兴趣偏于高等教育，在高等教育方面多参加点意见。"他长时间任职校长，积累了丰富的大学教育实践经验，形成了系统、颇有创建性的大学教育思想。

确立办学原则——思想自由，兼容并包。他从大学应该是研究高深学问的学府这一理念出发，提出了"思想自由，兼容并包"这个办学原则。他认为，大学应该容纳不同学派，广泛吸收各种人才。如果抱残守缺，持一孔之见，守一家之言，是不可能成为真正高水平的大学。这个办学原则，主要体现在对待学说和教员两个方面，学说必须由人提倡、宣传和发展，教员又以研究、传授学问为己任。

明确大学的性质——研究高深学问之地。他认为，大学应当成为研究高深学问的学府，这是办学的指导思想，也是他教育思想的出发点。1912 年 5 月 16 日，他以教育总长身份，出席北京大学开学典礼时就提出"大学为研究高深学问之地"。1917 年 1 月 9 日，他就任校长的演说中，明确地向师生说明："诸君来此求学，必有一宗旨，欲求宗旨之正大与否，必先知大学之性质。今人肄业专门学校，学成任事，此固势所必然。而在大学则不然，大学者，研究高深学问者也。"

当时，学生入学"仍抱科举时代思想，以大学为取得官吏资格之机关，而对于学问则没有什么兴趣"。他指出，这是北大"著名腐败的总因"。

因此，他提出，大学不能只从事教学，还必须开展科学研究。他要求大学教员，不是灌输固定知识，而是对学问有浓厚的研究兴趣，并能引起学生的研究兴趣；大学生也不是死记硬背教员的讲义，而是在教员的指导下，主动研究学问。

他极力主张"凡大学必有各种科学的研究所"。在《论大学应设各科研究所之理由》一文中，他列出三点理由：一是"大学无研究院，则教员易陷入抄发讲义不求进步之陋习"；二是设立研究所，为大学毕业生深造创造条件；三是使大学高年级学生得以在导师指导下，有从事科学研究的机会。

改善学科设置——沟通文理，废科设系。这个设置有个变化的过程。最初，他从"大学为研究学理的机关"出发，主张"要偏重文理两科"；他出任北大校长后，进一步主张"学术分校"，"学"为"学理"，"术"为"应用"。文、理是"学"，法、商、医、工、农皆为应用，为"术"。学与术关系密切，学为基本，术为枝干；最后他主张"沟通文理"，文理不能分科，文科的史学、文学均与科学有关，而哲学全以自然科学为基础。同样，理科各学科都与哲学有关，自然哲学，尤为自然科学的归纳。而且，由于学科之间的彼此交错，有些学科简直无法以文、理科来区分。

革新教学制度——选科制。在教学制度上，他主张采用选科制，这种制度有利于学生在专精之余，旁涉种种有关系的学科，从而扩大知识面，打破"专己守残之偏见"。对于实行选科制，他认为必须加强指导，防止学生纯粹从兴趣出发，忽视对基本理论、基本知识的学习。他强调，学生所选的学科必须经教员审定，学生只有相对的选择，无绝对的选择，除必修课以外的学科，才有选择权。

行政管理——教授治校。这是他大学行政管理的基本思想。教授治校，是为了建立民主的管理体制，防止校长主观专断，随意办事。之所以实行教授治校，更主要的是为了依靠真正懂得教育和学术的专家，来管理学校。这不仅彻底扭转了旧北大一切校务由校长等少数几个人决定的状况，而且大大调动了教授们的积极性和创造性，出现了民主办校的生动局面。

总之，他大学教育思想的基本特征是民主和科学，目的是要把大学办成高水平的教学科研中心，他不仅为我国近现代大学教育理论的形成打下了坚实基础，而且，许多真知灼见，至今仍对办好大学有一定的指导借鉴意义。

三妻相继

蔡元培的一生成就有目共睹，而他的婚姻和教子，更是耐人寻味。他一生经历三次婚姻，旧式婚俗、中西合璧婚礼、完全新式婚礼，囊括古今；他对子女的因材施教也是令人眼前一亮。

三次婚姻

1889 年，22 岁的蔡元培迎娶了第一位夫人王昭。这次婚姻，完全是"父母之命，媒妁之言"。王昭有洁癖，花钱极节省，而他却生性豪放、不拘小节。为此，婚后两人经常发生口角。

1900 年，西方民主与科学的思潮，开始渗入我国。这一年，他写出了《夫妻公约》，结婚十多年后，以此逐步互相理解，修复感情裂痕，重新调整了与妻子的关系。可惜，这一年，王昭因病离开了人世。

这年他才 33 岁。面对纷至沓来的媒人，他写下了一张征婚启事，列出了五个条件：第一，天足（即：不缠足）；第二，识字；第三，男子不得娶妾、不能娶姨太太；第四，如丈夫先死，妻可以改嫁；第五，意见不和，可以离婚。

这位翰林，在启事中这种惊世骇俗、离经叛道、混淆纲常的做法，无异于向封建陋俗宣战，一时间，媒人纷纷退避。

他在杭州办学时，结识了江西名士黄尔轩的女儿黄仲玉。两厢情愿，加上朋友撮合，1902 年元旦，他在杭州举办了第二次婚礼。

这次婚礼，中西合璧，他用红幛缀成"孔子"二字，代替悬挂三星画轴的传统；以开演说会的形式，代替了闹洞房的旧俗。

1920 年底，黄仲玉病逝。他非常悲痛，写了一篇《悼亡妻黄仲玉》：呜呼仲玉，竟舍我而先逝耶！自汝与我结婚以来，才 20 年，累汝以儿女，累汝以家计，累汝以国内、国外之奔走，累汝以贫困，累汝以忧患，使汝善书、善画、善为美术之天才，竟不能无限之发展，而且积劳成疾，以不能尽汝之天年。呜呼，我之负汝何如耶！……

这篇文字字血泪、情真意切，后来被收入了中学课本，成为抒情散文的典范。

此时，他已 53 岁，时任北大校长，事务繁忙，出于工作和家庭的需要，他不得不再次续娶。这次，他又提出了三个条件：一、本人具备相当的文化素质；二、年龄略大；三、熟谙英文而能成为研究助手。

一个名叫周峻的女孩，就依凭这三条，走进了他的生活。

周峻本是当年爱国女校的一位学生。她到 33 岁还没嫁人，比蔡元培小 24 岁，一直对他抱着敬佩与热爱的情感。

1923 年 7 月 10 日，蔡元培和周峻在苏州留园举行了隆重的婚礼，这是他第三次婚礼。

这次婚礼，完全现代。当时他西装革履，到周峻下榻的宾馆接亲，两人一起到苏州留园，拍了结婚照。

婚宴上，蔡元培向大家讲述了他们的恋爱经过："忘年新结闺中契，劝学将为海外游。鲽泳鹣飞常互且，相期各自有千秋。"

婚后 10 天，他和周峻携子女威廉、柏龄离沪，奔赴比利时首都布鲁塞尔。在那里，他的夫人和女儿都进了美术学院，而他则开始潜心编写《哲学纲要》。每到黄昏，在布鲁塞尔的林间小道上，人们常能见到一对老夫少妻，相偕出游，赏月吟诗。

周峻在相夫教子之余，攻读西洋美术课程。她把对蔡元培的爱，倾注在她的作品《蔡元培半身像》中。蔡元培看了画，笑一笑，挥笔题诗画上：

> 我相迁流每刹那，随人写照各殊科。
>
> 惟卿第一能知我，留取心痕永不磨。

1940 年 3 月 5 日，周峻差两天就满 50 岁，蔡元培在香港病逝。

因才施教育子女

蔡元培有 7 个子女，除长子 6 岁夭折外，其他 6 个子女，都学有所长，卓有建树。次子学农和畜牧兽医，长女学美术，三子学机械工业，后转学磁学，获法国科学院银质奖。幼女蔡睟盎曾经说："我从小喜爱音乐，大弟喜好书画，后学物理，小弟爱画画，曾亲聆画坛大师刘海粟的指点，擅长水彩画，后学航空工程。"

1939 年，蔡元培在九龙对刘海粟说："海粟，你是画家，能不能花点时间看看我的小儿子英多，他可有点才气！这孩子已经九岁了。"接着，他笑一笑又说："有了美术的兴趣，不但觉得人生很有意义，很有价值；就是治科学的时候，也一定添了勇敢活泼的精神。"

他还写了一首《儿童节歌》："好儿童，好儿童，未来世界在掌中，若非今日勤准备，将来落伍憾无穷。"

他认为，想要获得惊人成就，基础要打好，随后要专精，只有选择最合手的，精力集中，才不会顾此失彼。从他在幼女睟盎 10 岁生日时写的诗就能看出：

生男生女无悲喜，不要轻分瓦与璋。

学级高低同合格，公民选举共登场。

望儿再历十年后，应世能名一技长。

今日书痴非必要，练身第一要康强。

这位伟大的教育家，提倡男女平等，不会因为生的是女儿，就轻视她；也不苛求女儿，学业名列前茅；但求她长大后，懂得去投票选举，争取自由；也望她能学得一技之长，最重要的是身体强健，无须死读书。

他倡导的学术自由和平等教育思想，也在子女教育中始终贯彻。

当时，有一位英国太太替蔡家儿女补习英文，她对蔡元培说，报上有些意识不健康的内容，别让小孩子看。但是，他却坚持报纸应当给孩子看，他相信孩子们的分析能力。他还带领儿女们，玩过国际联盟的游戏，每人代表一个国家发言。

他的女儿蔡睟盎回忆：父亲在上海时，特别忙碌，经常出席年轻人的聚会或演讲会，很少闲留在家。到香港，病倒了，父亲还每天坚持读几十页书——读歌德的《浮士德》和但丁的《神曲》中译本。后来，父亲给我买了一套五百本的儿童画册。画册内容包罗万象，其中一篇关于古罗马《木马屠城記》的文章，我看完后，父亲假装不知道故事内容，要我讲来听听，借此训练我的理解和思考能力。

他对七个子女，因才施教，让其自由发展。蔡睟盎曾回忆，父亲友人吴稚晖曾说过，现在做官的人，多让子弟学法律、政治，将来好当官。而他却让两个儿子，分别学农和学工，其余子女，也是研学美术和机械工程。当然，他虽尊重子女的志愿，任由子女选择发展方向，但却严格要求、悉心培养子女具备高尚的爱国情操。

参阅资料

《蔡元培选集》. 沈善洪主编. 浙江教育出版社. 1993 年

《蔡元培传》. 赵庆元. 安徽人民出版社. 1999 年

《蔡元培时代的北大》. 郭建荣. 《大地》. 2003 年

《蔡元培自述》. 崔志海. 河南人民出版社. 2004 年

《蔡元培传》. 张晓唯. 百花文艺出版社. 2009 年

《蔡元培传》. 崔志海. 红旗出版社. 2009 年

《从蔡元培到胡适》. 岳南. 中华书局出版社. 2010 年

《晚年蔡元培》. 程新国. 上海文艺出版社. 2011 年

《蔡元培襄助鲁迅身后事》. 张家康. 《人民政协报》. 2011 年

《爱因斯坦与蔡元培的"北大之约"》. 单滨新. 《新民晚报》. 2012 年

《大学校长应该重温蔡元培的就任演说》. 姜伯静. 《羊城晚报》. 2012 年

《"留法勤工俭学运动"》. 朱正. 《南方周末》. 2012 年

《蔡元培与胡适》. 史飞翔. 《淮海晚报》. 2013 年

陶行知：知行合一的教育家

陶行知，1891 年 10 月 18 日生于安徽徽州歙县西乡黄潭源村，原名文濬，大学期间推崇明代哲学家王阳明的"知行合一"学说，取名"知行"，后又改成"行知"，1946 年 7 月 25 日，脑溢血，在上海去世。他在 55 年人生路上，奉行"生活即教育、社会即学校、教学做合一"，被誉为"人民教育家"。

他早年留学美国，师从实用主义教育家杜威。学成回国后，竭力推动平民教育运动，最早关注乡村教育问题。1926 年，他发表了《中华教育改进社改造全国乡村教育宣言》，拉开了平民教育的序幕。

他设想以教育为主要手段，改善人民的生活。他的主要著作有：《中国教育改造》《古庙敲钟录》《斋夫自由谈》《行知书信》《行知诗歌集》等。

他推行小先生制，提倡教学做合一，要求教育与实际相结合，为人民大众服务。

他在国内，不仅提出了平民教育理论，还以"甘当骆驼"的精神，努力践行，30 年如一日，矢志不移，推动平民教育运动，为世人所敬仰。

20 纪 40 年代中期，他发表了《民主教育之普及》等文章，揭露和抨击了国民党推行的法西斯教育，提出了民主、科学、大众、创造的教育，作为生活教育的四大方针。

他根据"生活教育"的理论，创办了各类新型学校。成为"五四"运动后，我国努力践行平民教育的第一人。他被毛泽东誉为"伟大的人民教育家"，被人们尊称为"当今圣人"。

神童初现

陶行知的祖上，原籍在浙江绍兴府会稽县陶家堰；后来，迁居到安徽古溪；不久，又移居古城徽州歙县西乡黄潭源村。他的父亲名位朝，字槐卿，接管祖上一片酱园，后因经济萧条，破产倒闭了。从此，家道中落。

他从小就聪敏过人。6 岁时，在邻居家厅堂玩耍，看见厅堂墙上挂着对联，就坐在地上，舞棍画地，临摹起来，被邻村秀才方庶咸看见，惊为神童，免费为其开蒙。

后来，他又入家乡蒙童馆，在吴尔宽处就读。

15 岁时，母亲在歙县一所教会中学"崇一学堂"帮佣，他经常去帮助母亲做些事情，被学校校长、英国人唐敬贤看中，让他免费读书。

就这样，他进了教会学校。心情激荡下，他就在宿舍墙上挥笔写下——我是一个中国人，应该为中国做出一些贡献来！这看似平淡的豪言壮语，却抒发了他的满腔爱国热情。

在这里，他用两年的时间就学完了三年的课程，并以优异的成绩毕业。

1908 年，17 岁的他考入了杭州广济医学堂。本想通过学医，解除广大劳动人民的病痛，实现自己的报国志向。然而，由于这所教会学校歧视没有入教的学生，他不愿受外国人摆布，入学仅三天，就愤然退学。

1909年，他考入美以美会在南京办的汇文书院博习馆（即预科）。次年，汇文书院合并宏育书院更名金陵大学（1952年并入南京大学），他就从汇文书院预科升入金陵大学文科。

他在金陵大学期间，主编了中文版校刊《金陵光》，并在此校刊上写出《金陵光出版之宣言》一文，号召全校同学努力学习和工作，发出自己的光和热，报效祖国，"使中华放大光明于世界"。

1914年，他以总分第一名的成绩毕业。他在毕业论文《共和精义》中写道："人民贫，非教育莫与富之；人民愚，非教育莫与智之；党见，非教育不除；精忠，非教育不出。"

他那时就已经深刻地认识到了教育在提高人民素质和促进国家发展中的作用。在金陵大学期间，明代哲学家王阳明的"知行合一"学说，深深地震撼了他，他从中悟出了学习与实践相结合的道理，立即给自己取名"知行"。

1934年，他在《生活教育》上发表《行知行》一文，认为"行是知之始，知是行之成"，进而又给自己更名为陶行知。

改进教育

1914年，陶行知以优异的成绩毕业，赴美国留学，先入伊利诺伊大学攻读市政学，第二年，获政治学硕士学位。次年，又入哥伦比亚大学教育学院，师从哲学家、教育家约翰·杜威，杜威"教育即生活，学校即社会"的观点，对他影响很大。

1917 年 8 月，应南京高等师范学校校长郭秉文之聘，他提前回国，在南京高师主讲教育学、教育行政、教育史、教育心理等。次年 3 月，任南京高等师范学校教务长；5 月，南京高师成立教育专修科，他出任教育科主任。

1919 年，他与刘伯明等组织南京学界联合会筹备会；同年，当选为会长；作为南京高师代表参与新教育改进社、《新教育》月刊。2 月，他发表《教学合一》，并在南京高师把"教授法"改为"教学法"，不久被全国教育界采用；4 月，他发表《第一流的教育家》，率先提出创造精神的教育思想。

1920 年夏天，他在南京高师举办第一次暑期学校，为我国高等学校开办暑期学校之始；1921 年，他参加组织实际教育调查社；11 月，从事全国教育联合会"中国新学制"起草工作。

从此，他开始了富于创意而又艰辛的教育生涯。

1922 年 2 月，他出任中华教育改进社主任干事，同年任中华教育改进社机关刊物《新教育》主编；次年 7 月，致函国立东南大学（前南京高等师范学校）代理校长刘伯明，辞别东南大学，专任中华教育改进社总干事；参与发起成立中华平民教育促进会；被安徽旅宁同乡会、同学会所办南京安徽公学推为校长；先后谢绝被聘任为国立武汉大学（武昌高等师范学校）校长、金陵大学校长的邀请，专事中华教育改进社工作，促进平民教育运动。

1923 年，他与晏阳初等人发起成立了中华平民教育促进会总会，编写《平民千字课》一书，书编成后，他就拿上书到北京、南京的平民学校中试用，结果很满意。他把《平民千字课》一书，送到平民百姓家里，劝家家户户都要识字读书。后来，他还自费奔波于全国十几个省市，开办平民识字读书处和平民学校，推动平民教育运动。

1926 年，在其创办的明陵小学召开的中华教育改进社第一次乡村教育联合研究会上，他宣读《我们的信条》，提倡"生活教育"。

他开展平民教育运动的活动经费，多数都是自己写书得到的稿费。

有一次，他得到了 1 万多元稿费，拿回家锁在柜子里，承担着所有家务的妹妹看见了，问他："家里有老有小，钱也不多，能不能留1/4给家里用？"

他想了想，温和地回应说："我要去南京劳山脚下办晓庄师范，这钱要作为办学的经费。我们家虽穷，粗茶淡饭还能维持。中国34000 万农民，不但没有饭吃，更没有文化。用这钱去办学校，是为农民烧心香，是尽我们的绵薄之力去帮助他们。你在家里省着点用，算是帮我去办大事吧！"妹妹理解了自己的哥哥，默默地对哥哥点了点头。

为了唤醒民众，改良社会，挽救国家，他以极大的热情奔走于祖国的大江南北，宣传、组织、提倡、推动了这个平民教育运动。

他还把《平民千字课》一书，拿回家里试用。当时，家里 7 口人：母亲、妻子、妹妹和桃红、小桃、三桃 3 个儿子，母亲已年过半百，妻子和妹妹初通文字，桃红 8 岁上学，小桃和三桃分别为 5 岁、4 岁，没到入学年龄。

大儿子桃红很喜欢这本书，每天都要读一会儿，一天，弟弟小桃也被哥哥吸引了，遂坐在哥哥旁边一起读书，哥哥读一课弟弟也读一课……

他母亲操劳了大半生，没有机会读书，他也送了一本《平民千字课》给母亲，母亲笑着对儿子说："我又不识字，你送我书做什么？"他看着母亲，笑着回应说："教母亲读书啊！"母亲说："我都57岁了，还能读书？"他笃定地说："能！"

他又动员妹妹教母亲识字，后来桃红和小桃也成了祖母的小先生。

当陶母读了16天《平民千字课》时，他正在张家口推广平民教育。他就用16课里的字，给母亲写了一封信，母亲居然全都读懂了。他听说这事后，高兴得不得了，即兴赋诗《慈母读书图》。

而令他更高兴的是，他从女儿教母亲、孙子教祖母、哥哥教弟弟这件事上，得到启发，总结出了连环教学法。给妹妹的信中更是激动地说："最近，我足迹所到的地方，就是平民教育所到的地方。店里、家里、学校、旅馆里、私塾里、甚至于和尚庙里，我都去劝平民教育，并且很有灵验，很有乐趣。我过几天还要到军队里、工厂里、清洁堂里、监狱里去推广平民教育。"

他推广平民教育，连佣人、车夫、厨师都不放过，一应教育。从1926年发表《中华教育改进社改造全国乡村教育宣言》起，他就设想要以教育为主要手段，来改善人民的生活。

晓庄师范学校

1926年春天，陶行知与赵叔愚、邵仲香等人，共同调查了沪宁路沿线乡村学校的现状，考察了栖霞区的燕子矶小学、尧化门小学等办得较好的乡村小学，重点研究了改进乡村教育的方法。

是年秋，他又以中华教育改进社名义在栖霞区明陵小学召开了乡村教育研究会，会上他发表了《我们的信条》，提出了著名的乡教十八条原则，最重要的有这样几条：

"我们深信乡村学校应当作改造乡村生活的中心。"

"我们深信乡村教师应当作改造乡村生活的灵魂。"

"我们深信乡村教师必须有农妇的身手，科学的头脑，改造社会的精神。"

"我们深信乡村教师应当用科学的方法去征服自然，美术的观念去改造社会。"

"我们深信乡村教师要用最少的经费办理最好的教育。"

他认为，发展乡村教育，关键是要建立一支合格的乡村师资队伍。因而，兴办好乡村师范，就是当务之急。

接下来，他以中华教育改进社名义发表《改进全国乡村教育宣言书》《创设乡村幼稚园宣言书》，撰文《师范教育下乡运动》《中国乡村教育之根本改造》，拟定推行乡村教育计划，发表《试验乡村师范学校第一院简章草案》，准备筹建试验乡村师范学校。

一

1927 年，他谢绝了武昌高等师范（武汉大学前身）和吉林大学校长的盛情邀请，放弃了优厚的教授生活，到南京北郊晓庄，创办起了实验乡村师范学校，训练培养乡村师资。

他想通过培养出具有"康健的体魄，农夫的身手，科学的头脑，艺术的兴趣，改造社会的精神"的乡村教师，来实现自己"改造一百万个乡村"的宏愿。

是年 1 月 1 日，他主编的《乡教丛讯》创刊。他主持试验乡村师范筹备会，在南京安徽公学召开。会议决定晓庄试验乡村师范暂设小学师范院第一院、幼稚师范院第二院，分别由赵叔愚、陈鹤琴任院长。

1 月中旬，试验乡村师范学校的校址，选在南京神策门外老山脚下的小庄。

他随即组织发布试验乡村师范的招生广告。公布培养目标：农夫的身手；科学的头脑；改造社会的精神。公开考试科目：农务或木工操作一日；智慧测验；常识测验；作文一篇；五分钟演说。阐明本校准备：田园二百亩供学生耕种；荒山十里供学生造林；最少数经费供学生自造茅屋住；中心学校数处供学生实地教学做；指导员数人指导学生教学做。公示投考资格：初中、高中、大学一年半程度学生；有农事或土木工之经验，及在职教师有相当程度，并愿与农民共甘苦，有志增进农民生产力，发展农民自治力者，皆可投考。

招生广告上，还特别声明："小名士、书呆子、文凭迷，最好不来。"

不久，试验乡村师范奠基。在城乡人民团拜会上，他宣布改老山为劳山，改小庄为晓庄。寓意日出而作，为中国教育觅曙光，日出破晓。

2 月 10 日，试验乡村师范学校董事会在上海召开，他任董事会秘书兼校长，赵叔愚为第一院院长兼研究部主任。

3 月 11 日，晓庄试验乡村师范举行招生考试，来自全国各地的 13 位有志青年前来报考，成为晓庄试验乡村师范的首批学生。

3 月 15 日，晓庄试验乡村师范在晓庄举行了开学典礼。蔡元培被聘为学校董事长兼校长，陈鹤琴、朱葆初、许士骐、陆静山等为教员，共 130 余人参加典礼。

陶行知作为校长，发表了热情洋溢的演讲："本校开学特异于平常学校有两点：一无校舍，二无教师。大凡一个学校创立，总要有房屋，才能开课。我们在这空旷的山麓行开学礼，实在是罕见的。要知道我们的校舍，上面盖的是天，下面踏的是地，我们的精神一样的要充溢于天地间，所造的草房不过避风躲雨之所。本校只有指导员而无教师，我们相信没有专能教的老师，只有比较经验稍深或学识稍好的指导者。所以农夫、村妇、渔人、樵子，都可做我们的指导员，因为我们很有不及他们之处。我们认清了这两点，才能在广漠的乡村教育的路上前进。"

4 月，他提出了晓庄试验乡村师范的三大使命：一要谋中国三万万四千万农民之解放；二要助东亚各国农民之解放；三要助全世界农民之解放。

6 月，晓庄试验乡村师范校区，从燕子矶搬到了黑墨营，在谈到"晓庄精神"时他说："我们办好乡村教育，要改造乡村社会，总须有宽阔的胸怀和奉献精神，捧着一颗心来，不带半根草去。"

作为校长，他创作了《锄头舞歌》作为晓庄试验乡村师范的校歌：

> 手把个锄头锄野草呀，锄去野草好长苗呀，绮雅嗨，雅荷嗨，锄去野草，好长苗呵，雅荷嗨；五千年古国要出头呀，锄头底下有自由呀，绮雅嗨，雅荷嗨，锄头底下，有自由呵，雅荷嗨；天生了孙公做救星呀，唤醒锄头来革命呀，绮雅嗨，雅荷嗨，唤醒锄头，来革命呵，雅荷嗨；革命的成功靠锄头呀，锄头锄头要

奋斗呀，绮雅嗨，雅荷嗨，锄头锄头，要奋斗呵，雅荷嗨。

晓庄试验乡村师范教育的实践，立即引起了空前的轰动——

南京市教育局众人士，参观了学校；国民政府大学院院长蔡元培，也参观了学校，并在欢迎会上发表了"教学做合一是很自然的"演说，对"教学做合一"和"抱有大志研究乡村教育"精神，给予了高度评价；国际自由平等同盟会代表也来参观，称赞道："实在很适合现代潮流，推翻旧时教育制度，将为新中国创造一种新的教育制度出来。"

1929 年 10 月 15 日，美国哥伦比亚大学师范学院教授克伯屈参观晓庄学校，高度评价说："我曾到各处找这一种运动，找这一种试验的学校，找有科学根据的试验，现在却给我找到了一个。他的实施的方针和办法，以及发动的理想、进步的过程，都合乎我的标准。这也可以代表中国整个民族的精神……我现在无论到什么地方，都要宣传在中国的晓庄有一个试验学校，把这里的理想和设施，宣传出去，使全世界人知道。"克伯屈不仅谈了感想，而且还拍了影片，把晓庄带回了美国。

二

陶行知在办晓庄师范学校期间，提出"生活即教育"、"社会即学校"和"教学做合一"等理论。

有一天，他一位朋友的夫人来看他，非常气愤地说，孩子把自己新买的金表拆坏了，自己狠狠揍了孩子一顿。他听了摇着头、笑着对夫人说："哎呀，你打掉了一个'爱迪生'。"随后他给夫人讲了爱迪生小时候因母亲引导成为发明家的故事。

夫人听后红着脸离开了。

不久，他亲自去朋友家，将那个小孩领出来带去了修表店，让小孩在修表师傅身边看了一套修表、组装的过程，用了一个多小时，花了一元六角钱。

后来，他深有感触地对朋友夫妇说："钟表店是学校，修表师傅是老师，一元六角钱是学费，在钟表店看一个多小时是上课，自己拆了装，装了拆是实践。做父母的与其让孩子挨打，还不如付出一点学费，花一点功夫，培养孩子好问、好动的兴趣。这样，'爱迪生'才不会被打跑。"

山海工学团刚成立的时候，虽然农民的孩子有了读书的地方，可是却没有桌椅。上课的时候，同学们带来自己的凳子，高低不同，大小不一。一星期以后，学校请来了木匠师傅做板凳。一天，陶行知走过来，看见师傅满身是汗，就递给师傅一杯水说："我们不是请你来做凳子的。"

师傅很疑惑。"我们是请你来做'先生'的。"这下师傅慌神了："我可不识字。"他笑着对师傅说："我是请你来指导学生做木工。你如果教会一个人，就可得一份工钱。如果一个也没教会，那么就算你把凳子全做好了，还是一文工钱也得不到。"

师傅听了这话，感觉很为难。他又亲切地对师傅说："不要紧，你不识字我们教你。我们不会做木工，拜你为先生。我第一个向你学。"说完，就拿起一把锯子……

第二天，老师开始带着孩子们学做凳子。有个小朋友嘟囔着说："我们是来读书的，不是来做木匠的。"大人看到孩子拿工具很容易弄破手，也都直摇头。这时，他笑着说："我有一首诗读给大家听听：'人生两个宝，双手与大脑。用脑不用手，快要被打倒。用手不用脑，饭也吃不饱。手脑都会用，才算是开天辟地的大好佬。'你们说，写得如何？"

学生们都拍手说好，大人也不好意思地笑了。从此，学生学做凳子，也当"小先生"，教木匠师傅认字。

3个月后，教室里的50个孩子都坐上了自己做成的凳子。讲台上，还有孩子们自己制作的杠杆、滑车等玩具和仪器。家长们挤在窗口、门外，信服地点头叫好。

陶行知站在讲台前，念起了一首刚写好的诗："他是木匠，我是先生。先生学木匠，木匠学先生，哼哼哼，我哼成了先生木匠，哼哼哼，他哼成了木匠先生。"学生们看看坐在他们身边一起听课的木匠，轰一声笑了。

姚文采是陶行知的同乡，曾被请到晓庄学校教生物课。第一次上课，陶行知就告诉姚文采，把书本摆到一边，"随时教育、随地教育、随人教育"。

姚老师教了10多年生物，从来没有不带书本去上课，他弄不懂到底是什么意思。

傍晚，姚老师看见他正亲热的和两个叫花子交谈。谈完话，他就叫学生领叫花子去洗澡，然后告诉姚文采："这是我从南京夫子庙请来的两位老师，来教大家捉蛇。晓庄附近有许多蛇，经常咬伤人，让蛇花子来教大家捉蛇，你看怎么样？"

姚文采听了，没有回话。说实在的，也不知道说啥好。

蛇花子开始为晓庄师生上生物课，课堂就在山里。几天后，最胆小的女孩子也敢捉蛇了，她们说："只要击中要害，蛇并没有什么可怕的呀！"

通过这次，大家还懂得了许多关于蛇的知识。姚老师这下才终于理解了他的良苦用心。

从这以后，姚老师带领学生采集标本；把挖草药的老农请来，教认草药；请种花木的花匠来，教种植花木的方法；请中国科学社的专家，来教怎样辨别生物科别及定学名。

没过多久，晓庄附近的花草树木，都挂起了学名牌，生物课也上得十分生动活泼。

三

一天午后，一群小孩在田间小路上追逐一只蜻蜓。也许是被追慌了头，蜻蜓突然撞在树干上掉下来，一个叫翠贞的女孩，扑上去捉住了它，几个孩子嚷着要，闹成了一团。这时，陶行知恰好走过，孩子们见了纷纷叫："陶先生！"

陶行知停下脚步，慈爱地问小翠贞："翠贞，你知道蜻蜓吃什么吗？"翠贞想了一下说："吃虫子。"几个小朋友不甘示弱："吃草！""吃露水！""吃泥土！""吃树叶！"

他拉着孩子们坐在田埂上说："还是翠贞说得对。蜻蜓吃虫子，苍蝇、蚊子和水里孑孓，它都吃，你们说蜻蜓是不是我们的好朋友？"

孩子们听了，笑着点点头。他从翠贞手里接过蜻蜓，只见它尾巴一撅一撅的。就又问道："蜻蜓尾巴有啥用，谁知道？"

"蜻蜓用尾巴在河里点水。"

"尾巴是指方向的。"

他将蜻蜓小心地翻过去，指着它的尾巴说："你们看，它的尾巴是一节节的，又细又长。它用尾巴保持平衡，调整方向。在它饿极了时，它会把自己的尾巴吃去一截，不过，以后又会长出来。"

接着，他把蜻蜓的头部对着孩子们说："它的眼睛很大，结构很复杂，有成千上万的小眼睛构成的，能够看清四面八方的虫子。"

随后他又把蜻蜓举到眼前，用商量的口吻说："蜻蜓是吃害虫的，它是人类的朋友，放了它，让它为我们去消灭害虫，好不好？"

说完，他把蜻蜓还给了翠贞。翠贞看看小伙伴们，孩子们纷纷说："放了它，放了它，让它回家吧！"翠贞张开小手，把蜻蜓放回了天空。

这时，他又说："孩子们，我们观察生物，切不可把它捉来弄死。一只蜻蜓一年可以为人类消灭成千上万只蚊子。你们看，它在大自然中飞来飞去，多自在，多快活！"

看着孩子们开心的笑容，他不禁想到自己多次提出的："生物课不要变成死物课，'生物陈列所'不要变成'僵尸陈列所'，更不要在无意中培养孩子们残忍的天性。"

他主张在自然中学习，要认识青蛙，可以到河边去观察；要认识小鸟，可以到树林里去。这样，才能观察到真正的生物，孩子们才能学到真正有用的知识。

然而，他在晓庄的创举，早已使国民党如鲠在喉，"四·一二"反革命政变后，蒋介石便把触角伸向了晓庄。

有一天，值日的学生气喘吁吁地跑进教室，对正在讲课的陶行知说："蒋介石来了，先生是不是去接一接？"

陶行知向上推了推老式眼镜回应说："你去问问他，是找我有事，还是来参观学校？"说完仍旧继续讲课。

一会儿，值日生赶回通报说："蒋介石说是来看看。"

陶行知只"唔"了一声，略一思索后说："那……我就不见他了。"

蒋介石见这位教书匠居然如此傲慢，耿耿于怀。

不久，1930 年 4 月，晓庄被查封，陶行知被通缉，罪名是晓庄通共，有碍风俗。他被迫流亡日本。

从此，晓庄成为一段历史，1927 年 1 月到 1930 年 4 月的晓庄，成为后人追忆、赞颂的辉煌记忆。

支持革命

"一二·九"运动后，陶行知在中国共产党的帮助和影响下，开始积极宣传抗日，支持革命——

1931 年，通缉解除，他从日本回国后，就全力以赴开展教育普及工作。他刚回到上海，就经黄炎培举荐，任《申报》的顾问，并化名"不除庭草斋夫"，发表了大量时评和杂文。

当时，蒋介石以"剿共"之名，大举进攻共产党领导的苏区。陶行知连续发表了《剿匪与造匪》等三篇时评，语惊天下地指出："今日举国之匪，皆黑暗之政治所造成。"

国民党当局，很快查明这些文章出自陶行知之手，蒋介石大发雷霆，批示："申报禁止邮递。"

面对国内统治黑暗，外患日深，陶行知感觉到不能只坐在校园书斋。于是他在上海创办了自然学园、儿童科学通讯学校，并主编《儿童科学丛书》等；次年，他又创建了山海工学团，提出"工以养生，学以明生，团以保生"。

1935 年，他与马相伯等人发起组织"上海文化界救国会"。次年初，成立国难教育社，他被推为社长，拟订《国难教育方案》。

1936 年 5 月，他当选为全国各界救国联合会执委和常委。次年 7 月，他担任了救国会的"国民外交使节"，出访欧亚非26

国，宣传抗日救国。途经香港，他与沈钧儒、章乃器等人联合发表《团结御侮宣言》，主张停止内战，共同抗日。

出访欧洲期间，他曾三次拜谒马克思墓，并赋诗感叹："光明照万世，宏论醒在下"。

他在布鲁塞尔参加世界和平大会，当选为中国执行委员。期间，国内发生国民党政府逮捕救国会领袖沈钧儒等"七君子事件"，他得知"七君子"被捕的消息时，无比气愤，立即联络杜威、爱因斯坦、罗素等世界著名人士，联名通电蒋介石，营救七君子。

沈钧儒后来回忆说："倘若陶行知留在国内，一定和我们在一起，'七君子之狱'就变成'八君子之狱'了。"

1938 年，他刚从海外归来，就到武汉探望了保育院的难童。并对难童们演讲："春"代表着春风奏乐，花儿伴舞，看见"春"也就看见了中华民族的希望，把"春"字分成三部分看，便是"三"、"人"、"日"，三人为众，就意味着大家联合起来，是可以把日本帝国主义打倒的！你们看，"日"字不在"三"、"人"之下吗？说到这里，孩子们欢呼雀跃，口号不绝。同年 8 月，他倡导举办了"中华业余学校"，推动香港同胞们共赴国难。

1946 年，李公朴、闻一多遭暗杀后，他听说国民党特务已把自己列为下一个对象，马上表示"我等着第三枪"，并给育才师生致信："为民主死一个就要加紧感召一万个人来顶补。"

重庆办学

1939 年 7 月，陶行知在四川重庆附近的合川县古圣寺，创办了育才学校，主要招收难童入学。

一

他创办的育才学校，招收了许多失去父母的孤儿。

有个越南革命者的女儿，名叫慕罗，圆脸盘，眼睛机灵，有一副天生清亮的嗓子。他把她分到音乐组，对她说："你就学音乐吧!"当她的祖国吹响解放斗争的号角时，她对校长说："祖国需要我回去战斗!"他回应说："你回去吧，用你的声音，为祖国的解放歌唱。你到育才学校，为的就是这一天!"

朝鲜革命者的几个孩子，父母为抗击日本侵略者，在中国的土地上战斗，孩子们到育才学校后，陶行知语重心长地对他们说："你们学社会科学吧，这是你们祖国最需要的。"

1943 年，萨空了被剃光了头突然出现在北碚的犯人行列，这位著名新闻记者是从广西被秘密押解到重庆集中营的。陶行知知道后心急如焚，他告知沈钧儒，通过救国会交涉，以免特务秘密杀人。通过多方面关系，打听到萨先生被关押在五云山顶的教导团里，13 岁的小女儿苦茶也在集中营。

他知道后痛心非常，托人给萨空了捎话："把孩子交给我吧!"

经过一番周折，小苦茶进了育才学校。小苦茶头上满是虱子、身上满是疥疮，他难过得直掉泪，急忙叫校医帮她治疗并洗了澡，换上了干净衣服。小苦茶诉说着遭遇，他才知道她还有个失散的姐姐。经过多方打听，终于将姐姐也找到并送进了育才学校。随后他让姐姐进社会组学习，让妹妹学习最喜欢的音乐。

李远芃，是革命烈士李硕勋的儿子，周恩来和邓颖超等考虑到，既要保护烈士遗孤的安全，又要教育培养他们成才，就毅然决定把 12 岁的远芃送到育才学校，交给了他。

他了解情况后，就启发李远芃专攻社会科学，以继承父亲的遗志。李远芃的母亲赵君陶是儿童保育院院长，为抢救儿童工作非常繁忙，根本没多长时间和儿子在一起。直到党做出安排，李远芃才离开育才学校，去了延安。当年的李远芃，就是曾经担任过共和国总理的李鹏。

1984年李鹏曾写下一段怀念恩师的话："陶行知先生是我的老师，虽然我受他直接教诲的时间甚为短暂，但他的为人、思想、作风和对中国共产党的感情之深，确给我当时少年的心灵，留下了深刻的印象，使我受益非浅。"

二

陶行知在一次晨会上，给大家讲了点石成金的故事，说是一个道人能够点石成金，他的徒弟们看到师傅变出的金子，都心花怒放，只有一个徒弟却对师傅的本领着迷。

讲到这里，他停住了，学生们纷纷催促，然而他却将话锋一转道："世上有多少人被闪闪发光的金子迷惑，而忘记了点石成金的指头。同学们，你们在学校求学，可不能光想要得到老师和书本传给你们的现成知识，这些知识虽好，但仅仅是世界上知识的一个部分，随着时代的发展，这些现成知识会不够用的，有的会用不上了，有的会显得陈旧了。有些同学拼命把老师和书本上的知识死记硬背，即使你能背出，你在追求学问、追求真理的大道上，还会碰到许多新事物、新问题，到那时你能责怪老师没教过、书本上没见过吗？死记硬背不思考，是书呆子的学习方法，这些学生，老师'教多少'，他就'记多少'，这是赶不上时代、超不过老师的。一批批的学生都比老师差，那末，我们的国家就会一代不如一代。我们求学必须要学会寻找知识的途径和方法，这就是要拿到开发文化宝库的金钥匙——也就是这只点石成金的指头。这样，你们自己就可以一辈子毫无止境地去探求知识，你们就能超过老师，我们的国家就能一代更比一代强。"

同学们听了，这才恍然大悟，懂得了他讲故事的真正意图。

从那开始，学生们不再学死知识，而是各自探索学习知识的途径和方法，老师们也开始创造各种学习条件，帮学生们学习学习的方法。

三

1939 年夏天，一个青年诗人到育才学校半工半读，介绍信上写着："刘文伟，诗人高歌的学生……"

陶行知看了介绍信，风趣地说："文伟，诗文伟大呀?"青年忙说："相反，很渺小，我已经把伟改成芦苇的苇了。"

他听了笑着说："对呀，不要自封为伟大，要大众承认才是真伟大。你愿意做芦苇，好，芦苇做成船，也可以渡人到彼岸呀!"

作为高歌的徒弟，他自然认为青年是洋诗人，然而青年却说："不，我是土人，从小是个孤儿，做过童工，爱唱劳动号子，自己编词儿，是地道的'杭唷'派。"

他听了说："那我们是同志呢，我也是'歌谣派'，你读过我的诗么?"

青年人说："读过，很喜欢。听说你跟唐代诗人白居易一样，写了诗先读给老妈子听。我还喜欢唱您编的歌。如《锄头舞歌》《镰刀舞歌》《手脑相长歌》等等。"

经过对话，他立刻喜欢上了这个青年人，对青年很关心。当时，刘文苇才 18 岁，学习兴趣很高。陶行知住北碚，工作很忙，到学校很少，来一趟也需要处理很多事务。刘文苇常见缝插针请教他学问，而他也耐心而热情地回答。

有人责备刘文苇"不懂事"，但他却鼓励说："做学问就是要学要问。我过去写过一首诗：'发明千千万，起点是一问。人力胜天工，只在每事问'。学问，学问，光学不问只是一半，光问不学也只是一半，又学又问才是完整的学问。好比一个人，不能光有右手右脚，也不能光有左手左脚，要左右配合才是完整的人。"

他的这番教诲，激发了刘文苇，于是一首题为《学问》的诗诞生了：

　　学问学问，既学又问。光学不问，半截理论，死啃书本，用时不灵。
　　光问不学，一半是零，不成条理，低级水平。又问又学，真正聪明，
　　又学又问，才是完整的活的学问。

四

抗战期间，时局混乱，引发通货膨胀，很多商人为了赚钱，开始投机倒把。甚至有些商人还在粮食中掺了大量石子、砂粒、稗子和霉烂米粒，以此来赚昧心钱。育才学校也深受其害。

陶行知知道后焦急万分，为了保证师生健康，他规定每天早上用20分钟来上"选米课"。由师生动手剔杂质。即使这样，粮食还是有很多砂子，有些学生咯到砂子就会将整口饭吐出来，造成了极大浪费。

陶行知看到这种情形，叹口气说："唉，这样下去怎么行

呢？为了几粒砂子，吐出一口米饭，也太可惜了。谁知盘中餐，粒粒皆辛苦啊！"

一天，他等大家吃完饭，独自到每个餐桌前，将桌上浪费的米饭——计数，才带米饭离开。第二天他在晨会上，语重心长地说："现在抗战已到了最艰苦的阶段，国家混乱，加上奸商捣乱，使我们衣食就更加困难！"

他不无内疚："我这个校长没当好，让大家受苦了，请大家能够原谅！"

接着，他话锋一转，气愤地说："我们的粮食已经很少了，但是，我们有些同学，却不知道爱惜，吃到砂子就把一大口饭都吐了出来，我看了，很痛心。昨天午饭后，我数了一下每张饭桌上散落的饭粒，少的 90 多粒，最多的已经超过了 600 粒，这样下去，怎么行呢？"

听到这里，很多同学低下了头……

他接着说："我们浪费的粮食每张桌以 300 粒计算，你们算一算每顿饭浪费了多少粮食？这些粮食又能换多少子弹？这些子弹又能消灭多少日本鬼子？"

算完后，同学们都很内疚。他又带领大家背起了李绅的诗："锄禾日当午，汗滴禾下土。谁知盘中餐，粒粒皆辛苦。"随后说："同学们，现在时局动荡，这些粮食可都是农民们冒着炮火和生命种出来的，也是那些浴血奋战的战士们用生命夺来的啊！我们怎么能浪费？有米饭吃已经很不错了，我们这样糟蹋粮食，如何对得起那些战士和农民伯伯们？"

同学们听了，似乎一下子懂事了。从这以后，餐桌上再也没有饭粒了。

五

在育才学校，学生们每天都有很多课程，还有各类活动，日程很满，课程很紧张。有段时间有些学生厌烦了这样紧张的生活，就在自习时间玩扑克。老师们发现后进行劝说，却被告知这是"有劳有逸"。

有一天晚上，陶行知走过宿舍，看到几个男生正在玩扑克牌。他没有做声，只在旁边观看。一会学生们发现了他，都很羞愧。他却没有批评学生，而是转身离开。

第二天校会上，他问："抗日需要人才，将来建国需要人才，你们难道可以浪费自己的时间吗？你们有多少本领要学啊！我要你们自觉地把扑克牌交出来，像烧鸦片烟一样地把它烧掉！要知道，时光是最可宝贵的。"同学们很愧疚，陆续交出扑克，很快扑克就堆成了一垛。

他用火柴点燃了牌，又温和地对同学们说："有人说'有劳有逸'，'逸'就只能玩扑克？你们可以练琴、写诗、作画，也可以打球、下棋……只有多学一点本领，将来才能建设国家。时光可贵，一去不回啊！"从那以后，再也没有学生将时间浪费在无意义的玩乐上了。

中国古代史，体系庞大、内容烦琐，很多学生在学习时都无所适从。陶行知在教"从贞观之治到开元盛世"时，一反以前先讲内容再做重点的方法，而是让学生先浏览，然后将自己认为是重点的地方标出来。

随后，他开始教学："上节课我们学习了隋唐时期的历史，哪位同学回答一下：隋末农民战争爆发的原因是什么？结果怎样？"

一位学生站起来回答说："农民战争爆发的原因是隋炀帝的

暴政，结果隋朝统治土崩瓦解，唐朝建立起来。"

他赞许地看着这位弟子，笑着说："对。隋朝灭了，江山落入李氏父子手中，今天我们将学习唐朝前期这一段我国封建社会极盛时期的历史。那么，同学们，在这段时期，你们认为影响最重大的是哪一段？"

有同学说是开元盛世，有同学反对说是贞观之治。随后他鼓励反对者发表自己的见解，这个学生沉思后说："唐太宗借鉴了隋朝灭亡的教训，比较注重各方面发展，唐朝从他兴盛，也才有后来的开元盛世。"

陶行知肯定道："不错，这的确是个重要阶段，那么为什么历代第一位君主比较重视社会生产呢？我们稍后详述。苏珊，刚才你认为开元盛世也是重点，你的理由呢？"

苏珊马上站起来回应说："这段时期不仅是唐朝的全盛时期，也是我国封建社会前所未有的盛世时期，理所当然是一个重点了。"

他笑逐颜开地说："有道理。那么，除了这两个重点，大家谁还有不同意见？百花齐放呵，大家有话尽管说。"

另一个女生举手说："老师，武则天统治的时期，是不是也是一个重点呢？"

他笑着回应说："问得好，贞观之治是一个开端，但开元盛世并不是直接在贞观之治的基础上发展起来的，所以说武则天在位的这段时期也不容忽视。她统治期间，继续推行唐太宗的政策，社会经济不断发展，可以说她在位的时期上承'贞观'下启'开元'。下面我们开始详细讲述这三个时期。"

同学们自己找到了历史发展重点，顿时对学习有了明确的方向。

教育主张

陶行知在近 30 年的平民教育实践中，探索积累了一系列对当今还具有教益与启迪意义的教育思想——

平民教育

他从美国学成归国时，就投身于教育改革，用平民教育为"中国教育寻觅新的曙光"。

他认为中国教育改造的根源在农村，还立下宏愿，要筹措 100 万元基金，征集 100 万位同志，开设 100 万所学校，改造 100 万个乡村。

为了实践理想，他在 1926 年创办了晓庄试验乡村师范学院，并提出"社会即学校"，"生活即教育"，"教学做合一"，"在劳力上劳心"的理论，目的是要"发展学生的生活本领"。

1946 年 1 月，他在重庆创办了社会大学，办学宗旨是"人民创造大社会，社会变成大学堂""大学之道，在明民德，在亲民，在止于人民之幸福"。

他还发表了《民主教育之普及》等文章，提出了生活教育的民主、科学、大众、创造四大方针。

社会即学校

这个观点源于杜威的"学校即社会"。但陶行知认为，在"学校即社会"的主张下，学校里的东西太少，不如反过来主张"社会即学校"，"整个社会的运动，就是教育的范围，不消谈什么联络而它的血脉是自然相通的"。这是生活即教育的延伸。

生活即教育

这是生活教育理论的核心。在他看来，生活和教育是融合的，教育本就包含于生活。他认为："过好的生活，便是受好的教育；过坏的生活，便是受坏的教育，过有目的的生活，便是受有目的的教育。"

他还指出"生活教育与生俱来，与生同去。出世便是破蒙；进棺材才算毕业"，教育需以生活为基础。他认为，"生活主义包含万状，凡人生一切所需皆属之"。

"生活即教育"，是说教育的目的、原则、内容、方法都由生活决定；而生活决定教育的进行；生活发展，教育也随之发展；生活是根基，教育是为了改造生活。他认为："在一般的生活里，找出教育的特殊意义，发挥出教育的特殊力量。同时要在特殊的教育里，找出一般的生活联系，展开对一般生活的普遍而深刻的影响。把教育推广到生活所包括的领域，使生活提高到教育所瞄准的水平。"

教学做合一

教学做合一是生活法，也是教育法，它的含义是教的方法要根据学的方法，学的方法要根据做的方法。就如他所说："教学做是一件事，不是三件事。我们要在做上教，在做上学。""事怎样做便怎样学，怎样学便怎样教。教而不做，不能算是教；学而不做，不能算是学。教与学都以做为中心。"这是生活教育理论的教学论。用他的话说，这是生活现象的说明，也是教育现象的说明，生活里，对事说是做，对己之长进说是学，对人之影响说是教，这只是生活的三个方面。

他以种田为例，指出种田这事，要在田里做的，便须在田里学，在田里教。也因此，他特别强调在活动中教，在活动中获取知识，将教学做合而为一。

妻儿轶事

陶行知行走一生，先后有两个妻子相随——

1914 年，他从金陵大学毕业后，全家从歙县迁入南京，他与妻子汪纯宜结婚。汪纯宜比他小 4 岁，3 岁时父母双亡，和陶妹是同学。

两人完婚后，他就赴美留学了。他们共生育了 4 个儿子：陶宏、陶晓光、陶刚、陶诚。

因为他常年在外，所以汪纯宜一直担惊受怕，致使体弱多病，陶母和陶妹故世后，全家重担都压在她身上，最终在 1936 年因病早逝。

1934 年，陶行知在上海认识了和他相差 20 余岁的吴树琴，两人很谈得来。吴树琴本就对他很崇敬，因此大学毕业后，放弃了优越的工作，到了晓庄学校研究所工作。汪纯宜去世后，两个人很快就恋爱了。

1939 年 12 月 31 日，吴树琴与陶行知在重庆育才学校举行了简朴的婚礼。周恩来和邓颖超夫妇两人正好在重庆工作，邓颖超特地到婚礼现场送上了贺礼并致贺词。

陶行知去世后，吴树琴携家人于 1947 年移居南京。南京解放后，她先后被选为南京市妇联副主任和南京市第一至第四届人民代表；1954 年当选为全国政协委员；2003 年 12 月，她在南京病逝，享年 88 岁。

陶行知有句名言——"千教万教教人求真，千学万学学做真人",他不仅在外推行,而且,也将其贯穿在对子女的教育中。

次子陶晓光在无线电方面很有专长。1940年底,陶晓光到成都一家无线电厂工作,因为厂里需要学历证明书,陶晓光没有正规学历,所以求助育才学校副校长马侣贤,拿到了证书。陶行知知道后,马上电告儿子让他还回证书,并寄了一封家书,写着:"宁为真白丁,不做假秀才。"

他的4个儿子,除最小的儿子有国家正式文凭外,其他3个儿子,都没有上过公办学校。他告诫儿子:"追求真理做真人。"这七个字,让人终身受用。

参阅资料

《陶行知教育名篇》. 方明编著. 教育科学出版社. 2005年
《谨防"替外国人拉洋车"》. 方明.《中国教育报》. 2005年
《最后的圣人陶行知》. 王一心. 团结出版社. 2010年
《陶行知传》. 周毅. 四川教育出版社. 2010年
《走近陶行知》. 周德藩. 高等教育出版社. 2011年
《人民之子陶行知》. 周洪宇. 湖北人民出版社. 2011年
《陶行知的4个儿子》. 黄晔.《重庆晨报》. 2011年
《陶行知画传》. 储朝晖. 四川教育出版社. 2012年
《永远的陶行知》. 叶良骏. 上海教出版社. 2012年

张伯苓：南开先生

　　张伯苓，1876年4月5日生于天津，名寿春，1951年2月23日，突发脑溢血，在天津病逝。在75年艰苦岁月里，他矢志不移，教育救国。

　　他早年入北洋水师学堂，学习驾驶，1897年毕业，服务于海军，不久，离职回天津，甘做私塾先生，执教于家馆。

　　在青年时期，他目睹清政府腐败无能，眼睁睁看着帝国列强欺凌我国，立志兴办教育。

　　他在将近半个世纪的岁月里，颠扑�│蹶，历尽艰辛，刻苦奋斗。从传授"新学"的家馆开始，一步步办起了南开中学、南开大学、南开女中、南开小学和重庆南开中学，为国家培养了众多的杰出人才，被人们尊称为"南开先生"。

　　不仅如此，他还是第一个把奥运概念带入中国的先驱；第一个参与创建和组织"远东奥林匹克运动"的人；第一个把奥林匹克教育列入课本的人；第一个发起创建中华全国体育协进会的人；第一个力促刘长春首个参赛奥运的主导人物；第一个发起了中国举办奥运会的活动。因这6个第一，他被誉为"中国奥运第一人"。

书香之后

张伯苓的祖先原是山东人，清初举家迁天津河东。驾楠木船贩粮油杂货起家，家业渐臻小康。

到他的祖父张虔手上，开始弃商习儒，然而却屡试不中，疯癫早逝，年仅 38 岁。

他的父亲张云藻，因是独子，所以继承家业后家财丰裕，只是醉心骑射、酷爱音乐，吹拉弹打诸多乐器无不精通。尤善琵琶，津人称"琵琶张"。

张父因喜音乐，又不计金钱，家道渐衰。为了生计，张父设帐收徒，却少人来习，无奈只好出访家馆。家财荡尽，未能立业，张父暗自愧悔，决心让子女受良好教育，学一技以立世，重振家业。

到张伯苓 6 岁，家境不济，请不起私塾，又借读家馆，后家馆告停，张父遂托人，让他进义塾学习。当时义塾，专收穷家子弟，塾中每天给每个儿童一二两面食，发少量笔墨纸张。

他一进义塾就遭到了许多富家子弟的白眼和讥讽，但他不为所动，且抗辩争斗，富家子弟胆怯，皆服他豪侠。随着学习长进，他十分反感八股文。

1891 年，他 16 岁，考入北洋水师学堂航海驾驶班，开始学习"新学"。他进入北洋水师学堂，如鱼得水。勤奋用功，猛习近代科学知识，节假日也抓紧学习，每次考试都名列前茅，成为了航海驾驶班的优秀学生。按章程规定，驾驶班学生在堂学 4 年，上船学船艺 1 年，回堂学 3 个月，再上船，学 3 个月。考试合格，派上舰船服役。

1894 年，包括他在内的 18 个同学，被派往北洋水师舰队实习。当时，正值中日甲午海战。他随北洋水师舰队参战。9 月 17 日，日海军袭击北洋水师，双方互有损伤，他又随舰队退守威海卫。次年 1 月，日海陆夹击威海卫，战斗中，他随北洋水师舰队迎战，第一艘兵船刚出海，就被日舰击沉。他只好含恨饮泪，与众人返师归里。

那年他才 19 岁，在这惨重打击下，愈加激发了心底强烈的爱国热忱。1895 年 9 月，他从北洋水师航海科第五届毕业。

1896 年，他被派上通济舰服役。这年 2 月 21 日，他奉父母之命，与王淑贞结婚，媳妇身材高大，且年长 3 岁。婚后，媳妇敬夫孝老，贤惠勤劳，成为他娇好的贤内助。

他到通济舰服役的第二年，众列强乘甲午败绩，妄图瓜分中国，清廷不得不派大员到山东办理相关接收和转让手续。他作为年轻的海军佐官，随舰前往，之后他亲眼目睹了丧权辱国场面。

从威海卫归来，他义愤填膺，痛透灵魂，认为自己在海军报国无望，毅然从海军退役。21 岁的他拒任都督衙门翻译一职，陷入苦闷彷徨，他究其根本，认定只有从教育入手，创办新教育，造就新人才，方能自强图存！

南开先生

张伯苓退役不久，恰遇严范孙。严范孙是天津社会名流，曾任清末翰林院编修、贵州学政等职，恰巧严氏家馆聘请塾师，他被聘任教，两个先生合教 5 个学生，他教英文、数理，严范孙教文史。他常对学生们夸赞："真是万幸，遇到严先生。严先生是当今圣人。"

<h1 style="text-align:center">一</h1>

张伯苓在严氏家馆授课过程中，一反私塾的刻板教条，不再让学生死记硬背，而是按照自身体验的新式教学方式，在轻松愉快的氛围中教学。他在授课之余，也非常注重学生的体育锻炼。他专门开设了操身课，即后来的体育课，教学生柔软体操、角力、哑铃、跳高、棒锤等。

尤其是跳高，他在院中放两把长椅，将一根长竹竿架在椅子上，让学生将长辫盘起，撩起长袍衣襟，跑着跳过去。让人耳目一新，实为罕世创举。

他还为学生安排丰富的闲暇活动，如围棋、打旗语、摄影、踢足球、骑自行车等。严氏家馆在他的引领下，已逐渐向新式教育转化。

然而，严氏家馆成立次年，八国联军直逼天津。1900 年农历 6 月 16 日，列强攻破天津，烧杀抢掠，横尸遍野。张氏全家逃住严家避难，又赶瘟疫，全家先后染疾，他四五岁的一儿一女，无医无药，先后夭折。

1901 年，时局稍转稳定，天津"八大家"之一的盐商"益德王"——王奎章，出面聘请张伯苓，为王氏家馆 6 个学生教授英文、数学等自然学科知识。

从此，他穿行严、王两馆，传道授业，诲人不倦。

1903 年，严范孙被提拔为直隶学校司督办，成为直隶地区管辖教育的高级官员。

是年，张伯苓边教学生，边思考为何小日本弹丸之地，却能跻身世界列强？他想到日本揭秘，得到严范孙和王奎章的全力支持。于是他利用暑假，到日本考察了办学的规模和教学方法，深受触动，倍感启发。

回国后，在严、王两位学东为他举办的欢迎宴上，他感慨地说："考察数日，知彼邦富强，教育振兴为主因。欲救中国，必须从教育着手，欲使教育完善，必须有一正式学校组织。"

次年 5 月底，严范孙带他二渡日本，探求创办新式学校的模式和途径。到日本两个月的时间，二人结识了多位日本教育家，共同探讨有关学校建设及教科书编纂等问题。

两人回到天津，就雷厉风行地开始筹备建立新式学校的工作。他打算以严、王两家的家馆为基础，建立中学。两家极为赞同，出钱、捐物、提供场地，各尽所能，全力支持他兴办中学。

二

1904 年 10 月 17 日，一所私立中学堂，在严家的偏院正式建立。张伯苓担任监督，总管学校一切事务，从此，他开始了投身新式学校教学、管理的漫长旅程。

学生来源，以严馆和王馆的学生为主。课程最初为两方面：一是中学，如诗经、国文、历史等；二是西学，如地理、物理、化学、数学、英文等。年底，根据严范孙的意见，学校更名"私立敬业中学堂"，取"肃敬受业"之意。次年，按政府规定，遂更名"私立第一中学堂"。

因为学校声名鹊起，求学的学生很快就超过了一百人。严氏偏院小了。天津一位士绅郑菊茹，主动将自己城南水闸旁一块十余亩的土地捐献了出来。

1911 年，清华学校代理总办颜惠庆，聘请张伯苓前去北京担任清华学校的教务长，总揽清华学校的校务。

尽管清华的办学条件明显好过私立第一中学堂，但是，张伯苓并不愿意放弃自己在天津开创的这番事业，因此，只得京津两地奔波。他曾经风趣地对人说："我是个保姆，同时抚养两个小孩儿。"

在清华任职半年之后，他还是辞去了让人羡慕的教务长一职，专心经营自己的学校。虽然他在清华任职时间不长，但清华推行的美式教育却为他打开了思路。他尝试着将其引入私立中学，并取得了一定成效。

同年，直隶提学使傅增湘饬令，把天津客籍学堂和长芦中学堂，并入私立第一中学堂。同时，把原本拨给这两所学堂的经费，一并拨了过来。

接受了公款后，私立第一中学堂就改名为公立南开中学堂，一是表明资金来源，二是表明学校所在地。所谓南开，实是它位于天津城西南一块洼地的意思。

三

民国初年，天津近代工商业初兴。张伯苓敏锐地察觉到社会需要高等人才，于是下定决心为南开中学的优秀学子，创造一个继续深造的机会。

他想建立私立大学，但是却无可借鉴。而南开学堂自1904年创办，到1917年学生已满千人，中学教育日臻完善。他通过观察分析认为："普通教育，仅为国民教育之初步，创办高等学校，乃是国家发展的根本大计。"

于是，他决心先去美国考察学习。1917年，他到了美国哥伦比亚大学师范学院研修高等教育。得到著名教育家杜威、克伯屈、桑代克等人的指导，而他也抓紧时机，学习了教育学、心理学、教育哲学、教育行政等课程。

他还拜访了一些知名的教育学家，如凯尔鲍德里教授，两人就中美教育进行了深入交流。凯尔鲍德里教授认为，中国的学校应该向学生灌输一些共和思想，以树立民主观念和公共群体意识，抵消长期以来封建思想的影响。这番话，振聋发聩，刺痛了他的灵魂。

第二年 8 月，严范孙与范静生赴美，他选择与两人同行，遍游美国各地，考察了许多私立大学的组织和办学情况。

12 月，他随严范孙归国。不久，他就凭着自己极强的开拓进取精神和服务意识，雷厉风行地组织起南开大学筹备委员会，开始规划设计校园、宿舍、教学楼等具体事务，同时，四处奔走，喜获徐世昌、黎元洪等人和天津士绅的大力支持，开始筹募创办大学的经费。

1919 年春，大学教室在中学南端空地上破土兴建，秋季建成。教室落成，9 月 5、6 日，举行了大学新生入学考试，25 日正式上课。

南开大学创办伊始，他专请留美多年的凌冰博士，作为大学部主任。除开设文科外，另设理科和商科，后来改称文、理、商三个学院。那时，其他私立大学均只开文、法科。南开大学，率先设置理、商两科，开了私立大学教育的先河。

他通过慎重考虑，在学科设计上希望培养学生主动适应社会的能力，因此有了"以政治经济为主干，以历史哲学及教育心理三系附之。如此学生即可专其所学而致实用之效"。

他早在美国研修教育学的时候，就开始留心为南开大学物色教师人才。很多中国留学生归国后，就被邀请到南开任教。因此，南开大学成立不久，教师群体就架构完成。

他还千方百计为有潜力的教师创造深造机会。他曾用美国罗氏基金，将化学系的杨石先教授送到美国攻读博士，杨获得博士学位后，毅然谢绝高薪，重回南开任教。

被誉为"中国物理学之父"、台湾科学院院长的吴大猷，在1994年南开90周年校庆时说："大猷1921年入校，中学4年，大学4年，任教2年，60余年以来，求学、为人、就业，从未有违伯苓校长教诲的南开精神。"

吴大猷曾吐露心声："张伯苓校长在声望、规模、待遇不如其他大学的情形下，藉伯乐识才之能，聘得年轻学者，予以研教环境，使其继续成长，卒有大成。这是较一所学校藉已建立之声望、设备及高薪延聘已有声望之名家，更为难能可贵得多。前者是培育人才，后者是延揽现成的人才。从这观点看，南开大学实有极高的成就。"

南开大学的兴办和发展，并不意味着张伯苓兴办教育的终结，建立完整的南开教育体系，才是他兴办教育的宏伟抱负。

1923年，他建立了南开女中；1928年，他又兴致勃勃地在女生校舍对面，修建小学校舍，设立了小学部；1927年和1932年，更是先后创办了南开经济研究所和应用化学研究所，从而，形成了完整的南开教育体系。

四

1934年，南开创办三十周年。在校庆纪念会上，张伯苓面对师生宣布"公"和"能"作为南开的校训。

他对全体师生说："南开精神——即允公允能，日新月异。允公，是大公，而不是什么小公，小公只不过是本位主义而已，算不得什么公了。惟其允公才能高瞻远瞩，正己教人，发扬集体主义的爱国思想，消灭自私的本位主义。""允能者，是要做到最能。要建设现代化国家，要有现代化的科学才能。而南开学校的教育目的，就在于培养具有现代化才能的学主，不仅要求具备现代化的理论才能，并且要具有实际工作的能力。""所谓的日新月异，不但每个人要接受新事物，而且还要能成为新事物的创始者；不但能赶上新时代，而且还要能走在时代的前列。"

南开教育，就是要培养和训练学生具有为社会、为国家所需要的各种"能"，这个"能"蕴含丰富，如智能、技能、才能、体能等。他还鼓励学生以"干"为手段，实干、苦干，达到获得各种"能"的目的。

转眼 30 年，南开学校的校产总值约为三百多万银元，其中校舍一百多万，地皮七十多万。与同时期的二十所私立大学相比，南开大学接受国家补助金额仅次于中法大学，名列第二。它所接受的社会捐助也居于私立大学的前列。这样的成绩，与他的"化缘兴学"功不可没。

南开采取的是校董会下的校长负责制。1932 年，校董事会的董事为严智怡、颜惠庆、陶孟和、胡适、李组绅、李琴湘、卞俶成、王秉喆、丁文江九人。校董就是南开的"财东"。

从张伯苓的言行中，后人们对其创业的艰辛，自然可以有更多地认识和了解。他说："四十多年来，我好像一块石头，在崎岖不平的路上向前滚，不敢作片刻停留。一块石头只须不断地向前滚，至少沾不上苔霉，我深信石头会愈滚愈圆，路也会愈走愈宽。"

他为南开挣下数百万产业，却从没在自己身上乱花过一分。他不肯坐汽车，仅有一辆南开同仁共用的人力车。一次他去开会，散会后服务员问他公车号，他笑着说 11 号，服务员找来找去也没找到。回来只看到了他渐行渐远的背影，这才领悟其中的含义。

每次去北京，他总住在前门外施家胡同的北京旅馆。学生们深情地回忆说："该旅馆价格便宜，每日一元。先生去时，每次带一盒臭虫药，一包茶叶。北京旅馆的臭虫很多，永远欢迎客人。臭虫药是必需的防敌设备。另外张先生自带一包茶叶，因为旅馆的茶叶实在太劣，太要不得，这一包茶叶是张先生唯一的奢侈品。"

他从传授"新学"的家馆起步，办起了南开中学、南开大学、南开女中、南开小学和后来的重庆南开中学，为国家培育了众多杰出的人才，所有的人都尊敬地称他为："南开先生！"

结缘重庆

1935 年，华北事变后，天津的形势日趋紧张。7 月 12 日，日军向天津进攻。30 日凌晨一点，日军开始向南开大学开炮。中央通讯社当时从天津报道："30 日下午 2 时日炮队亦自海光寺向南大射击，其中四弹，落该院图书馆后，刻已起火。""两日来日机在天津投弹，惨炸各处，而全城视线，犹注意于八里台南开大学烟火。缘日方因二十九日之轰炸，仅及两三处大楼，为全部毁灭计，乃于三十日下午三十许，日方派骑兵百余名；汽车数辆，满载煤油到处放火，秀山堂、思源堂，图书馆、教授宿舍及临近民房，尽在烟火之中，烟头十余处，红黑相接，黑白相间，烟云蔽天，翘首观望者，皆嗟叹不已。"30 日以后，日军占领学校。

从此，南开大学校园遭受了日军侵略者 8 年的蹂躏。南开大学是抗战以来中国第一个罹难的高等学府。初步统计财产损失 300 万元（法币），占当时全国高等学校全部战争损失的十分之一。

30 日下午，张伯苓向《中央日报》记者发表谈话："敌人此次轰炸南开，被毁者为南开的物质，而南开的精神，将因此挫折，而愈益奋励。"31 日，蒋介石约见张伯苓等人，他即席表示："南开已被日军烧掉了。我几十年的努力都完了。但是只要国家有办法，能打下去，我头一个举手赞成。只要国家有办法，南开算什么？打完了仗，再建一个南开。"蒋介石以明晰诚恳的话语安慰说："南开为中国而牺牲，有中国即有南开！"

这之后，他深为忧虑，亲赴重庆考察后，决心在荒凉的重庆沙坪坝，建成一所重庆的南开中学。1936 年夏，校舍落成，定名"南渝中学"，当年九月正式开学。

人们赞叹他创造奇迹，是位魔术师，他却笑呵呵地回应说："我不是魔术师，我是不倒翁。日本人把我打倒，我又站了起来！"

重庆是当时的陪都，因此南渝中学学生不少是高官子弟，有人称其为"贵族学校"，他却说："一定要靠自己的努力和奋斗，不能依赖他人！"

当时南渝中学的确培育了大批社会精英，因为它注重的是提升学生的基本素质。除语文、数学等功课外，还包括逻辑思维、语言表达、如何开会、如何选举、如何表决的训练。总之，德智体美四育并进，这使每个学生终身受用不尽。

南渝中学是以对课业的严要求出名的，一般两门课不及格就要被"刷"。而品行或体育只要一门不及格就会被"刷"。有个学生在一年级上学期差一点就因为体育没有"达标"而被

"刷"，后来靠其他功课成绩优良，承诺每天晚自习后跑八百米，才被允许升班续读。

1938 年，应南开同学会的建议，张伯苓把"南渝中学"改称为南开重庆分校。后又听从教育部的建议，与清华大学和北京大学合并，校名定为联合大学，在长沙开学。不久，敌机轰炸长沙，联大奉命迁往昆明，校名改称国立西南联合大学。

1940 年 8 月，南开新校舍被日机 30 枚巨型炸弹轰炸，狼烟翻腾，但是，被毁校舍，不久修复，读书声、弦歌声再起。

1948 年国民党政府改组，约请张伯苓出任考试院院长。当年 7 月，他到南京后，目睹国民党政府黑暗腐败，心情很不愉快。年末，他以"体弱需静养"为借口，离开了南京考试院，回到重庆沙坪坝南开中学的老寓所，终日深居简出。

解放前夕，蒋介石三番五次到沙坪坝津南村，要求他离开重庆，去台湾或美国，后来蒋氏又派蒋经国和张群劝行，他都笑着婉言谢绝了。

1949 年，他毅然留在重庆迎接解放。

中国奥运第一人

1908 年，一份英文版的《Tiantsin Young Men》记载："1907年 10 月 24 日，在天津基督教青年会礼堂，举行第五届联合运动会颁奖和闭幕式，第一私立中学（南开中学前身）校长张伯苓，发表题为《雅典的奥运会》的演说，他介绍了古代奥运会的历史与现代奥林匹克运动复兴的过程。张伯苓说，此次运动会的成功，使我对我国选手在不久的将来，参加奥运会充满了希望。""他建议，中国人应该加紧准备，在不久的将来，也出现在奥运赛场上。他还认为，当时最需要的是聘请有技能的教练员，并说已有计划从美国聘请一位奥运会冠军来华做指导人，应争取早日实现这一计划。"

第二年春天，张伯苓赴欧考察归来，随之而来的，是第四届奥运会的照片和"奥林匹克"一词。

他最早创建、组织和参与了"远东奥林匹克运动"（后改称远东运动会），于1920年被国际奥委会承认，是世界上第一个与国际奥委会发生联系的区域性体育组织。

他第一个提倡把奥林匹克教育编入课本。1929年10月印行的《天津私立南开中学一览》中，在"体育学科"教学大纲的"高级中学"部分，明确指出要讲授"西洋体育史纲要"和"世界，远东，全国，华北运动会之历史及组织法"。

他最早发起创建中华全国体育协进会，长期担任该会的领导人。1931年，中华全国体育协进会被国际奥委会正式承认为团体成员，这标志我国从此成为了国际奥委会的一员。

1932年，他和张学良及体育协进会的领导人一起，积极支持短跑运动员刘长春赴洛杉矶参加第十届奥运会，亲自为其报名，开启了我国运动员正式参加奥运会的历史。

第一次有国人如愿参加奥运会，他兴奋激动，悬腕提笔，挥毫劲书："智力竞新，强国之鉴。"

正因为他对中国奥林匹克运动有上述这些第一的贡献，被世人誉为"中国奥运第一人"。

结缘张学良

张学良将军，1990年刚被解除幽禁，和夫人暂住台北寓所，是年 8 月，将军在寓所接受了日本 NHK 广播协会记者的专访。采访中，日本记者突然问张学良："将军在年轻时受谁的影响最大？"张将军不假思索地回应："是张伯苓先生！"

张学良回忆起 1916 年，自己 16 岁那年，在故乡沈阳，听了张伯苓先生的演讲，内心受到了强烈的震撼——

那年 10 月底，张伯苓作为天津南开中学校长，应沈阳基督教青年会的邀请，到沈阳青年会对青年教友作了一次题为《中国之希望》的演讲。

当时，他年届40，创办南开中学 12 周年，办学有成，经验丰富。演讲口若悬河，激情翻涌，用天津话打开了青年听众的心扉。掌声如潮，不停地在讲演大厅里激荡。

谁也没注意，台下听众席有东北三省督军张作霖 16 岁的儿子张学良。此时的张学良是位纨绔子弟，只是作为基督教教友，抱着好奇心慕名而来，猎奇而已。

当张伯苓讲到国民对国家的责任时，一语惊四座："中国不亡吾辈在！"此话像炮弹，一下击中了张学良，引起内心强烈的震撼。张学良这才专心听演讲："每个人都要自强，只要人人有了自我，中国就亡不了。我们必须有这么想的气概，不管人家怎么说，自己要有这种信念！"

这几句话，深入张学良心坎。张学良一下醒悟：自己不应沉湎于游乐、做父亲庇护下的公子哥，应该做个好男儿，为国家、为社会做些有益的事情。就这样，张伯苓的声与影，深深烙印在了张学良的脑海中。

1927 年，张学良在奉军中升任高级军官，人称少帅，受命主持华北政务。张学良出于对张伯苓的尊重，聘请他出任天津市长，但他以不愿参与政治为由，婉拒了张学良的好意。是年 9

月，张伯苓为警醒国人，揭露日本对东北地区的侵略意图，亲赴东三省考察，得到张学良的妥善关照。

他回天津后，在张学良的支持下，在 11 月于南开大学建立"满蒙研究会"，后改名为"东北研究会"。1928 年 1 月，他派人持函呈送张学良，邀请少帅担任"东北研究会"名誉董事。张学良欣然接受，向该会捐助研究经费银元 500 元，还备加赞许该会的所有活动。

"九·一八"事变后，张学良恨日本人造下杀父亡家之仇，产生了强烈的抗日救国决心；张伯苓也担任了天津市各界抗日救国联合会主席，坚决主张对日抗战。因共同抗日救国理念，两人成为忘年之交。

这年 12 月，张伯苓赴欧美考查教育，取道沈阳去欧洲。张学良两次同他"欢谈"，对他"以半百之身，远涉重洋，努力于教育之发展"，十分钦佩，决定给南开大学捐助银元 20 万元。

1930 年，30 岁的张学良，被蒋介石提升为全国陆海空军副总司令。这年秋天，受张学良东北军控制的天津警备司令部，把小站营地约千亩稻田划归南开大学经租，租金作为南开学校的办学经费。12 月 10 日，张学良偕夫人于凤至对南开大学进行了一次视察访问。张伯苓在文科楼秀山堂的礼堂内，为其举行了盛大的欢迎仪式。张学良对全校师生发表了"情词恳切的训词"，他情绪激动地对师生们说："予之有今日，张校长一言之力也"，"我之所以有今日，实亦南开之赐！"

后来，张学良在沈阳创办了东北大学，自兼校长，但缺少管理校务的得力助手。南开大学第二班毕业生宁恩承，是张伯苓的得意门生，从英国留学归来，正好也是东北人。他就推荐宁恩承去东北大学出任秘书长、执行校长的职务。行前，还谆谆嘱咐宁恩承说："汉卿有求于人的困难，咱们应该帮助他解决这个困难。"

与此同时，他接受张学良聘请，兼任东北大学校务委员会委员，多次应邀赴沈阳，帮助改革和制定建设方案。还派南开四校事务主任孟琴襄、南开大学秘书长黄钰生和体育课主任章辑五等人，先后去东北大学帮助张学良进行建校工作。东北大学，改革成效显著，沈阳媒体说："南开精神已由白河之滨移来辽河之滨了！"

1935年，张学良受命"剿匪"，然张学良一向主张停止内战共同抗日，于是决心一试。通过东北军内中共地下党的联络，4月9日，张学良飞陕北，傍晚与周恩来会见。两人一见面，张学良就急切地说："我和你同师，咱们可以说都是南开的人。"周恩来一愣说："张校长怎么成了你的老师呢？"张学良随即谈起如何受启发，改变人生志趣的过程，爽朗地说："我很感激张伯苓先生，我对他总是以师礼事之。"

两人的会谈，因"张伯苓"三字而变得轻松与和谐。会谈持续到次日清晨4点，双方取得了共识，握别时，张学良以私人款项2万银元相赠，回西安后，又向红军馈赠了法币20万元。

1936年12月12日，张学良和杨虎城，在西安以兵谏的形式扣留了蒋介石，通电全国，要求停止内战，团结抗日。顿时，震惊世界，南京政府一片混乱，立即分裂成主战和主和两派。

南京政府夙知张伯苓能影响张学良，就紧急电召他共商国事。他到南京后，宋美龄和宋子文就央求他亲笔写信给张学良。最后，张学良邀请中共代表周恩来到西安，与囚禁中的蒋介石会谈，达成国共第二次合作，共同抗日。张学良、杨虎诚立即释放了蒋介石。

张伯苓若一根无形的纽带，将他的两个真假门生周恩来和张学良，联系到了一起。1992年，张学良移居美国檀香山，闭门谢客，颐养天年。过去在东北大学做张学良秘书长的宁恩承，大张学良一岁，也在美国。

1996年4月5日是张伯苓诞辰120周年，南开校友总会打算举行盛大纪念活动，于是提前致函宁恩承，请其婉求张学良为纪念张伯苓诞辰120周年题词。3月14日，宁恩承寄回张学良墨宝——"桃李满天下"。宁在邮件中附言道："兹奉上张学良题词，请酌放大装饰，以滋显著。汉公年老眼花，久不执笔，恐怕这是最后的墨宝矣！"

得意弟子周恩来

新中国首任总理周恩来与张伯苓交往近四十年，于私，是师生情谊；于公，属统战范畴。

1913年暑假，周恩来考入南开中学。因其品学兼优，社会活动能力强，给张伯苓留下了深刻印象。周恩来当时家境清贫，张伯苓就免去了周恩来的学费、书费、宿费，让其业余时间帮学校做抄写、刻字。两人常常深入交谈，涉及社会问题和国家大事。

1917年6月，周恩来中学毕业，到日本留学一年多，随后的俄国十月革命，让周恩来接触了新思潮。1919年五四运动前夕，周恩来回到天津，用新的宇宙观观察中国和世界后，对南开教育提出了建议。虽然周恩来对张伯苓一如既往的敬重和热爱，但还是尖锐的提出了自己的意见，批评张伯苓的某些做法，指出了南开教育的弊端。

后来，张伯苓通过考察研究，也深感南开教育亟需革新，随后创办大学也意在摸索教育新路。

1919 年 9 月南开大学成立，张伯苓准予周恩来免试入文科学习。当年 12 月，他委托周恩来在修身班上向全校师生宣布改革大纲。这是两人彼此信任和支持的象征。

"西安事变"中，周恩来以共产党代表的资格与国民党谈判，终于迫使蒋介石接受了"停止内战，联合抗日"的条件。南开大学为此召开了庆祝大会，张伯苓在会上说："'西安事变'这么解决好，咱们的校友周恩来起了很大作用，立了大功。"

1938 年 7 月，他担任第一届国民参政副议长，常驻南渝中学（重庆南开中学）的津南村，广交各方人士，使津南村成了当时社交活动的中心。同年底，周恩来作为中共代表到重庆，也把重庆南开中学作为巩固和发展抗日统一战线工作的重要阵地之一。

1944 年南开建校 40 周年，也是张伯苓 68 岁寿辰。10 月 17 日，校友们纷纷来到沙坪坝，参加校庆并为老校长祝寿。

周恩来也赶来了，还和张劢生用重庆特有的一种滑竿抬老校长走了一圈。当时，周恩来和张劢生分别在共产党和国民党中任要职，两人如此行为，不仅代表对老校长和南开学校的尊重，也巧妙表达了国共两党合作的意思。教出如此优秀的弟子，张伯苓当然非常开心。

第二天，南开校园的壁报上出现了一段顺口溜：

> 国共两部长，合作抬校长，
> 师生情谊厚，佳话山城扬。

1948 年，张伯苓出任国民党政府考试院院长，当年冬天，他离开南京考试院，避居重庆。1949 年 1 月 15 日，天津解放。不久，北平和平解放。他的老朋友傅作义，担心他在重庆的安全，专程找到周恩来。周恩来正想透露消息让他莫去台湾，于是传话"老同学飞飞不让老校长动"，飞飞正是周恩来南开时用的笔名。

他接信后顿觉豁然，婉拒了蒋介石之邀，并托傅作义传话"张伯苓没有走、希望北归"。

1950 年 5 月 3 日，张伯苓夫妇，终于乘飞机北归了。当天，周恩来匆匆赶到傅作义家，问候了校长和师母。他在北京生活的 4 个月中，周恩来常去看望。秋天，张伯苓夫妇回津。

第二年 2 月 23 日，张伯苓逝世，周恩来听到消息，马上赶到天津吊唁，跟校友们说："很遗憾没有早点来，没能见到张校长……看一个人应当依据他的历史背景和条件，万不可用现在的标准去评论过去的人。张校长在他的一生中是进步的、爱国的，他办教育是有成绩的，是有功于人民的。"

"允公允能"的教育思想

张伯苓在几十年的南开教学实践中，形成了一套完整的教育思想体系——

明确的教育方针

根据多年观察，他认为中华民族有五大病端："愚""弱""贫""散""私"。他曾说："上述五病，实为民族衰弱招侮之主因，苓有见及此，深感国家缺乏积极奋发，振作有为之人才，故追随严范孙先生，倡导教育救国，创办南开学校。其消极目的，在矫正上述民族之病，其积极目的，为培养救国建国人才，以雪国耻，以图自强。"

1934 年，他在《南开的目的与南开精神》的演说中，明确提出办学的总方针和目的："要救国，救法是教育。救国须改造中国，改造中国先改造人。这是总方针。中国人道德坏、智识陋、身体弱，以这样的民族，处这样的时局，如何能存在？"

关于行动，他指出："方法是以教育来改造中国，改造什么？改造他的道德，改造他的知识，改造他的体魄。"从而"为社会谋进步，为公共谋幸福"。

他的教育方针，是随着对教育的理解日臻成熟的。最初，他认为教育的目的是传授科学知识、培养个人能力、学以致用；到三十年代初，提出教育要"土货化"。他指出："我以前终以为中国之弱，是只在我们个人没有能力，所以一切不能与外人并驾齐驱，并且想以我们四百兆之众，苟有一天能与外人一人抵一敌，则中国之强可翘首以待。故一向对于教育方式，都按此目标进行。怠至近来，因经多方观察，觉中国至深之病，实不在个人之没能力，而在个人缺乏合作精神。"

他认为："我们现在一方面是要使人民有组织的能力，合作的精神，负责任肯牺牲，没有名利之思，不做意气之事，什么事都以国家为前提，如此人才，将来组织政府才能使政途清明，政治巩固。这正是我们训练的目标，也正是我们南开的新使命。"

按照这种理念，他认为南开教育的宗旨应"使学生'自动'、'自觉'，自负责任，以求上进"，他曾说："我之教育目的，在以教育之力量，使我中国现代化，使我中国民族能在世界上得到适当地位，不至受淘汰。欲达到此目的，必须对症下药，即：一是注重体育，锻炼强健之国民；二是注重科学，培养丰富之现代化知识；三是注意精神的修养，向深处培，向厚处培，整理中国固有之文化，择其适合于现代潮流者，阐扬广大，奉为国魂，并推而广之，以求贡献于世界。"

"德、智、体、美"四育并重的教育方法

在教育实践中，张伯苓提出了"德、智、体、美"四育并重的教育方法，并长期贯彻下去。

1. 提倡科学：他在筹办南开期间，从日本购置了实验所需的全套仪器和设备，就是为了提倡科学，开发民智。

南开大学成立后，为了更好适应我国经济与社会发展，在科学技术教育方面，他采取了两大方针：一是努力建设校园环境，多方筹集资金，完善各种设施。同时，聘请优良的师资。吴大猷（物理）、李继侗（生物）、竺可桢（气象、地理）、范文澜（历史）等人，或长或短，都曾在南开任过教；二是推进对社会经济发展实用性强的学科以扶持。南开大学成立时，设文、理、商三科，确定重点发展经济学和应用化学。1927年成立社会经济研究委员会（后改称经济研究所）和满蒙研究会（后改称东北研究会），趋重实地调查和以物价指数为主的经济统计工作。1931年成立经济学院；又创办化学工程系和电机工程系，附属于理学院。

2. 重视体育：在他的一生中，身体力行，参与了我国所有的重大体育赛事。

他强调"德智体三育之中，中国人所最缺乏者为体育"。他还把体育教育写入教学大纲，作为学生必须考核过关的科目。而且他并不是单纯强调体育，更注重"体育与品德"的密切关

系，目的是通过体育运动，以锻炼意志与品格，培养和训练体育精神。只有在体育场上体现"团结合作""公平竞争""胜不骄败不馁"的精神风貌，才是现代文明社会所必需的公民素质。

3. 道德教育：他认为，教育应重视人格培养和训练，而不局限于书本。

鉴于社会风气颓废，个人习惯不良，他作出了十分严厉的校纪规定："乃将饮酒、赌博、冶游、吸烟、早婚等事，悬为厉禁。犯者推学，绝不宽假。"违纪"则予悬牌记过"，以示警示。

他还强调学生为人处世的基本原则是"诚信"。在南开学校第八届毕业班的典礼讲话时，他说："是故诚之一字，为一切道德事业之本源，吾人前途进取应是为标准。事出于诚，既无不成，偶败亦必有恢复之一日。"

他很注重精神力量的巨大作用，提倡"欲成事者须带三分傻气""穷家子弟咬牙紧""生于忧患，死于安乐"；鼓励发扬南开精神——"硬干精神""不自私""肯为公""持之以恒""继之以勇"；认同"以此精神置之学校既发达，置国家亦必能富强也"；对"虚伪欺诈""投机取巧"等不良品行深恶痛绝，严加斥责。

4. 美育教育：南开是国内最早上演"校园话剧"的学校。

他曾自编自演《用非所学》，还排演了《一元钱》《新少年》《娜那》等，轰动一时。剧作家曹禺在南开上学时，从中获益非浅。

"允公允能"思想

1934 年，在南开建校三十周年纪念会上，张伯苓当众宣布"公"和"能"作为南开的校训，亲书"允公允能"四个大字。

这是他以后教育思想的精华。他说："允公允能，足以治民族之大病，造建国之人才。"

"公"，是指培养人的公共意识和公共道德，即"公德心""爱国心""国民之自觉心"。他说："惟'公'故能化私，化散，团结合作，有为公牺牲之精神。"

"能"，是指培养人为适应社会政治经济文化发展之需要的各项能力，包括科学技术和方法、身体心理素质锻炼、团队组织协调能力等。他说："惟'能'故能去愚，去弱，团结合作，有为公服务之能力。"

后来他在总结南开经验时说："四十年来，我南开学校之训练，目标一贯，方法一致。根据教育理想，制定训练方案，彻底实施，认真推行，深信必能实现预期自效果，收到良好之成绩。"

"允公允能"教育思想中，他最重视"公"的教育。他认为，中国落后挨打不仅是经济落后的原因，更应该注重如何面对外部力量的严峻挑战。他冷静地思考了中国传统文化与西方文化对中国的影响，他认为全盘西化定然无所适从，应吸取精髓，如"社会公德"、"自觉心"等；而儒家思想也不可全盘否定，如"忠孝"。他指出，中国人最大的弊病在"私"字，"此为中华民族之最大病根。国人自私心太重，公德心太弱。所见所谋，短小浅近。只顾眼前，忽视将来，知有个人，不知团体。流弊所及，缫至民族思想缺乏，国家观念薄弱，良可慨也"。

"公"即"为公众，摒除自私自利"，他强调，通过培养"爱国心""自觉心""合作""诚信""公平""负责任""有毅力""专注"等精神气质，把封建的"臣民"变成现代意识的"公民"。

"公""能"教育可说是熔社会教育与个人教育为一炉，他说："不为己用，而应该是为公为国，为人群服务。在以往，一般人常常指责政治风气贪污腐化，如果我们稍加分析，就不难了解贪污的由来，是不知有'公'；腐化的原因，不外无'能'。如果我们以往的教育都能切实注意到'公''能'，并重观念的培养，那么，或许社会上贪污腐化的风气，将可日见肃清。"

美育教育思想

张伯苓虽不是文学家、艺术家、表演家，但却深谙"寓教于乐""寓德于乐"的道理。早在1901年，他就提倡"新剧"（也称"文明戏"），并和教职员学生一起创作演出话剧。当时周恩来、曹禺在天津南天中学读书时，已经是南开新剧团的主要演员，曹禺后来成为中外著名的戏剧家。

他说："戏园不只是娱乐场，更是宣讲所、教室，能改革社会风气，提高国民道德。"

1916年，他在《舞台、学校和世界》文中，阐明了自己重视戏剧教育的观点："世界者，舞台之大者也。其间之君子、小人、与夫庸愚、英杰，即其剧中之角色也。欲为其优者、良者，须有预备。学校者其预备场也。"他说："从戏剧里面可以得到做人的经验。会演戏的人将来在社会上必能做事，戏剧中有小丑、小生、老生等，如果在戏剧中能扮演什么像什么，将来在社会上也必能应付各种环境。"

当然，他还重视音乐和美术教育，虽然这两者不及体育和戏剧教育那样突出，不过对比其他中学和大学，成效却是卓越的。他重视音乐教育，家教缘故首当其冲。其父擅吹拉弹打，尤擅琵琶，津人称"琵琶张"。他耳濡目染，自然重视音乐。

他重视美育教育，不仅在艺术美方面，更在环境美方面。

他非常重视建筑的美育功能，他曾亲自领导、参与设计、甚至亲手拉线测查建筑面积，他认为建筑除使用功能，还有美育心理功能。他把建筑的艺术性和人工改造的自然美有机结合，注重建筑美和环境美相结合，从而潜移默化影响学生的心灵美。

他还把美育措施具体化，实施"镜箴"——在教学大楼和办公楼，面对正门，竖一大镜，校门箴言："面必净，发必理，衣必整，纽必结；头容正，肩容平，胸容宽，背容直；气象：勿傲，勿暴，勿怠；颜色：宜和，宜静，宜庄。"这是希望师生能够自鉴，他实施"镜箴自鉴"和"考美"。"考美"是对学生宿舍和教室的整洁、美观、卫生等进行考核。

1934 年，诗人柳亚子一进南开大学，穿行优美校园后，特赋诗赞美：

> 汽车飞驶抵南开，
> 水影林光互抱环。
> 此是桃源仙境界，
> 已同浊世隔尘埃。

参阅资料

《张伯苓教育言论选集》. 王文俊等编. 南开大学出版社. 1984 年

《张伯苓传》. 郑致光 杨光伟. 天津人民出版社. 1989 年

《百年家族：张伯苓》. 侯杰 秦方. 河北教育出版社. 2004 年

《张伯苓在重庆》. 宋璞. 重庆出版社. 2004 年

《张伯苓孙女：爷爷是日本人眼中钉》. 刘伟吕 松清.《金陵晚报》. 2005 年

《张伯苓教育思想的现代启示》. 薛进文 侯自新. 《中国教育报》. 2006 年

《周总理吊唁张伯苓》. 周利成. 《今晚报》. 2007 年

《张伯苓图传》. 梁吉生. 湖北人民出版社. 2007 年

《中国奥运第一人：张伯苓》. 孙海麟. 人民出版社. 2008 年

《南开大学因何从私立变国立》. 刘宜庆.《人民政协报》. 2013 年

黄炎培：溯源与创新

黄炎培，字任之，号楚南，笔名抱一，1878 年 10 月 1 日生于江苏省川沙县城内，1965 年 12 月 21 日逝世于北京。他一生的梦想，就是搞好职业教育。

他认为，我国教育"乃纯乎为纸面上之教育。所学非所用，所用非所学"，改良之道"不独须从方法上研究，更须在思想上研究"。他得出结论：必须发展职业教育。

他注重学和用的结合，将"尊重劳动"做信条，将"劳工神圣""敬业乐群"做校训。

他主张手脑并用，"要使动手的读书，读书的动手，把读书和做工两下联系起来"。

他还倡导教育要联系生活。他要求"帮助个人选择、预备、决定及增进他的职业"，做到"敬业乐群"和"裕国利民"。

1917 年，他联合社会知名人士蔡元培、梁启超、张謇、宋汉章等 48 人，在上海创立中华职业教育社，倡导、研究和推行职业教育，改革脱离生产劳动、脱离社会生活的传统教育，成为中国职业教育的一面旗帜。

他开展职业教育实践活动，进行教育理论创造，对中国近代教育的发展作出了重大的贡献。他 1945 年到延安与毛泽东谈到"历史周期率",语惊政坛,影响至深至远。

初经风雨

黄炎培出生在江苏川沙县的内史第沈家大宅,他是三兄妹中唯一的儿子,更是老大。

清同治二年,他爷爷黄典谟举家迁至川沙,黄典谟字厚余,曾寄居南邑瓦雪村,一生豪爽、豁达、健谈,国学生,辛勤疏导后生,备受乡邻尊敬。

可惜,他刚满月时,爷爷就走完了 52 年历程,驾鹤西去。父亲黄林,字叔才,排行老三,是个秀才。他刚出生时,父亲听接生婆说是个胖小子,就笑得合不拢嘴,妻子问给儿子取什么名字时,他父亲满脸笑容回应:"就叫炎培吧,让他一开始就带有一种怀古依恋的本色。将来无论是到天之涯,还是海之角,别忘了自己是炎黄子孙!"母亲定了他的小名——奎儿。

他躺在母亲怀里,并没听见父母的对话。多年后,他在《八十年来》一书中,写了一首诗纪念自己的生日:

生来伴我菊花黄,拼共西风战一场。
温暖母怀忍回忆,呱呱三日便重阳。

黄炎培父亲从师苦学,性格开朗,闲雅潇洒,雍容大度,落宕有致,尤重义气,仗义执言,好打不平。其一好友,南汇县周秀才父亡故,妻得一子,县衙突来传票,说他犯了"服中生子"之罪。他父亲听后,带上《大清律例》,随周秀才去找知县说理。

他父亲质问知县："你知道路吗？你父亲是哪天死的？他妻子是哪天坐胎、哪天生子的？你办他的罪，依《大清律例》的哪条、哪款？"

知县瞠目结舌，只好回应说："《大清律例》我没查过。"

他父亲抢过话头，义正词严地说："《大清律例》分明没有这个规定，你这是'故入人罪'！你知不知道？"

知县脸上顿时红一阵白一阵，看看面前这位俨然大官架势的人，只好点头称是，收回了传票。

他母亲是有250多亩土地的千金小姐，读过私塾，能写会画，知书达理，勤俭持家。母亲每天早早就起来，忙里忙外，孝敬老人，教养孩子。晚上一有空，母亲就坐到油灯下，手把手教儿子认字、写字，还给儿子讲故事，总是循循善诱地讲明人生的道理——

有天中午，他看见母亲炒了一盘喷香的菜，刚端上桌，他就急想吃，伸出手去抓。他母亲立即制止说："奎儿，马上有客人来，等客人吃呀。待人好些，自己省俭些！"

有一天，他母亲病卧在床，看到他无所事事，就训斥说："奎儿，你看！谁在那里闲荡过日子？公公怎样？婆婆怎样？爹在外边怎样？农民一个个忙得怎样？只有你既不读书，又能不做事，怎么对得起人？"母亲病中大训，他到老都没能忘怀。

他母亲给他讲鼓词《珍珠塔》时，启发他说："奎儿呀，你看方卿多苦哇，你将来要争气，学好本事，为穷人做点事情，也不枉来人世……"

1957年，他在无锡看锡剧《珍珠塔》，想起童年时母亲的提醒，回去含泪写下一诗：

余兴逢场听管弦，珍珠塔影隐华筵。

人情冷暖儿时知，母训回头七十年。

在《八十年来》一书中，他充满深情地写下自己的母亲："根据我童真时的想象：世界上有美人，最美是我母亲；世界上有好人，最好是我母亲。"

9 岁，他被母亲送到一私塾学习；13 岁，刚 32 岁的母亲一病去世；4 年后，父亲重病卧床。那天黎明，父亲突然对守在身边的他说："奎儿，你 17 岁了，是个小大人啦，你该知道自己怎样做人、怎样生活。就是你两个妹妹都还很小，我放心不下。你是哥哥，要好好照顾她们，不要让她们受委曲。"他含泪说："爹，你放心。"父亲听后撒手人间。

13 岁失母、17 岁丧父的他，为生活所迫，只得带上两个妹妹去外祖父家。外祖父孟荫余，不仅是大地主，文化水平也颇高，在川沙以东三里，有"东野草堂"书屋。他的青少年，就在这里读了十年书。家境贫寒，激发他刻苦用功。他的记忆力和理解力都很强，《五经》等经典，每课读一百行，次日就能一字不差地背诵。

老师出诗题"家在江南黄叶村"，他开首就写出"处士家何在？江南第几村"，得到老师褒勉。

他文思敏捷，有一天，一位长辈出上联试他：

相对一庭花，久而生厌；

他当即对出下联：

纵谈千古事，快也何如。

而后，他当过百货店的临时售货员、塾师，一面劳作，一面读书、习写诗文。

1899 年，21 岁的他在松江府以第一名高中秀才。

他高中后，当塾师的酬金提高到 32 元大洋，生活有所改善。

他的才华得到川沙周浦镇王筱云赏识，把女儿王纠思嫁给他为妻。23 岁时他到南京应乡试，考中举人。

1901 年秋，他考入上海首届南洋公学特班，选学外交科。当时，特班总教习是蔡元培，其教育思想和教学方法，对他影响很大。不久，学校发生风潮，总办把南洋公学解散了。

这期间，他接触了严复翻译的《天演论》等新学书籍，开始在家乡从事教育、政治活动。

1903 年春天，他主办的川沙小学堂开学。

他通过接触新学和兴办教育，痛感清王朝的腐朽，积极倡导变革。1903 年 6 月 18 日，他和几个朋友应邀到南汇县新场镇演说，地方痞棍告他们毁谤皇太后、皇上，6 月 23 日，南汇县知事逮捕了他们。上海基督教堂牧师惊闻此事，出面帮助，使他们在 6 月 26 日两江总督和江苏巡抚联署"就地正法"的电令到达前，获救脱险。

获救之后，他们当即赶往上海，亡命日本。当"西伯利亚号"驶出吴淞口，他心潮澎湃，对同伴说："我原号楚南，现改为韧之。意思激励自己要像刀刃那样锋利，像牛皮那样有韧性地倾心报国。"

急步兴学

一年后，黄炎培事息归国，继续兴办学校。

1905 年，蔡元培在深夜找到他，以老师和同盟会上海领导的双重身份说："炎培，现在外强鱼肉，内部土崩，局势至此，有目共睹。列强得寸进尺，中国主权严重丧失，成了什么样的国家？是该彻底觉醒的时候了……"

他坚定地回应老师说："蔡先生，我刀下余生，死不足惜，只要对国家有益的事情，听先生的，我干！"

第二天晚上，他就到了蔡元培家，庄严地宣誓：

驱除鞑虏，恢复中华！

创立民国，平均地权！

就这样，他参加了同盟会。1907年，杨斯盛捐资于六里桥，创办了现代化的浦东中学，黄炎培当首任校长。

他与杨斯盛一起，确立了著名的"勤朴"校训，为浦东中学人才辈出奠定了基础，使该校在当时享有"北南开、南浦东"的盛誉。当时，一般校长的月薪是100银元，他被杨斯盛毁家兴学的义举感动，只自支月薪40银元。

浦东中学兴办后，有人密告两江总督端方，说他们宣讲排满革命。端方下令，要江苏提学使毛庆蕃彻查。毛庆蕃很看重黄炎培的才学，加上杨斯盛以身家性命担保，立即发出公文说："不准再有人根据旧案控告黄炎培革命。"

1910年1月，他辞去了校长职务，一直任学务校董到1927年。

之后，黄炎培出任江苏都督府教育司司长，曾受侨胞委托筹办东南、暨南、同济等大学。在三年任期内，他全力以赴地改革地方教育，全面规划建设了省立高、中等学校和县立小学，兴办的教育事业为全国各省之冠。

1913年，他发表《学校教育采用实用主义之商榷》，提倡教育与学生生活、学校与社会实际相联系。

1914年2月至1917年春，他以《申报》记者身份在安徽、江西、浙江、山东、北京、天津等地考察了5个多月。

1915年4月，他随农商部"游美实业团"，赴美考察了25个城市52座学校，深入考察了美国的职业教育，撰写出《旅美随笔》。

其间，他见到了举世闻名的大发明家爱迪生，并用爱迪生刚发明的播音器录播了讲话："我们中国是东方大国，美国是西方大国，两国人民如果同心同意采取和平手段，互相帮助，我们相信大家一定会走上幸福的道路。上海是中国大商埠，纽约是美国大商埠，我愿代表中国人民提出这点希望，和敬爱的大科学家爱迪生先生在这里握一次手。"

他还到日本、菲律宾、南洋各地考察。每次考察均有记录，并结集出版。

他认为："外国考察，读方书也；国内考察，寻病源也。方书诚不可不读，而病所由来，其现象不一，执古方治今病，执彼方治此病，病曷能已。"可以说，他的考察，均是对症下药，旨在从实际出发解决根源问题。

不过，考察却不是一帆风顺的。有一次，他再下南洋，轮船到达雅加达，一上岸就遭到荷兰殖民者的非法捆绑。那些人在他胸前挂上一个特大的"6"字，强行照相。当他提出抗议质问时，一个傲慢的荷兰官盯着他说："你是革命党，孙文是第1号，你是第6号，我们不欢迎你，你这长着反骨的中国佬！"荷官让手下人把他推上了船……后来，经多方营救，他才脱险。

黄炎培在对我国教育事业探索过程中，筚路褴褛，历尽艰辛，令人难忘。

职业教育

1917 年，黄炎培从英国考察回来，深感"学而优则仕"的教育思想只是引导学子走官场，无法将知识和实际相结合，于是他决定不再入官场。

同年 5 月 6 日，他在上海发起成立了"中华职业教育社"，任理事长，主张对教育进行改革，使"无业者有业，有业者乐业"。国内知名人士蔡元培、严修、张元济等都在成立宣言上，签名支持。这一天，成为我国近代职业教育的开端！

中华职业教育社，从成立到 1949 年全国解放为止，在他主持下，先后创办了上海中华职业学校、重庆中华职业学校、上海和重庆中华工商专科学校、南京女子职业传习所、镇江女子职业学校、四川灌县都江实用职业学校等，先后出版过 120 多种书刊，对我国的职业教育事业作出了重要的贡献。

1918 年，他创办了中华职业学校。以"教业乐群"为校训，"双手万能"作校徽；提倡手脑并用，注重实践。学校培养的人才辈出，黄炎培因此在全国教育界声名鹊起。

1920 年，美国哲学大师杜威博士应邀访华。5 月，他邀请杜威到上海的浦东中学等处，联合举办讲座。杜威推崇实用主义，而他主张务实教育，两人在教育理念上，不谋而合。

当时，他在演讲中极力抨击传统教育，根据数据详实、有理有据的说明，让听讲的人震撼非常，当时 27 岁的毛泽东就在台下听讲。25 年后，毛泽东在延安机场迎接黄炎培，当时毛泽东笑着说："我们 20 多年不见了！"他疑惑不解，待毛泽东讲起1920 年的往事，他才笑而释然。

1921 年，他被委任为教育总长，却拒不肯就职。

1922 年，他参与起草学制，进行乡村建设实验，筹办南京高等师范专科学校、河海工程专门学校（现河海大学）、东南大学、上海商科大学、厦门大学等高校。

他在兴办教育时，因为支持学生员工的进步活动，被江浙买办财团的一些人谩骂为赞同"赤化"。1927 年，蒋介石以"学阀"之名，对他进行通缉。他去苏联未成，流亡至当时的日租界大连。回沪后，闭门三年，以卖文为生。

他在职业教育实践中，积累了丰富的教育经验，对后世颇具影响——

他建立了沟通教育与职业结合的渠道，他认为：职业是社会生存所必需的分工产物，教育是保持和发展各行各业的条件。他说："人类一切问题的中心，是生活。为了生存就要有供给，自社会生活采分工制，求工作效能的增进与工作者天性、天才的认识与浚发，进而与其工作适合，于是乎有职业教育。教育的功能是传道、是发展。前人所获得的知识和经验，乐于传给后人，后人从仿效中获得改进，或进而有所发明，这就是教育。因此，教育是延续社会生产，社会生活，保持和发展各行各业的条件。科学是近代工业革命的先导，教育是扩大科学运动之先声。盖今商战、工战，无非学战。"

他认为："职业一名词，包含对己谋生与对群服务，实是一物两面。二是职业外适于社会分工制度之需要，内应天生人类不齐才性之特征，不仅要求供需相济，而且要求才性相近，才能使事得人，使人得事，使百业效能赖以增进，并使人获得职业的乐趣。"

他的职业教育思想，主要有四个方面，对后世影响很大：

一、提出"使无业者有业，使有业者乐业"的理论。

这一著名教育理论，是他 1915 年赴美考察后，在学习借鉴国外职业教育经验基础上提出的。他认为，职业教育有四个目的："谋个性之发展；为个人谋生之准备；为个人服务社会之准备；为国家及世界增进生产力之准备。"

通俗来说，人们参加职业教育，不是为了"学而优则仕"，而是发展个性；只有发展了个性，才能充分施展才能；而教育就是为了人就业做准备的；这种教育具有普遍性，是为国家和社会增进生产力的途径。

二、主张做学合一，手脑并用，知识与技能并重，理论与实际并行。

他认为："职业教育的目的乃在养成实际的、有效的生产能力，欲达此种境界，需要手脑并用。"他曾批评清末兴办的实业教育："非教以农工商也，乃教其读农工商之书耳。"

他看到了教育与生产能力的关系，强调实践的重要性。"无论东方还是西方，其学校教育都侧重于对学生进行伦理道德、古典人文科学和治人之术的教育，这就使得教育内容和生产劳动脱节。""我国古代的教育完全是为了培养皇帝的忠实奴才，是替封建统治阶级服务的，是'奴化'教育。它以儒学为主要教育内容，很少涉及生产和科学知识。"这是他对封建教育的高度概括。

他曾提出"人职匹配"的职业教育观，他指出要"因职业的各各不同，与人的人性、人才、兴趣、环境的各各不同，替它分别种类，谁则宜某种，谁则不宜某种。"这种思想，对发挥人的才能和创造力非常重要。因为它能够根据人的才能特点和职业特点，进行分门别类匹配教育，如果根据孩子自己的兴趣和特长诱导施教，就能够让孩子成为真正意义的人才。他发现一个孩子喜欢玩积木，能够制作成各种建筑图形，就时常带这孩子到高处去看上海的市容全境，培养他对工业的兴趣，引导他去学习研究建筑业。这种身体力行，对子女的教育为后人作出了榜样。

三、目标："国无不教之民，民无不乐之生，学校无不用之成材，社会无不学之执业。"

他全力推行职业教育，就是为了实现上述目标。他认为，职业教育不强调选拔和淘汰，它不限制任何人的个性发展，也不排斥培养精英和致力于人人成功。接受这种教育的人，都能成才，如果社会上每一个执业者都接受职业教育，那么全国整体教育水平会普遍提高，从而极大促进生产力，而生产力与人民生活质量息息相关。这种大众化、务实性、多样化的教育，是教育发展的必然趋势。

四、提倡"大职业教育主义"。

黄炎培认为，要实现职业教育的思想并不容易，这需要整个社会生产力发展到一定水平。他说："经济因素对职业教育的影响是直接的，因为职业教育是适应机器大生产对劳动力的新需求而产生的教育类型。源于较早发生工业革命的欧洲国家。"

然而，到1949年，全国工业化率才达到12.5%，城市化率只有10.64%。他的职业教育理想，并未实现，他说："我们所希望（的），百分之七八十没有达到。"他率先提出了"大职业教育主义"的主张，认识到"发展职业教育，决不能仅从职业学校，仅从教育界，甚至不能仅从农工商几个产业下功夫，而必须参与整个社会运动"。

他还提倡开门办学，他说："办职业学校的，须同时和一切教育界、职业界努力的沟通联系。提倡职业教育的同时，须分一部分精神，参加全社会的运动。"

他的"大职业教育主义"，使他的职业教育思想，提高到了一个新水平。这是他为民族振兴而不懈追求的曲折历程，也是他所信奉的座右铭："理必求真，事必求是。言必守信，行必踏实。"

英雄交往

黄炎培一生不与官僚草寇结盟，只与英雄豪杰相交，他是近代真正旷达大度、明确人生目标和方向、胸怀祖国和民族的大文化人之一。

辛亥革命推翻帝制后，孙中山辞去临时大总统职务，在上海闭门写作《孙文主义》。稿子写了一半，孙中山就召来黄炎培，拿出已经写好的部分初稿，谈了写这部书的初衷，诚恳地说："自己不长于写文章，已写的请你看一遍，字句上有需要斟酌的，请你动笔。"

当时两者地位悬殊，一为卸职的临时大总统，革命领袖，一为江苏提督府下科长。然而他却未将孙中山当权贵，而是英雄相交，他毫不客气，为孙中山改起了稿子。该书出版后，他还珍藏了由孙中山亲笔签赠的书。

1921 年，共产党即将成立，友人沈肃文建议他联系一下李大钊，于是他专程北上，到北京拜访了李大钊。两人相谈甚洽，谈到形势、谈到各自的做法，相约今后密切合作。之后，他编辑的《申报》特刊上发表了李大钊的长文《1871 年的巴黎康妙恩》（即巴黎公社），支持建党事业。

红军长征期间，国民党除加紧军事上的围追堵截外，还大肆造谣诬蔑，谣传共产党人在途经贵州茅台镇时，纵容官兵在茅台酒池里洗脚。然而，他听了此谣传后，并不以为然。

抗战中，他置身高潮迭起的重庆，应沈钧儒之请，参观其子沈叔羊的画展。沈叔羊的画上有一把酒壶、几只杯子，写着"茅台"二字，沈老请他题词，他看了看画，挥毫特作七绝《茅台》：

> 喧传有客过茅台，
>
> 酿酒池中洗脚来。
>
> 是真是假我不管，
>
> 天寒且饮两三杯。

画由他题上这诗，陡然升值，被送到毛泽东手上，最后挂在延安杨家岭接待宾客的中共会客堂里。领导人们读了这首诗后，都十分欣慰。性情激昂的诗人元帅陈毅，看了配画诗，非常感动，未与黄炎培谋面，就引为知己。

1945 年 7 月，他与 6 位国民参议员访问延安。到延安的第二天，得知消息的陈毅，就专程跑来看望。一见面，陈毅就说："我们二十五年不见了！"他听后顿觉愕然，惊讶地说："我们是第一次见面啊！"陈毅笑一笑说："1919 年我去法国勤工俭学，在上海交通大学操场开欢送会，你代表江苏省教育会演讲，还记得吗？"听了这话，他恍然大悟，笑着连声说："好记性，好记性。"

隔日，毛泽东宴请他们一行，桌上摆着茅台酒，周恩来、陈毅作陪。

席间，陈毅提议饮酒联句，大家朗笑赞同。

毛泽东率先出句：赤水河畔清泉水；

周恩来续道：琼浆玉液酒之最。

他接句：天涯此时共举杯；

陈毅收句：惟有茅台喜相随。

吟罢，大家不禁相视抚掌大笑……

他珍藏着一幅王羲之书法真迹作品，毛泽东借去欣赏，两人相约一月归还。过了一阵，他就打电话问毛泽东："是否看完？啥时候归还？"

毛泽东答复："到一个月不还，我失信；不到一个月催讨，他失信。谁失信都不好。"

又过了几天，他再次打电话，毛泽东问："任之先生，一个月的气你也沉不住吗？"

一个月期满，毛泽东让人把这部书法作品小心地用木板夹好，当天送还。毛泽东后来笑评他提前"索债"的举动说："不够朋友够英雄。"

毛泽东字润之，他字任之，只一字之差。因此，两人纸笔往来时，他多称毛泽东为"润之主席"或"毛主席"，而毛泽东称他为"任之先生"、"任老"或"黄老"或"黄副总理"。无论何时，两人或在相见时，或是书信中，都客气相往、以礼相待，演绎了领袖与文化人的真挚情谊。

1952年冬，他到南方视察，途经南京，当时在江苏任职的陈毅，特地以茅台酒宴来欢迎。席间，陈毅又提到了那首《茅台》诗，十分感慨说："当年在延安，读任之先生《茅台》一诗时，十分感动。在那个艰难的年代，能为共产党说话的，空谷足音，能有几人！"

陈毅即席步原韵和诗以答谢他：

金陵重逢饮茅台，万里长征洗脚来；

深谢诗笔传韵事，需在江南饮一杯！

他听了也很感动，当场笑笑，就和诗回应：

万人血泪雨花台，沧海桑田客去来；

消灭江山龙虎气，为人服务共一杯！

他对自己敬佩的英雄，就是这样，直率坦诚相待。而对那些志不同、道不合的人，无论是谁，他都嗤之以鼻。

1914 年 2 月 22 日，袁世凯加快复辟步伐，他愤而辞去江苏教育司司长职务。他在江苏办教育，颇具影响，北洋政府两次请他担任教育总长，他都坚辞不就。弄得袁世凯毫无办法，对人发牢骚说："江苏人最不好搞，黄炎培这个人就是八个字：与官不做，遇事生风。"

1946 年 1 月 15 日，他在政治协商会议第五次大会上发言，矛头直指蒋介石在国民党六大上的报告："有些政府里的要人，骂热心参与政治、要求组织联合政府者为分赃主义。用这种话来骂人是个莫大的笑话，实在太荒谬了。这些人读过孙中山先生的《三民主义》吗？殊不知道你政府要人骂联合政府和参与政治为分赃，首先就不打自招地认为你所把持的政权为赃物了，岂不是自居于窃国自盗的大盗贼的地位吗？所以，我奉劝那些大人先生再不要闹这种笑话了。"这段发言，义正词严，有理有据，痛快淋漓。

蒋介石听后，岂能善罢甘休，11 天后，即 1 月 26 日中午，正当黄炎培在和平建国会参加讨论时，国民党军警光天化日之下冲进他居住的"菁园",翻箱倒柜搜查了一个多小时。他没有屈服,向国民党严正抗议,终于迫使国民党公开道歉。

1946 年 6 月,全面内战爆发。同年 7 月,国民党欲拉拢他,让杜月笙传陈立夫的话,希望他脱离民盟,单独参加国民大会,他想都没想,就当即谢绝,回应杜月笙说:"一我不能同意于不统一、不团结之下通过宪法;二此路不能通,我不能助朋友走不通之路;三欲我脱离民盟,我不能自毁人格。"

同年 9 月 20 日,在国民党的双十节前夕,他写了一首诗《今年双十节》:

> 今年双十节,厚黑最高潮。
> 部部牛皮大,官官竹杠敲。
> 民谣千里草,国事一团糟。
> 战火南连北,江淮到吉辽。

1948 年 12 月 14 日,他在给友人回信中回答了自己为何数次不愿做官:"弟对职业教育,确信为能解决人类间种种问题之最扼要办法。若一行作吏,势须抛弃半途,实违宿愿。"

然而,1949 年 10 月 15 日,他却以 72 岁高龄,被任命为新中国政务院副总理兼轻工业部部长。对此,他的儿子很不解,问:"为啥年过七旬,还做起官来了?"

他笑一笑,欣然回答儿子说:"人民政府,是人民的政府,是自家的政府。自家的事,需要人做时,自家不应该不做,是做事,不是做官。"

教育子女

黄炎培有5个儿子2个女儿，他不仅是一位著名的职业教育家，也是一位对子女循循善诱的好父亲，十分关心儿女的成长。

一天晚饭后，他故意把一把鸡毛掸子扔在地上，然后喊："孩子们，赶快上楼来，爸爸有事找你们。"

大女儿怕把掸子踩坏，便绕了一个弯跑到爸爸身旁。小儿子则径直跨过掸子。小女儿更是用脚把掸子一下踢开。

这时，黄夫人也随即跟上楼来，弯腰捡起了掸子放回了原处。

孩子们问："爸爸，什么事？"

"为了掸子的事，"他很严肃地说，"刚才掸子在哪里？"

"在地上。"

"是谁把它捡起来的？"

"是妈妈。"

"为什么你们就不知道捡起来呢？你们不懂规矩，看到东西乱扔熟视无睹。你们的妈妈长期操持家务，养成了勤劳的习惯，可你们什么都依赖大人，这怎么行？只有现在学着做家务，学会自己料理生活，才能为国家为人民做事情。"

孩子们听了父亲的话，惭愧地低下了头。从此以后，孩子们都争着帮妈妈做事情，努力学着生活自理，各方面都进步得都很快。

他对子女非常关心和爱护，却从不许孩子乱花钱。他和妻子从来不乱给孩子零花钱，并且要求孩子们花钱要记账。但是孩子们资助贫穷困难同学，他们却常给些资助。他曾给三儿子黄万里写了一则座右铭："理必求真，事必求是；言必守信，行必踏实；事闲勿荒，事繁勿慌；有言必信，无欲则刚；如若春风，肃若秋霜；取象于钱，外圆内方。"

前四句，是他告诫儿子做人要追求真理，言必行，行必果；中间四句，是告诫儿子，事闲时要警策自身，事繁要冷静理智，说话要算数，抛私欲心刚正方可无愧于心；后四句，是告诉儿子对友要和蔼可亲，对敌要干脆凌厉，做人要外圆内方，谦虚谨慎待人，坚守信念对己。

在他的教育下，他的几个子女，都有着传奇的人生——

长子，黄方刚，哲学家，美国卡尔登大学获文科学士学位；

次子，黄竞武，革命人士。清华大学毕业，美国哈佛大学进修，获经济硕士学位。在那个血雨腥风的年代，其父顺利逃脱虎穴，黄竞武却锒铛入狱，受尽了最残酷的折磨，守口如瓶，严守机密。1949年5月18日凌晨，离上海解放仅有8天，就被国民党国防部保密局特务活埋。

三儿子，黄万里，著名的水利学家，1937年获得博士学位，清华大学教授。1956年5月，黄万里向黄河流域规划委员会提出《对于黄河三门峡水库现行规划方法的意见》，发表于《中国水利》杂志1957年第8期。《意见》指出："四千年的治河经验使得中国先贤千年以前就在世界上最早地归纳出了四种防洪方法：沟洫或拦河蓄水，堤工堵水，束水浚深治河，缺口疏水。另外，近四十年来，中外学者融合德国人治河的理论和经验，又积累了不少新的知识。忽视这些知识，认为有了坝就可以解决下游防洪问题，是不妥当的。"

黄万里说："总之，'有坝万事足，无泥一河清'的设计思想会造成历史上严重的后果。坝的功用只不过是调节流率，从而替治河创造优良的条件，决不能认为有了坝就可以治好河。"

1957年6月10至24日，国务院召集了全国70名专家，在北京讨论苏联专家已设计好的"黄河三门峡水库方案"。会上只有黄万里一人坚决反对在三门峡建坝。

他认为不能在这个淤积段上建坝，否则下游的水患将移至中游关中平原，而且河道里的泥沙起上游切割、下游造陆的自然作用，建坝拦沙让黄河清是违反自然规律，是不现实的，何况清水出库对下游河床也不利。

会上争辩七天未果，黄万里退而提出："若一定要修此坝，建议勿堵塞六个排水洞，以便将来可以设闸排沙。"此提议达成共识通过，然而施工时，苏联专家却坚持原设计，将六个底孔堵死了。到70年代，这些底孔又以每个1000万元的代价打开。曾参与三门峡工程技术工作的一位著名教授在《自述》中坦承："参加了导流廊道的封堵，造成水库淤积，危及关中平原，必须重新打开导流廊道，增建冲沙泄洪隧洞，减少水电装机容量，为此深感内疚，看来要坚持正确意见，还是很不容易的。"

曾任毛泽东秘书、原水电部副部长的李锐对黄万里发出过这样的评价："中国过去有几十年时间不尊重科学，不尊重知识。黄万里的遭遇是最典型的。黄万里的命运是个人的悲剧，也是中国的悲剧。他是中国水利界一个非常伟大的马寅初式、陈寅恪式的悲剧人物。"

四子，黄大能，中华职业教育社名誉副理事长，著名水泥混凝土技术专家。

五子，黄方毅，美国杜克大学硕士，曾长年供职中国社会科学院、北京大学等从事经济研究，并任美国霍普金斯大学高级国际研究院、哥伦比亚大学客座教授。第十届全国政协委员。

七女儿黄学潮，曾加入中国致公党，并被选为致公党北京市委妇委会主任。

而且，他的孙辈，也是后起之秀。二儿黄竞武之子黄孟复，曾任全国政协副主席全国工商联主席；三儿黄万里的长子黄观鸿，天津大学教授。

历史周期律

1945 年，黄炎培等六位国民参政员，应中共中央和毛泽东邀请，抵达延安。

这次到延安，他是以私人名义去考察的。延安已由过去的两千人扩展到五万人，到处是新住房。他参观了延安大学、延安医科大学、自然科学院、鲁艺等。他最忌恨弄虚作假，然而参观一家木器厂时发现，这里的产品刨得很光、拼得紧密，和延安各友人家里摆放的家具一样，根本不是特地准备的。而参观延安教育卫生系统，给他留下了深刻的印象。

他在延安街上，发现街上没有标语，只有挂着的黑板介绍卫生知识。他看到人们气色红润，精神振作，没有游手好闲者，亦没有面带烟容颓唐者。令他印象最深的就是意见箱，每个延安人都可以投书，上书建议直达毛泽东。而且街上充满了平等气味，人们对毛泽东的称呼大多是直呼其名，不称头衔。他曾深有感触地说："延安五日中间所看到的，当然是距离我理想相当近的。"

眼前是美好的，然而，他也在担心着未来。7 月 4 日，53岁的毛泽东邀请 68 岁的黄炎培到窑洞聊天，对话论天下。这段对话，被人们称为"窑洞对话"，不仅提醒着当年的毛泽东，也永远警醒着后世的领袖们——

毛泽东问黄炎培来延安考察有何感想，他笑一笑说："我生六十多年，耳闻的不说，所亲眼看到的，真所谓'其兴也勃焉，其亡也忽焉'。一人、一家、一团体、一地方乃至一国，其兴也勃焉，其亡也忽焉。大凡初时，聚精会神，没有一事不用心，没有一人不卖力，但最终政怠宦成的也有，人亡政息的也有，求荣取辱的也有。总之，没有能跳出这个周期率的支配。"

对这位自己老师的老师，毛泽东非常自信地说："我们已经找到新路，我们能跳出这周期率。这条新路，就是民主。只有让人民来监督政府，政府才不敢松懈。只有人人起来负责，才不会人亡政息。"

他听了回应说："这话是对的，只有大政方针决之于公众，个人功业欲才不会发生。只有把每一地方的事，公之于每一地方的人，才能使地地得人，人人得事。把民主来打破这周期率，怕是有效的。"

2012 年 12 月 27 日，习近平总书记花了三天半时间，走访了 8 个民主党派中央和全国工商联，并同各个领导人分别座谈。

这次，习近平总书记重提当年毛泽东和黄炎培在延安窑洞关于历史周期律的一段对话，认为它至今对中国共产党都是很好的鞭策和警示。

参阅资料

《黄炎培日记摘录》《中华民国史料丛稿》增刊. 中华书局. 1979 年

《八十年来（延安归来）》. 黄炎培. 文史资料出版社. 1982 年

《黄炎培教育文选》. 中华职业教育社. 上海教育出版社. 1985 年

《黄炎培传》．王华斌 王燕子．花山文艺出版社．1992 年

《黄炎培职业教育思想评介》．南京黄炎培职业教育思想研究中心．江苏人民出版社．2006 年

《黄炎培职业教育思想研究集萃》．中华职业教育社．高等教育出版社．2009 年

《黄炎培与国民参政会》．王凤青．社会科学文献出版社．2011 年

竺可桢：浙大保姆

　　竺可桢，字藕舫，又名绍荣、烈祖、兆熊，小名阿熊，1890 年 3 月 7 日出生于浙江上虞，1974 年 2 月 7 日在北京病逝，他在近 84 年的风雨人生中，倾心教育，曾任浙大校长 12 年，作风民主，爱生如子，被人们尊敬地称为"浙大保姆"。

　　他早年留学美国，先习农学，后改气象学。

　　他对我国气候的形成、特点、区划及变迁等，对地理学和自然科学史都有深刻的研究。他一生在气象学、气候学、地理学、自然科学史等方面的造诣很深，他呕心沥血在物候学上作出了重要的贡献。他始终从科学的视角，关注我国的人口、资源、环境问题，是"可持续发展"的先觉先行者。

　　他在科学教育、科学组织领导与科学普及工作上，都有杰出的成就。他关于台风眼的机制、台风的分类、东亚天气类型、中国季风气候、高空风向与天气预报的关系，中国气候区划、气候与农业丰产的关系，物候学、气候变化以及天文学方面的二十八宿的起源问题等研究，都有重大创新，达到了国际一流的水平。

　　他对我国近代高等教育有许多精辟的理论见解和实际领导

经验，培育了许多优秀人才。

他除发表 300 多篇学术论著外，还留下了 1936 年 1 月 1 日至 1974 年 2 月 6 日共 38 又 37 天的日记，约 900 万字，记录自己的言行、感想，工作上的主要情况，体现了正直的为人和严谨的治学精神。

他是毕生为国"求是"的气象事业开拓者，是著名的科学家、爱国教育家、地理学家和气象学家，也是我国近代地理学和气象学的奠基人。

粮商之后

竺可桢出生于普通的农民之家，父亲竺嘉祥别号吉甫，熟人常叫他开祥。原居东关镇西 5 公里处的保驾山，世代务农。

吉甫个儿不高，胖墩墩，头戴一顶毡帽，脑后辫子粗壮，脸色黑里透红，眼睛有神，一副憨厚淳朴的模样。20 岁左右与顾金娘结婚，迫于生计，离开家到东关镇上开设米摊，于 1876 年得长子可材，两年后得次子可谦，之后又连得三位千金，而竺可桢则是他的小儿子。

竺可桢的母亲顾金娘，个儿不高，有一双"三寸金莲"，走路一摇一摆，窈窕多姿。常穿着青哔叽面的小尖鞋，蓝布旗袍合身整洁，圆圆的发髻紧贴后脑，脸盘小巧、周正，走起路来急促、利落，颇显精神。她具有温良恭顺的德行，最大的特点是节俭、能干，上有公婆，下有子女，一家 9 口的吃穿，全由她张罗。家人和店员开饭要摆两桌，她只请了一个老保姆做家务。

经过几年的筹划，他父亲在镇西的米市街西头开了个"承茂米行"铺面，连年生意兴隆，家境日渐富足。作为一个粮商，竺嘉祥受到传统思想"万般皆下品，唯有读书高"的影响，很希望儿子们能以读书奔出个好前程。大儿可材、二儿可谦，先后入私塾接受当时的科举教育。后来，可材考中秀才，可谦因体弱辍学。

竺家人丁兴旺，住房显得拥挤，他父亲就在镇上买了一块土地建房。1890年新房落成，大门朝北，南屋楼房上下4间，南房，作为几兄弟的书房；东侧楼房上下6间，是全家人的居室。这新居，被人们称为"竺家台门"。

新居落成前，有天晚上，顾金娘做了一个梦，梦见一只大熊，解梦先生说这是"梦熊来兆"。就在乔迁新居时，竺可桢这个竺家幺儿，呱呱坠地，双喜临门，喜气洋洋，于是他父母就给他取名竺兆熊。

常言说："皇帝爱长子，百姓宠幺儿！"他父母当然十分钟爱这个小儿子。

他的父亲，把光宗耀祖的责任，望子成龙的希望，都悄悄地寄托在这个幺儿子身上。他2岁时，就在父亲的教导下读书认字。

一次，他骑在父亲肩上，随父到镇上访友，父亲途中挑了一些店铺的招牌教他认字，等回来时一考，那些教过的字，他大都记住了。

离竺家台门远一点的街坊邻里，听说两三岁的小伢儿会认店名，就想考考他，店主指着招牌对他说："你要是认得上面的字，我就请你吃甜酱瓜。"他抬起头一看，立即念道："万顺园。"店主又指前面一爿店，他又认得："同泰米行"。从此，街坊邻里都把他当神童看待了。

乱世先生

　　有一天，父亲要到外地办事，临走时对他说："可桢，今天我有事，不能教你识字了，放你一天假好吗？"他听到这话，赶忙紧紧拉着父亲的衣角，非得让父亲教完字才放行。

　　他母亲顾氏夫人，特别喜欢幺儿的聪明伶俐，而且通过自己的言传身教，给他幼小的心灵播下了善学的种子。

　　绍兴经常下雨，有时一下就是好几天。有一次，他正在聚精会神地数着从房檐上滴下的雨滴，"1、2、3、4……"突然发现每一束水滴的落地处，石板上都有一个小坑。小可桢马上去问妈妈，石板上为什么会有小坑？

　　妈妈意味深长地告诉儿子："可桢呀，你问得好，这就叫'水滴石穿'，你别看一滴水没有什么厉害的，可日久天长，就能把石板滴出一个个小坑来。孩子，读书、办事情，也是这个道理，只要持之以恒，就一定能成功。"他点点头，牢牢记住了母亲的话，而水滴石穿，也成为了他的座右铭。

　　他的父亲时常向他唠叨："你要好好向大哥学习，好好写字、读书。"所以从小他就将读书写字当为头等大事。

　　5岁那年，他进了私塾，课堂设在厢房正屋，老师就是他的大哥竺可材。他大哥是个秀才，在附近早已有些名气了。

　　进私塾的前一天，邻居小孩叫他去放风筝，他不折不扣地完成大哥布置的背诗、写字任务后才离开家门。竺可材国学基础深厚，竺可桢勤奋好些，两人白天一个教书一个读书；晚上一个备课一个复习。他大哥博学多才，小可桢自然刻苦，决心成为大哥那样的秀才，因此学习成绩一直名列前茅。随着课程深入，随班学习已经满足不了他，于是他大哥就让他超前学习，别的孩子在读《三字经》时，小可桢已经在读《声律启蒙》了。私塾几年，他读了很多古书，《四书》《五经》都能背诵。

· 140 ·

7 岁时，他开始作文，大哥对他反复启发，精心教育，有时陪他学到深夜。

1897 年，他大哥考得廪生，要去县城赶考，还得去外地工作。

他母亲不放心小儿子到较远的小学走读，他父亲就用米行三分之一的收入，聘请了道墟镇赵家楼大名鼎鼎的私塾先生章景臣（镜尘）来家执教，传授学问。书馆就设在竺家台门小天井南的南屋，隔壁阴暗的小屋，就是他的卧室。来书馆就读的学生，都从自己家中搬来小凳、小桌，围在这十几平方米的小屋里听老师讲课。

竺可桢聪慧、机敏，深得章先生喜爱。章先生还给他取了个学名竺可桢，认为他将来一定会成为国家的栋梁之才。章先生 17 岁考上秀才，在家开设过私塾。戊戌维新后，清政府改革旧学制，兴办学堂。

1899 年，东关有识之士袁尚林在天华寺建起了镇上第一所小学堂"毓菁学堂"，多次延请章先生去任教。章先生对勤奋刻苦、学有长进的小弟子非常爱惜，遂向校方提出，让竺可桢免考入学。这样，章先生成了他的国文教师。

一次，章先生要求学生们用"苦"、"甜"造句，他想了想就回答说："丧权辱国最苦，国家富强最甜。"顿时，得到章先生的赞许。

章先生认定小可桢是棵千载难逢的才学苗子，有心要把他培养成国家的"桢干"。在加强学科知识教育的同时，更注重对他精神抱负的教育。专门选择一些历史上优美的散文、诗歌、传记让他阅读，并给他讲许多古代伟大诗人、作家在坎坷的困境中发愤读书、创造业绩的故事，教导他应该怎样做一个有益于社会的人。

章先生对他要求特别严格，尽管竺可桢写出来的文章比其他同学要好出许多，章先生总还是要挑出一些不足，仔细启发、引导；上课提问时，对他的回答，总还要加上一个为什么，敦促他加深理解，着力提高思维能力。

一次，竺可桢阅读了一篇《爱莲说》，他想，古人多爱牡丹，少人爱莲，我不仅爱莲，更爱莲根——藕。他将想法告诉了章先生，得到了先生的赞赏："不错，藕虽埋在污泥里，根茎保持洁白无瑕，它将自己的营养贡献出来，让莲花亭亭玉立而不沾污泥，你应该学习藕的那种纯洁坚贞的品德和气节。"先生的至理之言与真切希望，给他留下了难忘的印象。后来他为了警示自己洁身自好，发扬敢于献身的精神，自己取字为"藕舫"。

竺可桢小学未毕业，家境就开始衰落，小学毕业后，竺家已难以维持。一些亲戚近邻看他已15岁，且人生得聪明，主张他学做生意赚钱。他一心抱有科学救国思想，章先生也主张他去外地接受新教育。父亲竺嘉祥虽然了解孩子心思，但经济窘迫，进退两难。章先生就从自家拿了一笔钱给竺父，这让竺家增强了培养孩子深造的决心，于是四处借钱，凑足经费让竺可桢外出求学。

1905年秋，竺可桢才15岁，就孤身一人出发到上海。出发那天，与他相处10年的章先生亲临竺家送了一只崭新的书包，为弟子送行。他也不负众望，到上海就考入了浙江商人叶成忠捐资创办的澄衷学堂。

中学课业繁重，他勤奋好学，成绩优异。然而，他个子又瘦又小。一天教室几个同学嘲笑挖苦他的小身板，胡适（当时叫胡洪骍）亦在其中，两人都喜爱读书，为了督促竺可桢锻炼身体，胡适激将道："好一个可笑的小矮子，像他那样，估计活不过 20 岁。"

听了这些话，竺可桢十分气恼，但自己的身体的确单薄，而想要为国、为社会贡献，身体好是前提。不服输的他，当即暗下决心，要把身体锻炼好。

从此以后，他每天清晨起床做早操，还经常进行远足和爬山，风雨无阻，渐渐地，他的身体开始强健起来。

1908 年春，离毕业还有 3 个月，班上同学向校方提出更换图画教员遭到拒绝，全班罢课，校方不予毕业。暑假后，他考入复旦公学。

这年冬天，母亲顾氏夫人病逝，竺可桢悲痛万分，为学更加勤勉，以慰亡母，在复旦公学，他坚定了"科学救国"的思想。

1909 年，他考入唐山路矿学堂，学习土木工程，每次考试都名列榜首。

1910 年 8 月，他和同学胡适二人同行，赴北京参加第二期留美庚款公费生选拔考试。

当时 400 多人应考，录取 70 人，他考得第 28 名，胡适第 55 名。

在美国留学时，他先在美国伊利诺伊大学农学院，1913 年夏毕业后，转入哈佛大学研究院地理系专攻气象，1918 年以台风研究的优秀论文，获得了博士学位，时年 28 岁。回国后，于武昌高等师范学校任教。

科学救国

"庚款"赴美留学的 70 名公费生回国后，大多经商，或投奔军阀，只有竺可桢等少数人，坚持走"科学救国"的道路。他回国后，先后执教于武昌高等师范学校和南京高等师范学校。

1920 年，他受聘担任南京高师地学教授，次年，学校改称东南大学，在他主持下，建立了地学系，下设地理、气象、地质、矿物四个专业，他新任系主任。

为教学需要，他编写出《地理学通论》和《气象学》两种讲义，成为我国现代地理学和气象学教育的奠基性教材。

他看到我国没有自己的气象站，气象预报和资料竟由各列强控制，著文疾呼："夫制气象图，乃一国政府之事，而劳外国教会之代谋亦大可耻也。"

1922 年，他主持购买了各种仪器设备，定期观测温度、湿度、气压、雨量、日照等项目，逐月发行南京气候报告，这是我国自创气象事业的起点和标志。

1925 年 1 月，东南大学发生"易长风潮"，是年夏，竺可桢离校到上海任商务印书馆编译所史地部部长，潜心著述，接连发表了《论江浙两省人口之密度》《北宋沈括对于地学之贡献与纪述》《论以岁差定〈尚书·尧典〉四仲中星之年代》等重要文章。

1926 年，他到南开大学任地理学教授，就地取材，成文《直隶地理的环境和水灾》。同年作为中国科学社的代表之一，赴日本东京参加第三届泛太平洋学术会议。次年，学校又改名中央大学。在此期间，他既担任地理系主任，主持日常行政工作；又教授地学通论。

1927 年秋，他在中国科学社第十二次年会上被选为理事长。

1927 年北伐胜利，政府筹建中央研究院，下设观象台筹备委员会，分设天文、气象两研究所，此时，竺可桢已担任中国气象学会副会长，又被任命为气象研究所所长。

他白手起家，克服了重重困难，努力发展我国气象事业，首先领导了中国气象台站网的建设，提出了《全国设立气象测候所计划书》，计划在十年的时间内，全国建立气台 10 处，测候处 150 处，雨量测候所 1000 处。

到 1930 年元旦，中央气象研究所正式绘制东亚天气图，并发布天气预报和台风预报，这是中国人独立自主预报天气的开端。

气象所成立当年，南京北极阁气象台建成，这是我国近代气象科学事业的发祥地，也是当时我国气象科学研究中心和业务指导中心。此间，他开展了天气预报业务，拟订了《气象观测实施规程》，统一了观测时制、风力等级标准、电码型式、天气现象的编码等，开展了气象资料整编的出版业务，先后出版了《中国之温度》《中国之雨量》《中国气候资料》以及《气象月报》《气象季刊》《气象年报》等。

1934 年，他发起成立了中国地理学会。

这期间，军阀混战，炮火连绵，竺可桢在兵荒马乱中，克服艰难险阻，建立了气象站，同时改用国际通用标准，取消英制记录；坚持全国所有气象电报由中央气象台集中广播。

1937 年，他去香港出席远东气象会议，因港督安排晚宴时将中国代表排在末尾，他认为是在故意损害中国国格，与另两名中国代表一起愤然离席，以示抗议。

浙大保姆

1935 年，"一二·九"学生运动爆发，很快波及全国。浙大学生发动杭州近万学生，11 日举行抗日示威游行。当时，浙大校长郭任远，竟按国民党旨意，用军警镇压学生，逮捕学生代表 12 人。这激发了学生积压已久的愤怒，学生们当即罢课，发表驱郭宣言，要求撤换校长。

一

1936 年 1 月 12 日，蒋介石亲自到浙江大学训话，然却未平息学生怒火，不得已，只得更换校长。

在陈布雷、翁文灏等人的推荐下，竺可桢因为学术成就卓越、富有威望，更是浙籍，最终成为新校长人选。

1936 年 1 月 28 日，一次私人宴会上，地质学家翁文灏碰到竺可桢，遂将他入校长人选的消息告知；2 月 11 日，翁又登门造访，说陈布雷提议竺可桢出任浙大校长，他想了想说："若能于浙大有所补益，余亦愿竭全力以赴之。"2 月 16 日，陈布雷托人捎口信，说蒋介石约见。他立即去请教蔡元培，蔡元培笑笑说："最好不去浙大，但蒋不可不见，见面时予以婉拒。"2 月 21 日，蒋介石召见竺可桢，他推说自己在中央研究院气象研究所任所长，需与中央研究院院长蔡元培商议后再定。

他的犹豫不决，原因有二：一是放不下气象研究所的工作，自 1928 年气象所创办，他一直任所长，工作刚有起色，不愿分散精力；二是担心"大学校长其职务之繁重 10 倍于研究所所长"，他更愿意将时间和精力花费在科学研究上。

他踌躇不决，夫人张侠魂却鼓励他出任校长；张侠魂的二
姐、当时任立法委员的张默君，也劝他当校长，还可为整顿教
育、转变学风贡献一份力量；陈布雷的弟弟陈训慈也来函劝道：
"浙省文化近来退化殊甚，需一大学为中流砥柱。"这句话触动
了他的心。

经过再三考虑，他决定接任浙大校长。

3月8日，他将想法告诉陈布雷，通过陈布雷向蒋介石提出
了就任校长的三个条件：一，校长有用人全权，不受政党干涉；
二，财政须源源接济；三，时间以半年为限。

3月16日，他以为蒋介石不会答应自己的条件，仍然和同
事放飞了一枚探空氢气球，升空高达17714米，获得了弥足珍
贵的气象资料，这在东亚各国属首例。

4月7日，蒋介石答应了他的条件，并根据国民政府行政院
政治会议，正式通过竺可桢担任浙大校长的决定。

此后的13年间，竺可桢最主要的工作，从科学家转为了教
育家。

4月25日，身材瘦削，举止优雅，戴一副圆圆的眼镜，看
上去有点像苦行僧的竺可桢，正式走马上任。下午4点，他结
束与教师的座谈，第一次面对浙大全校800多名学生和教职员
工，发表了《大学教育之主要方针》演讲，表达出自己的教育
思想。

他要求学生"致力学问"、"以身许国"，提出"教授是大
学的灵魂"，强调"运用自己思想的重要"。

他继承并发扬蔡元培在北大实行的自由民主的办校方针，

主张学术自由、思想自由、教授治教。同时，他概括了浙大特有的学风："诚"、"勤"，称浙大"学生不浮夸，做事很勤恳，在社会上声誉亦很好。"

他上任后重点做了两件事：一是改革学校管理，二是吸纳贤才。他留用了当时浙大一批教授，包括陈建功、苏步青、贝时璋、钱宝琮、郑晓沧、李寿恒、周厚复等，又把因反对前任校长而离开的张绍忠、何增禄、束星北等一一请了回来，何增禄还带来了王淦昌，苏步青又推荐了章用。1936年下学期开学时，被浙大新聘任的教授、讲师达30多人。

"教授是大学的灵魂……"这是他就职演讲时所讲，他也同样将其贯彻始终。他在新年夜，全家吃霉米，却将自己工资分给了教员，当时的数学教授苏步青深有感触道："校长真是把教授当宝贝儿，当宝贝儿啊。"看看他手下这些性格独特、气度不凡的教授：王季梁、胡刚复、梅光迪、张其昀、束星北、张荫麟、苏步青、贝时璋——

浙大西迁到湄潭后，因苏步青夫人是日本人，故没有跟随。有一天竺可桢对苏步青说："你不要等到暑假，快把家眷接出来吧！""我哪有这么多钱啊。""钱不用愁，我们学校替你包下来了"。他一下子批给苏900块大洋，苏步青回到浙江，经过35天，带家眷回校。他这才笑着说："这下子我好放心了。"

费巩曾不满竺可桢，并在教务会冷嘲热讽："我们的竺校长是学气象的，只会看天，不会看人。"他听了却笑而不语，后来，他不顾"只有党员才能担任训导长"的规定，认定费巩"资格极好，于学问、道德、才能为学生钦仰而能教课"，请费巩做了训导处长。

物理学家束星北，脾气暴躁。浙大西迁，束星北很不满，一路数说校长种种不是。虽竺可桢不欣赏束星北的作派，却力排众议聘其为教授，还费尽周折，保其周全。

王淦昌来到浙大才29岁。竺可桢亲自陪他参观校园，还设家宴款待。"在黔北浙大的这段时间，是我一生中科研思想特别活跃、成就较多、最值得追忆的时光之一。"

当时时局动荡，竺可桢坚持学术独立、教育独立，力排政治干扰，维护学术和教育的尊严，"以自己的人格、理想和才干为浙大营造了相对安定的学术、教育氛围"。

他告诫学生必须有"明辨是非、静观得失、缜密思虑、不肯盲从"的习惯，反对学生参加任何党派之争，禁止各种政治派别在学校活动，认为学生的首要任务是读书。

尽管如此，他还是如大伞一般呵护自己的学生。有一次，学生不顾校方阻拦，冲上街头游行。面对军警们荷枪实弹，他作为校长，举起小旗，走在游行队伍的最前面。他不赞成学生游行，但"既然年轻人上了街，我就要保护他们的安全"。凡遇学生被捕，他总是极力营救，定要到狱中看望；如果学生受审，他也必然到庭旁听。他就是用高尚的道德情操，鼓舞着学生们。

二

竺可桢为了保全浙江大学，曾有过一次壮举，被彭真赞为"一支文军"的长征，电影《流亡大学》也是讲的此事。

1937年11月5日，日军在距杭州城仅百公里的全公亭登陆。1938年1月11日至13日，竺可桢带领全校师生，分三批离开杭州，一迁浙西建德，二迁江西泰和，三迁广西宜山，历时两年半，横穿浙江、江西、广东、湖南、广西、贵州 6 省，行程 2600 余公里。最终将校址迁到贵州省遵义、湄潭，在当地办学 7 年。

浙大西迁途中，虽烽火连天，颠沛流离，却弦歌不辍。每到一地，稍作安顿，就会搭屋建棚，按时上课。尽管当时条件很艰苦，但却成为了很多学生一生中最难忘的时光。因战乱，科研仪器缺乏，实验条件简陋，师生就自己动手。遵义没有电，他们就将设备改造，用桐油代替柴油发电，为工学院的学生开出了实验课。

竺可桢认为："大学无疑的应具有学术自由的精神"，"大学的最大目标是在蕲求真理，没有独立研究的氛围，自由讨论的刺激，真理何由得明?"在他倡导下，浙大盛行学术讨论之风，教授间常常为学术问题争得面红耳赤，然取得的成就却也数不胜数。

据不完全统计，浙大在湄潭的 7 年中于国内外发表的论文，超过当时所有的中国大学。英国《自然》周刊、美国《物理评论》经常收到来自"中国湄潭"的论文。在当年浙大任教和求学的师生中，后来有 50 人当选两院院士，出现了李政道、程开甲、谷超豪、施雅风、叶笃正等科学界的精英。

曾到湄潭参加 1944 年中国科学社 30 周年年会的李约瑟，在英国《自然》周刊上这样写道："遵义之东 75 公里的湄潭，是浙江大学科学活动的中心。在湄潭，可以看到科研活动的一片繁忙紧张的情景。"

三

1937 年 12 月 24 日，杭州沦陷。这一天，竺可桢带领全校师生，再度登上征程。目的地是江西的吉安和泰和。

"黎明即起，在朝阳之下，漫山遍野，朗诵默读。此番景象，凡曾参与其间过的，当会没生不忘。"这就是当时浙大的学习氛围。

第二年夏，战火蔓延至江西北部。无奈，9月中旬，浙大被迫迁往广西西北部宜山县。9月15日，出发前夕，竺可桢夫人张侠魂因搬校途中拖儿带女，心力交瘁，撒手人寰；其14岁的次子竺衡，也因流行病随母亲而去。他挥泪掩埋了妻子和爱儿，怀着家仇国恨，第三天就率领1000多名学子继续西迁。

在此途中，有19个学生组成了看管500件行李的队伍，走水路途中，忽听传闻有敌军来！学生弃船上岸，各自奔逃。虽行李最终找回，但竺可桢却对此深以为耻。在大会上声色俱厉批评道："事先已知三水危急而贸然前往，是为不智；临危急又各鸟兽散，是为不勇；眼见同学落水而不视其至安全地点各自分跑，无恻隐之心，是为不仁。"

1938年11月，在一次校务会议上，竺可桢提议把"求是"定为浙大校训。在他心里，"求是"内涵有三：一是不盲从，不附和，一切以理智为依归。如遇横逆之境遇，则不屈不挠，不畏强御，只问是非，不计利害；二是虚怀若谷，不武断，不蛮横；三是专心一致，实事求是，不作无病呻吟，严谨整饬，毫不苟且。

他特别强调第一条，说："科学精神是什么？科学精神就是'只问是非，不计利害'。这就是说只求真理，不管个人的利害。有了这种科学的精神，然后才能够有科学的存在。""当时意大利的布鲁诺倡议地球绕太阳而被烧死于十字架；物理学家伽利略以将近古稀之年亦下狱，被迫改正学说。但教会与国会淫威虽能生杀予夺，而不能减损先知先觉的求是之心。结果开普勒、牛顿辈先后研究，凭自己之良心，甘冒不韪，而真理卒以大明。"

他希望自己的学生能成为楷模："凡是有真知灼见的人，无论社会如何腐化，政治如何不良，他必独行其是。"他还引用古今中外的进步思想，明确提出了大学教育目标："决不仅仅是造就多少专家，如工程师医生之类，而尤在乎养成公忠坚毅，能担当大任，主持风尚，转移国运的领导人才。""唯有求真理心切，才能成为大仁大勇，肯为真理而牺牲身家性命。"

1938 年 11 月 1 日，浙大在宜山开课，前后历时一年有余。在这里，师生们经受了生死考验：一是疟疾肆虐，1/3 的学生受感染；二是敌机轰炸，1939 年 2 月 5 日，敌机以浙大为目标，投弹 100 多枚，生命虽无伤，物质却大损。尽管如此，轰炸过后，很快平静，行课如常。

1939 年 11 月，南宁失陷，宜山亦拉响警报。月底，浙大再次启程，迁往遵义。时值隆冬，师生们顶风冒雨，边赶路，还边协助搬运图书。第二年 2 月，浙大师生辗转来到 5 年前中国工农红军长征时召开遵义会议的地方，将度过近 7 年的难忘岁月。

1942 年 1 月 22 日深夜，浙大毕业已留校任助教的潘家苏和农经系四年级学生滕维藻住处，被国民党搜查并陷害，两人受拘押。

事发后，竺可桢专程赶到湄潭，几次亲自探望，四处收集证据，还托人以免审问用刑。终于找到了两人被诬陷的证据，4 月 27 日，他出面保释了两人。可以说，他对学生的真诚爱护，在当时无人能及。

这7年虽然艰苦，但教学却井然有序："自习桌子很小，用桐油灯照明，灯油不多，有的为多一点自习时间，常两人合点一盏灯以节约用油。三更灯火中，大家都是一双被烟熏过的黑鼻孔。教学和试验用品也很简陋，光线很差，又必须仔细作笔记，用的是土纸和自制的墨水，书写要有较高的技巧才行。"

在这么艰苦条件下，竺可桢也没放弃过研究，他从1936年4月到1944年底，在中外报刊发表各种论文多达39篇，其中代表性的科学史论文《二十八宿起源考》，赢得中外好评。在他的感召下，浙大的学术氛围空前高涨，甚至产生了一批震惊世界的一流学术成果。

著名遗传学家谈家桢教授，曾满怀深情地回忆说："就我来说，回顾自己的一生中最有作为的，就是在湄潭工作的时期。我的学术上最重要的成就，就是在湄潭县'唐家祠堂'那所土房子里完成的。现在回想起来，应该好好感谢竺可桢先生，因为他为我们创造了这种美好的研究环境。有时，我和著名教授苏步青、王淦昌等欢聚的时候，回忆那时情景，大家兴奋地说：'在湄潭是我们最难忘的时刻啊！'不禁洒下了欢欣的热泪。"

浙大的学风，感染了市风，遵义士绅先后为浙大献言。一位83岁老翁说："浙大的学风太好了，先生、学生只在图书馆和实验室，埋头工作，偶然看见岩上城墙边的浙大学生，总是手里拿着一本书，不是朗读，就是默念。遵义青年，向来不大用功，现在受了这种风气的陶熔，连我最顽皮贪玩的小孙子，也在整天读书了。"

浙大历经磨难，却处变不惊，由竺可桢带领，进行了长达两年多的搬迁，跋涉 2600 余公里，更难能可贵的是，浙大在此艰难中，不仅没被拖垮，反倒一天天壮大，因为他们的近 2000 箱图书，始终完好无损，为学生提供了丰富的精神食粮。

浙大的一位校友诸葛麒回忆说："上千的人，驮着一个大学，在烽火连天的夹缝中，奔走万里的路程，历经六七省的地域，世上的人们，钦赏着他们的工作，来通力合作，渐渐增加着驮负的行列，到二倍，到三倍，到四倍；经过十年漫长的时间，又凭着四千人的力量，依然驮回来，不能不算是五千年来的奇迹。"

1946 年，竺可桢终于又将浙大带回了杭州，而原本 3 个学院 16 个学系的大学，被磨练为 7 个学院 27 个学系，被英国科学史家李约瑟赞誉为"东方剑桥"。

1949 年 3 月 6 日，浙大学生自治会，为竺可桢祝 60 岁寿辰，他们为他做了一面锦旗——浙大保姆。这是对竺可桢深深的敬意。

4 月 28、29 日，教育部长杭立武发来电报，让竺可桢速到沪相商要事，他依依不舍的离开了主持 13 年的浙大。30 日中午，他抵达上海，杭立武劝他到台湾，他想都没想就断然拒绝。27 天后，依然留在上海的他迎来了解放。

大学教育观

1945 年 9 月 23 日，竺可桢在重庆《大公报》上发表《我国大学教育之前途》一文，针砭时弊说："若侧重应用的科学，而置纯粹科学、人文科学于不顾，这是谋食而不谋道的办法。"

"目今我国社会，仍然充满了这种功利主义。大学里边的课程，支离破碎，只求传教零星有用的知识，而不注重理智的培养。大学生认定院系，不问其性情之是否适合，而只问毕业后出路之好坏，待遇之厚薄。选择科目，不问其训练之价值如何，而专问其是否可应用到所选定之职业。在大学内通才教育与技术教育理应并重。"

这些话，囊括了他的大学教育思想，如今听来，依然如芒在背。总体来看，其教育观可归纳如下：

一、强化基础

竺可桢一到任，就曾提出要避免学生聒噪进入专业学习而忽略基础，提倡学院一年级不分系。他认为"大学一二年级中，工院自宜打定数理良好基础，文法等院自宜重视文学、经济以及中外历史，以备专精。虽然彼此不可偏废，仍宜互相切磋，不限系院，庶几智识广博，而兴趣亦可盎然"。

而教育部召集大学课程标准委员会讨论大学课程，做出一年级不分系的决定，是在 1946 年，比他晚提出了一年。

他还要求第一等的教授亲自到教学一线，旨在强化数理化、国文、英文等基础课程。

他还鼓励学生跨院跨系选修课程，提高学科能力和兴趣发展。而且他很不满学校只重知识传授不重道德陶冶，曾指出："目前我国大学里有一种极坏的现象，就是教师在校上课，退了讲堂以后，就与学生分手不见面，这种教而不训的制度，急应改良。""要晓得最好的训导是以身作则，这个理论，无论古代的学府、书院，今日新式的大学，统可以应用。"

在天目山时，他在日记中写道："天目山实为导师制之理想地点。如昨星期日，天气既佳，秋高气爽，导师与老师均群出外散步，每人约率十七八人，男女各有，又不分系。"

二、教授治校

竺可桢认为："教授是大学的灵魂，一个大学学风的优劣，全视教授人选为转移。假使大学里有许多教授，以研究学问为毕生事业，以教育后进为无上职责，自然会养成良好的学风，不断地培植出来博学敦行的学者。"他说："大学所施的教育，本来不是供给传授现成的知识，而重在开辟基本的途径，提示获得知识的方法，并且培养学生研究批判和反省的精神。""一个学校实施教育的要素，最重要的不外乎教授的人选、图书仪器等设备和校舍建筑。这三者之中，教授人才的充实，最为重要。"

他认为，教授是知识、人格、校风得以传承的校魂，而初露头角、具有良好潜质的青年学者，则是传承的根源。他说："要发展一个大学，最主要的是能物色前途有望的青年。"

他坚持民主治校，依靠教授来管理学校。当时，学校各级领导人选，以"资格极好，于学问、道德、才能为学生所钦仰而能教课者为限"，都选有名望的教授担任，即使在"文军长征"艰苦卓绝的情况下，仍然如此。

三、学术自由

他主张学术自由、教育自治，"大学无疑的应具有学术自由的精神"，"大学的最大目标是在蕲求真理"，没有自由研究的氛围，真理不明，而保持学术自由，就要"对学校应能自治，以维护大学之尊严"。

他坚持让学校独立于政治之外，1946 年 7 月 19 日，他在日记中写道："对于教育与政治总以为不应过于接近。"

蒋介石曾多次动员他加入国民党，他认为受党派干涉后，大学无法拥有自治权利，因此一再推辞。而国民党五中全会后，要求凡国立大学校长，均须由国民党员担任，对此，他非常反感。1940 年前后，他和梅贻琦，成了仅有的两个不是国民党员的大学校长。

他在 1943 年 5 月 12 日的日记中写道："下午有中央训练团谢光平来，嘱余填入国民党志愿书。现大学校长中只余一人非党员。"他虽被迫填了加入国民党的志愿书，却一直以无声行动抗议政府对学术的干预，从没交过党费、从没参加过党会。

正因为他让浙大超脱于党派之外，因此校园内人才鼎盛，无党派的、倾国民党的、倾左翼的，只要有才华，均能在浙大安心教学研究。对于这一点，他一直引以为自豪："办教育之基本信仰与警察厅长不同……必须有人人可以为圣人之信仰，然后可以办教育。"

四、求是学风

1938 年，浙大西迁广西宜山时，他就正式确定校训为"求是"。这是作为哈佛大学地学系毕业博士的他，融合中国传统文化精华和西方近代科学精神得出来的。

他在对新生所作的《求是精神与牺牲精神》演讲中说："所谓求是，不仅限为埋头读书或是实验室做实验。求是的路径，中庸说得最好，就是'博学之，审问之，慎思之，明辨之，笃行之'"。他阐释"求是"为"明辨是非，追求真理"，强调"求是"就是奋斗精神、牺牲精神、科学精神。

五、教育理念：报国、强校、通才、为民

竺可桢于日寇猖獗时就任浙大校长，于艰苦条件下西迁"文军"，可谓临危受命、坐怀不乱。而在这些实践中，他形成了报国、强校、通才、为民的教育理念。

他的教育目标，不仅仅是"造就多少专家如工程师、医生之类"，而是要培养出"公忠坚毅，能担当大任，主持风气，转移国运的领导人才"。他要求学生"每个人学成以后将来能在社会服务，做各界的领袖分子，使我国家能建设起来，成为世界第一等的强国"。

他认为，大学教育要实施通才教育，注重基础、加强思维和能力训练。他选择一流教授教学；鼓励跨院选修，沟通文理；鼓励主辅修，拓宽知识领域；率先推行导师制，让导师负责学生品格修养指导，使学生学会为人做学问的态度和方法。

同时他将大学比喻为"海上之灯塔"，指明人们前进的方向；又将大学比喻为"社会之光芒"，是人类文明的象征。

他就在这样的教育理念下，在艰苦卓绝的环境里，将浙大不断壮大，拓展成了建制完备、人才辈出、蜚声中外的综合性高等学府。

六、办学目标：创建一流大学

他在接任浙大校长时，心中所追求的就是创建一流大学。而最终，浙大的确成为了国内综合性最强、成果最多的最好学

校之一，并获"东方剑桥"美誉。

2010年2月1日，耶鲁大学校长雷文就亚洲国家建立世界级大学的困难、问题演讲时，就写道："应该说，建设世界一流大学是一个目标，一个动力，也是一个过程。"然而这个目标，这个过程，早就在竺可桢手中得到了实现，只是后学是否能将其继续宏扬？

七、大学架构：综合型、研究型、创新型

竺可桢任浙大校长13年，建立了以文、理、工、农、师范、法、医7个学院为标志的综合型学科架构。而在"文军长征"过程中，浙大所取得的研究成果同样令人赞叹。大学最活跃的驱动力是科学研究，浙大在竺可桢执校时代，获得"东方剑桥"的美誉，不仅是对浙大精神的称赞，也是对浙大教授所表现出的研究水平的肯定。

八、大学四论

竺可桢执掌浙大，发表了自己对大学的诸多观点，最著名的就有这四论——

一论教育目的："大学教育之目的，在于养成一国之领导人材，一方提倡人格教育，一方研讨专门智识，而尤重于锻炼人之思想，使之正大精确，独立不阿，遇事不为习俗所囿，不崇拜偶像，不盲从潮流，惟其能运用一己之思想，此所以曾受真正大学教育者之富于常识也。"

"教育的目的，不但是在改进个人，还要能影响于社会。"

"大学的最大目标是在蕲求真理，要蕲求真理，必得锻炼思想，使人人能辨别真伪是非。"

"大学之最大目标是求真理。这可以说是理知的，但亦可以说是道德的，所以道学问，即是尊德性。"

"一般人以为大学之目的，在于使学生能得专门之智识与技能，以为将来个人到社会中，从事谋生立业之基础，而为国家着想，则系造就领袖人才，领导群众以发展事业。"

"大学毕业生不当以钱为目的，要当以服务为主旨。"

二论大学办学："大学是培养未来各界领袖人才的地方。大学因为包涵万流，所以成其为大。"

"大学之使命有三：其一，希望造就完人。完人必具智仁勇三达德，而涵濡于六艺之中。仁者爱人，故其上者必其有所成仁，而忠恕次之……其二，学有专长，而于大学中植其基。大学学生对各项基本知识，固应多所明了……其三，养成自己能思想之人，而勿蕲教师逐字释义。"

"教授是大学的灵魂，一个大学学风的优劣，全视教授人选为转移。"

"一个学校实施教育的要素，最重要的不外乎教授的人选，图书仪器等设备和校舍建筑。这三者之中，教授人才的充实，最为重要。"

"教育的发达，学风的优良，在人不在屋，所谓'斯是陋室，惟吾德馨'。"

"若侧重应用的科学，而置纯粹科学、人文科学于不顾，这是谋食而不谋道的办法。"

"若是一个大学单从事于零星专门知识的传授，既乏学术研究的空气，又无科学方法的训练，则其学生之思想难收到融会贯通之效。"

"要使大学生能担当得起日后建国的重任，单教他们具有专门技术是不够的。"

"以人民为前提原则之下，大学无疑的应具有学术自由的精神。"

"在大学内通才教育与技术教育，理应并重。"

三论大学精神："据吾人的理想，科学家应取的态度应该是：（一）不盲从，不附和，一以理智为依归。如遇横逆之境遇，则不屈不挠，不畏强御，只问是非，不计利害。（二）虚怀若谷，不武断，不蛮横。（三）专心一致，实事求是，不作无病之呻吟，严谨整饬，毫不苟且。"

"科学的目标是在求真理。真理所在，虽蹈危履险以赴之，亦所不释。科学家的态度，应该是知之为知之，不知为不知，丝毫不能苟且。"

"科学精神就是'只问是非，不计利害'。这就是说，只求真理，不管个人的利害，有了这种科学的精神，然后才能够有科学的存在。"

"所谓求是，不仅限于埋头读书或是实验室做实验。求是的路径，中庸说得最好，就是'博学之，审问之，慎思之，明辨之，笃行之'。单是博学审问还不够，必须审思熟虑，自出心裁，独著只眼，来研辨是非得失。既能把是非得失了然于心，然后尽吾力以行之，诸葛武侯所谓"鞠躬尽瘁，死而后已"，成败利钝，非所逆睹。"

"研究科学之目的，固在探求真理，并非专重应用。但应用科学方法，利用厚生，至国家之富强之境，固亦不可忽视。"

"浙大的精神，可以把'诚''勤'两字来表示……学生不浮夸，做事很勤恳……风气朴实。这种风气，希望诸位把它保持。"

"浙大之前身为求是书院，希望诸位离校以后，莫忘了母校'求是'的精神。"

四论培养人才："毕业同学，应以学业为重，虽在社会上工作，亦应勿可忘记学习。"

"盖大自然即是一册完好教本，一粒花种种入于地，由发芽而至成长、开花、结子，若日日注意考察其生长状况，则所得何尝不胜读一册自然教本也。"

"国家既如此优待诸君，诸君决不能妄自菲薄，忽视所以报国之道。国家给你们的使命，就是希望你们每个人学成，以将来能在社会服务，做各界的领袖分子，使我国家能建设起来成为世界第一等强国，日本或是旁的国家再也不敢侵略我们。诸位，你们不要自暴自弃说负不起这样重任。"

管天第一人

竺可桢的专长是气象学，新中国成立后，他开始利用自己的专业学识，关注我国的农业生产，想方设法利用气象学知识为农业服务。1964年，他写出重要论文《论我国气候的特点及其与粮食生产的关系》，其中分析了光、温度、降雨对粮食的影响，提出了发展农业生产的许多设想。

毛泽东看了此文，非常高兴，把他请到中南海面谈，笑着说："你的文章写得好啊！我们有个农业八字宪法（土、肥、水、种、密、保、工、管)，只管地。你的文章管了天，弥补了八字宪法的不足。"

他也笑着回应说："天有不测风云，不大好管呢!"

毛泽东幽默地说："我们两个人分工合作，就把天地都管起来了!"

他现存的日记900多万字，从1936年到1974年2月6日，连续38年从未间断。就在去世的前一天，他还用颤抖的笔，记下了当天的气温、风力等。

他身为知名科学家、著名教育家，却一生过着俭朴生活。1974年初，病危中的他决定：把以女儿竺薪名义存的一笔钱，作为党费交给组织。那是从1966年起，他以女儿名义把每月工资的三分之一存进银行，七年存款已达万元。这笔巨额党费，表现出了这位大师对党和人民的无限热爱。

参阅资料

《我国大学教育之前途》. 竺可桢.《大公报》. 1945

《竺可桢传》.《竺可桢》编辑组. 科学出版社. 1990年

《竺可桢毛泽东让他管天》. 王志军.《北京青年报》. 2001年

《科学家故事文库：竺可桢的故事》. 张汉卿. 时代文艺出版社. 2003年

《竺可桢：在炮火中护持大学理想》. 谈火生.《人物》杂志. 2007年

《竺可桢的两任太太》. 柳已青.《深圳晚报》. 2008年

《看风云舒卷》. 竺可桢. 百花文艺出版社. 2009年

《争夺竺可桢：1949年国共双方争取科学家的斗争》. 黄艾禾.《中国新闻周刊》. 2009年

《谈竺可桢先生的诗学修养》. 徐有富.《中国社会科学报》. 2010 年

《竺可桢:"求是"之光烛照后人》. 赵永新.《人民日报》. 2010 年

《科学家的故事:竺可桢卷》. 马振歧 赵鹏飞. 时代文艺出版社. 2010 年

《竺可桢》. 杨达寿. 浙江科学技术出版社. 2010 年

《陈氏后人联系上了! 陈汲女儿竺松意外又激动》. 林洁洁.《江南晚报》. 2010 年

《竺可桢的故事》. 林文力. 内蒙古文化出版社. 2012 年

《竺可桢》. 张清平. 湖南文艺出版社. 2012 年

《信仰的力量:竺可桢》. 陈泽华. 吉林教育出版社. 2013 年

《竺可桢的故事》. 林承谟. 华中科技大学出版社. 2013 年

《浙大副校长褚健被批捕》. 迭名.《成都晚报》. 2013 年

《浙大副校长学位"造假"事关诚信和责任》. 郭文婧.《郑州晚报》. 2014 年

徐特立：永远的丰碑

徐特立，原名懋恂，字师陶，又名徐立华，1877年2月1日出生于湖南省善化县，1968年11月28日在北京逝世，他在91年的岁月里，曾作过开国领袖毛泽东的恩师，见证过中国翻天覆地的历史巨变。

他早年发奋于私塾，跟随一个和尚学过禅宗，后又在家边劳动，边教私塾。

他热血爱国，投身政治运动。1907年清政府向外国屈辱妥协，他在学校作时事报告，讲到激愤处，热泪如倾，拿起菜刀，砍掉自己左手小指，蘸血写下抗议书，写完当场晕倒。他这"抽刀断指"，蜚声全省，被誉为最有血性的激进人物。

辛亥革命爆发，他参加湖南起义，翌年，任省教育司一科长。不久，返回教育界，任长沙师范学校校长。

他42岁时，赴法国勤工俭学，成为年纪最大的留学生。回国后，出任长沙第一女师校长，被公认为湖南的教育界名流。

1927年大革命失败，50岁的他，毅然加入中国共产党。

随后，他参加南昌起义，失败后，被派往莫斯科，进入中山大学，系统研究马列主义。

他用教育来改革人心，实现教育救国的愿望。他创办并苦心经营长沙师范，并到湖南第一师范等学校任教。

他的崇高品德、渊博学识以及强烈的爱国热情，对毛泽东、蔡和森等有志学子，产生了深刻的影响，被誉为杰出的革命教育家。

农家读书人

1877年2月1日，徐特立作为家中排行老二，于湖南省长沙府善化县四都观音塘（今长沙县江背镇观音塘）出生，来到这个令人费解的世界。

他祖父，是个中医，悬壶济世，在当地颇有一些声望。

他父亲，是个忠厚老实的农民，沉默寡言，不善言辞，一生为农，远离士族阶层，远离读书人群，饱受地主欺压，意志慢慢麻木，从来没有想过要通过读书来改变生活境况。不仅他父亲是个文盲，连他哥哥也一字不识。

不久，他的一个妹妹出生。一家五口，生活清苦，却也安乐，并没感到生活的穷困。

然而，他4岁时，母亲操劳过度，病倒在床，终于有一天，脸色蜡黄的母亲，斜躺在浑浊的油灯下，颤颤巍巍地拉着他和妹妹的手，泪水滑出了眼窝，不甘心地闭上了双眼。

不久，他祖父也离开了人世。

前后两件丧事，尤其是母亲去世后，全家陷入更加艰难的境地，加上地主盘剥、沉重的徭役赋税，一家人的日子越过越艰难。此时，他刚能说清话语，就开始学洗衣服、做家务，照顾妹妹，跟父亲下地，帮忙拔草。

　　年幼的他曾经不解地问父亲："为啥我们要在田里干活，地主们只是叼着烟斗来看看就行了？"父亲只是长叹一声，无可奈何地回应说："这是命喔。""命是啥呀？"他好奇地问。

　　父亲却对他说："命就是我们应该在这里干活，然后收了稻子，大部分交给地主。"

　　他看着父亲，似懂非懂，难道命就该是这样？

　　他6岁那年的除夕，兄妹三人听着远处爆竹声声，等待父亲去领打短工的工钱回来过年。

　　然而，天黑了很久，爆竹声都淡下去了，父亲还没有回来。正当哥哥安顿好他和妹妹，打算去找父亲时，父亲两手空空，一身泥土和伤痕的回来了。他和哥哥清楚，地主家又赖账了，这不是第一次，这月推下月，下月推年底，年底推来年，已然多次。

　　父亲蜷缩着身子，垂着头，窝在墙角。他哥哥一脸无望和无奈，沉默地望着外面。唯有年幼的妹妹去拉父亲的手，要糖吃。他虽年幼，却已懂得生活的艰辛和苦涩。这个没滋味的春节，深深刺痛了他的灵魂，尤其稚气的妹妹拉着父亲问"糖在哪儿"时，他虽认为这是命，却依稀觉得不公平，只是年幼的他还无法明了。

　　他和哥哥、父亲忍气吞声，勤恳种田，期望日子好过些，然而赋税越来越重，收成却不见起色。为了更好的耕田，父亲向地主借了钱购置农具，借钱时，同地主说好了三分利，打了欠条。然而当年大旱，田地几乎颗粒无收。父亲蹲在地头几乎绝望，然而看着三个孩子，父亲只得强打精神。

　　到该还债务时，父亲去煤窑打工赚了三贯钱，又变卖了家里唯一的桌子和椅子，才凑齐了该还的钱。卖桌椅时，妹妹抓着父亲衣角问："父亲，没了桌子我们咋个吃饭啊？"父亲苦笑着说：

"我们在地上吃饭，不打紧的。"妹妹却不依不饶，扬着头问："以后我们还有桌子吗？"父亲回答："会有的，会有的。"

尽管父亲声音微弱，但他还是听出了父亲内心的苦涩和哀伤。

他跟着父亲去还钱的时候，才发现他们被地主骗了，欠条上写的十分利，却骗他父亲是三分利，这全因为全家无一人识字。地主指挥狗腿子，将家里的农具全部搬走了，一家人挤在一起，欲哭无泪。

他父亲三天不吃不喝，暗自悔恨，身为顶梁柱没能让儿女吃饱，还因为无知使得家徒四壁，他父亲无法接受这一现实，终于下定决心：让儿子读书，改变命运。

然而，大儿子已经成为主要劳动力，田里劳作不能耽搁，妹妹是个女孩儿，无法抛头露面，那就只剩徐特立适合读书。

1886年，他9岁时，父亲紧衣缩食，凑钱让他读私塾。六年后，因无钱辍学在家。期间曾跟随一个和尚学习禅宗，后在家劳动，又教私塾。直到18岁，他才在一家私塾找到谋生路。

1893年，他为让病重的养祖母转危为安，与十余名同乡，租一小船前往南岳衡山进香。三四天的水上行程，同乡嫌穿行过慢，天天呵斥船夫，而他却深深同情船夫。他看着眼前的不平事，暗暗发誓：今后我若为船夫，绝不渡人，只运猪；我若读书得科甲，只做教书先生，绝不做官老爷！

南岳归来，他愤然将原名徐懋恂，改为徐特立，意为——特立独行，自守高洁，不入污泥，不随流俗。

挥刀断指写血书

1905年，徐特立28岁，从宁乡师范学校毕业后，他立即与友人一起在长沙县梨镇创办起梨江高等小学堂，这是他第一次尝试办教育。

为了义务教育贫苦农民，他专招收农民子弟入学，还开办了速成师范班和女子班，实行"多教课，只吃饭，不要工资"的准则，深受人们称赞。

1910 年，他为了解决穷人不能受教育的现状，与一批志同道合的教师，在长沙城北门外，创办了平民夜校，招收的 200 多名入学生大多是贫苦工人和店员。

1912 年，为了普及长沙城乡的小学教育，他与友人商议，拟建 1000 所小学。为了解决师资问题，他白手起家办起了长沙师范学校；为办好师范，他既当校长，又任教员和校工，以筹集办学经费。

1913 年，他为了解决家乡农民子弟读不起书的问题，腾出自家住宅，倾其所有置校具、聘教师，创办了私立五美高级小学，免费招收贫困学子。而他和家人却过着寒碜的生活。

在自己兴办教育的同时，他于 1913 年至 1919 年，还兼任湖南一师的教育学、各科教学法及修身等科教员，他人品好，思想进步，学识渊博，教学又好，在师生中威望很高。毛泽东后来回忆说："我在湖南第一师范求学时，最敬佩的两位老师，一位是杨怀中先生，一位是徐老。"

1924 年夏，他赴法勤工俭学归国，谢绝了广东大学教授职位，一心为湖南教育尽力。为了解决女子读书难的问题，他依靠募捐、借贷等方式，在长沙师范左侧一栋杂屋，创办了长沙女子师范学校。创学初期，所有教员均是义务兼课，除厨师外学校没有一名勤杂人员，而是由他和学生一起做。

经统计，1919 年以前长沙的教育，几乎都是徐特立一手兴办的，那时长沙800多所小学，所有教员都是由他培训，因此他在长沙教育界，赢得了一个"长沙王"的美誉。就如他给长沙师范毕业生写的《毕业歌》里说的那样：

> 休夸长沙十万口，子弟不教非我有。
> 十八乡镇半开化，少数通人难持久。
> 莫谓乡村阻力多，盘根错节须能手。
> 莫谓乡村馆谷薄，树人收获金如斗。
> 大家努力树桃李，使我古潭追邹鲁。

徐特立不仅心怀平民，为平民办学，而且，他还疾恶如仇，挥刀断指，愤然写血书，惊醒世人！

1915年5月7日，日本提出旨在灭亡中国的"二十一条"，袁世凯为登帝位找靠山，竟然答应了丧权辱国的条件，引爆全国人民的反袁运动。当时徐特立所在的一师，是湖南教育界反帝倒袁运动的中心。当天，他得知消息后，立即和杨昌济、方维夏等商议，决定编写一本书来彻底揭露袁世凯卖国求荣、复辟帝制的丑恶嘴脸。几个通宵后，一本《国耻篇》的小册子成了他们反袁的武器。

5月9日，《湖南公报》发出袁世凯正式承认"二十一条"的号外："北京电，交涉已和平解决矣！""四十八小时届满，无耻地屈服了！"

消息一出，所有师生群情激愤。不久，袁世凯为了加紧复辟帝制，指使亲信在全国各特地成立所谓"筹安会"，湖南同样出现了，各种反袁言论都被压制。为了反击这股逆流，徐特立和毛泽东、蔡和森等进步学生，共同编著《汤康梁三先生对时局的主张》，印为册子四处散发。

有一天，徐特立到兼课的长沙修业学校，应邀作时事报告。在台上他慷慨陈辞，历数袁的卖国事实和复辟野心，越讲越激昂、越讲越悲愤，突然他纵身跳下台，跑进厨房拿出一把菜刀，站回讲台挥刀砍断了自己左手小拇指，顿时血流如注。随后他以指蘸血，写下"请开国会，断指送行"的血书，交给即将赴京请愿的立宪派罗杰等人，他刚交出血书，就晕倒了。

从此，他断指明誓，血性美名，蜚声湖南，传遍神州大地。

次年 6 月，众叛亲离的袁世凯在护国运动压力下，做了 83 日皇帝，最终取消帝制，反帝倒袁斗争圆满胜利。

赴法求学

1919 年，徐特立 42 岁，已执教 20 余年，然国内乱象丛生，军阀混战，他深感报国无门，于是打算赴法勤工俭学，学学新思想和新技术。

是年夏，他卖了部分器物和书籍，筹集了一笔经费，秘密到上海办理出国手续，期间开始熟悉法国的生活习惯。没多久，他遇到了一个相识的华工水手，在其帮助下，他和十几人，只花了平日船票费的一半，就登上了一艘法国邮船。

他出发那天是 9 月 28 日，历经 50 多天海上航行，于 11 月中旬终于抵达法国马赛。随后开始换乘火车前往巴黎。他先到了木兰省公学法文补习班学习法文；7 个月后又进入圣来猛钢铁厂边打工边学习。

就这样，已入不惑之年的他开始了半工半读的法国留学生涯。经过一年半的努力，他考入了巴黎大学，专攻物理和数学等自然科学。然而，好事多磨难，在法勤工俭学的进步学生，在蔡和森、赵世炎、陈毅等人领导下，发动了争取学习权利、进占里昂大学的正义斗争，随后遭到了华法教育会负责人吴稚晖和法国军警的镇压，104 名勤工俭学学生被遣送回国。

徐特立闻得此信，按捺不住内心激愤，与黄齐生先生从巴黎赶到里昂，加入了反对迫害学生的恶行、声援进步学生的斗争。

这之后，他拒绝了军阀政府笼络，毅然结束了法国之旅，又借资赴比利时、德国游历 10 个月，于 1924 年回到了阔别 5 年的祖国。

得意弟子毛泽东

1913 年秋，徐特立被请到湖南第四师范学校任教，此时毛泽东刚入校不久，就成为了他的得意弟子。

徐特立的入驻，在四师学生中引起了轰动。"长沙王"的大名，他的求学经历，他的创学经历，均让学生们感到有这样的教育家为师，荣誉非常。

实践证明，他优良的品格和高尚的师风，赢得了毛泽东的尊敬和爱戴，是当之无愧的好老师，更是毛泽东一生敬佩、私交甚密的老师之一。

一

徐特立入驻四师不久，第四师范就和第一师范合并了，统称为第一师范学校。当时，长沙中等以上学校很少，这些学校的老师大多在社会有相当的地位。许多人都是前清绅士派头，冬裘夏绸、长袍马褂应有尽有，气派十足，甚至上课都是坐轿子。

徐特立虽是全省有名的教育家，但却极为简朴，穿布衣布鞋，在众教师里如同乡下人，很多人背地里戏谑称他"徐二叫化"。不过他的简朴，在学生中却赢得了敬佩。这种简朴对毛泽东影响很深，即使后来成为党领袖，毛泽东也一直保持这种优良品质。

徐特立不但在学校简朴，个人和家庭生活方面，也十分节省。他的家眷一直留在乡下，夫人喂猪种菜维持生活，他在家乡创办五美高小，将自家房子都腾了出来，每次回家的80里路全是步行，连往返午饭也舍不得吃，只带家做的炒薯片之类聊以果腹。

二

徐特立没有读过几年书，他渊博的学问全是自学得来。因此他不但学识和品德堪称一流，还有自身独特的学习方法和严谨的治学态度。

他在一师任教期间，学生课外自学成风，但是却贪多图快，效果不佳。针对此情况，他结合自己总结出的"读书以少为主，以彻底消化为主"经验，提出"不动笔墨不看书"的读书法。

有天课后，他正坐在教师休息室里看书，毛泽东走进来请教说："徐先生，您读书的经验，可谈一些出来，让我们仿效吗？"

他看着这位个头高出自己10多厘米的弟子，笑一笑，亲切地回应说："润之，我认为读书要守一个'少'字诀，不怕书看得少，但必须看通，看透。要通过自己的思想来估量书的价值，要用一个本子，摘录书中精彩的地方。总之，我是坚持不动笔墨不看书的。这样读书，虽然进度慢一点，但读一句算一句，读一本算一本，不但能记得牢固，而且懂得透彻。"

毛泽东怀着钦佩之心，接受了老师的治学方法，很重视老师的读书经验，更卓有成效地践行了老师的教学主张。

"不动笔墨不看书"的读书心得，在毛泽东身上得以体现，珍藏于"湖南毛泽东同志青年时期革命活动陈列馆"里的毛泽东学生时代的学习笔记本《讲堂录》，就是其一。《讲堂录》所记庞杂，涉及的内容和范围极为广泛，也体现出了毛泽东学生时代学思结合的读书特色。

毛泽东就在徐特立等良师引导下，充实着自身的知识，提高着思想的涵养。

1918 年，毛泽东从一师毕业了。然而当时国内政治局势日益恶化，从这一刻毛泽东和徐特立分别了，这一别就是 6 年，直到大革命时期，两人才又于长沙聚首。

三

徐特立赴法回国后，从昔日同事处得知：自己的学生毛泽东，在自己赴法第二年就在湖南发起组织了共产主义小组；1921 年 7 月中国共产党诞生，毛泽东和何叔衡作为湖南代表出席了会议；1922 年 5 月毛泽东受命在湖南成立中共湘区委员会任书记；1923 年 4 月调上海当选中央执行委员会委员，任陈独秀秘书。

虽然这些年徐特立通过对中西政治研究，感到毛泽东走的是解放劳苦大众的道路，但自己还是抱定用教育和知识改变国家面貌的志愿，不愿参加政治斗争。然而世风日下，他这样正直的知识分子哪有出头之日，他后来深有感触地说："在长沙教育界我应该是'长沙王'，但是反动势力来到以后，我在长沙教育会都没有被选资格。我和旧势力势不两立。"还说："1924 年我从法国留学回来，还是继续办教育。不过，这时我思想上很苦闷，感到教育救国的路行不通。"

正在他彷徨消沉、悲观失望时，师生两人久别重逢了。1925 年毛泽东因病回湖南养病，在长沙拜会了老师，阔别已久的两人进行了促膝长谈。他向毛泽东坦露了自己的苦闷心情，毛泽东听后说："社会制度不好，恶势力当道，是没有人管教育的。你辛辛苦苦培养出来的人才，说不定会被人用去干坏事，为虎作伥。可见在现时教育救国的路是行不通的。只有动员广大民众起来革命，彻底砸碎旧的社会，建立一个平等的社会，创造一个劳苦大众的天下，教育才有希望，才有出路。"此外，毛泽东还以党内负责人的身份告诉老师："共产党革命的目的，就是要造就这样一个全新的社会，而眼下正全力做这样的事业。待到革命成功之日，便是发展全民教育之时。"

这次畅谈，让徐特立的思想发生了转变，整个人生的转折也开始了。1926 年，毛泽东再回湖南，拜访老师后进行实地考察，写下《湖南农民运动考察报告》，使湖南农运更加蓬勃发展。

次年春，徐特立回到离别近半年的家乡，看到了全新面貌的家乡，呈现着前途一片光明的景象。他的大儿子徐笃本积极投身农民运动，加入了共产党；他创办的五美高小，也完全变了样；学校的教材增添了革命内容，而他写的《留法老学生之自述》也被选进了语文课本……

家乡的巨变，深深地触动了他。他通过这些变化，看到了农民运动的力量，也感到了共产党人的作用，更体察了毛泽东的远见卓识。于是他开放思想，也参加了湖南农民协会，并担任教育科长，兼任湖南农村师范农运讲习所主任。

四

1927 年 5 月，徐特立的儿子徐笃本在湖南"马日事变"中被敌人追捕牺牲。徐特立面对儿子的牺牲，彻底对国民党失望。于是决心献身共产主义事业，不久他在自己学生、女共产党员黎尚瑾家中，遇到了中共湖南省委负责人李维汉，李维汉也曾是一师的学生，此次来湖南是为避难。

徐特立向李维汉提出要加入中国共产党的请求，恳切地说："我已经 51 岁了，只要共产党这样一个先进的党，能允许我这老朽加入，那我就真正获得了新生。"

经李维汉介绍，他正式加入了共产党。毛泽东得知后，发自内心地赞扬说："真是疾风知劲草，岁寒知松柏啊！"

他入党后就被派往武汉工作，一到那就受到了毛泽东和蔡和森等人的热烈欢迎。随后他参加了武汉农民运动讲习所的工作，不久又和谢觉哉一起编辑印刷《大江报》。

同年 7 月，党中央临时政治局统一部署，准备于南昌在张发奎的部队中发动起义。徐特立受命争取团结更多的起义人士。8 月 1 日，南昌起义正式爆发，起义军胜利占领南昌，徐特立被任命为革命委员会委员，担任所属党务委员会的领导工作。起义部队整编后，他任党代表兼政治部主任。

1928 年，徐特立被党中央派往苏联莫斯科中山大学特别班学习。虽然此时他的学习十分紧张，但是因国内革命形势多变，所以他一直密切关注着国内的动态。当他得知自己的得意弟子毛泽东率领秋收起义队伍上了井冈山，并站稳了脚跟后，高兴得夜不能寐。

五

1930 年，徐特立结束了苏联的学习，风尘仆仆地回到了祖国，并在宁都小布赤坎一栋民房里，见到了毛泽东、朱德及老教育家董必武。

新谊旧叙，他与新老朋友的相逢，令人感到激动，从此他开始与几人一起在这栋民房里开展工作。

第一次"反围剿"胜利后，他被毛泽东请去做俘虏的教育。他深入了解了被俘官兵的背景，知道他们大多数出身贫苦，于是就红军为穷人翻身打仗和党的主张等道理，对被俘官兵进行了教育，他们纷纷要求加入红军，使得队伍得以壮大。

1931 年 7 月，蒋介石第二次"围剿"失败后，纠集 30 万大军对红军进行了第三次"围剿"。国民党的战术是长驱直入、分进合击，而毛泽东采用了"避敌主力，打其虚弱，乘退追歼"的方针，采用了"敌进我也进"的打法，在敌人进入赣南根据地后，红军和国民党军开始平行奔走，双方只隔着一天路程。

徐特立不了解毛的作战意图，在行军中问："泽东同志，敌人和我们平行着走，我们为什么不打？"

毛泽东风趣地对老师说："他们要打时不打，我们要打时才打。"接着，毛向老师讲解了游击战的"十六字诀"。

第三次"反围剿"胜利后，党和红军开始关注群众生活和教育，于是毛泽东找到徐特立，商讨发展教育事业，开展扫除文盲的运动。为了完成这一任务，徐特立深入到兴国和雩都等地，进行调查研究后，起草了一个扫盲方案，最终在毛泽东进行修改和补充后，开始交付实施。

六

1934 年 10 月中旬，王明推行"左倾"冒险主义，极力排挤毛泽东，致使第五次"反围剿"惨败，中央红军主力不得不进行战略转移——长征。

徐特立此时 57 岁，也跟随队伍一同长征，他是队伍中年纪最长的一位。长征结束后，他对弟子毛泽东的才能由衷叹服，"弟子不必不如师，师不必贤于弟子。闻道有先后，术业有专攻"，他感觉自己应该好好向自己的弟子学习。期间，人们提到他是毛泽东的先生，他总真心诚意地说："从前我在湖南第一师范教过书，当过毛主席的先生，那是真的；那只是一日之师，而毛主席是我的终身之师——是他带我这个老朽走上了革命道路。泽东同志值得我们学习的地方很多，特别是他精通马列主义理论，善于运用马列主义的立场、观点和方法来解决中国革命的实际问题。此外在政治、军事、经济、历史、文学各方面都有很深的造诣。他的知识是多方面的，非常渊博。他的最大特点就是坚持理论联系实际，实事求是，不自以为是。"

1937 年 2 月 1 日，徐特立 60 岁生日。1 月 30 日，忙于抗日救国的毛泽东，怀着对师长的尊敬，为老师写了一封祝寿信：

"你是我二十年前的先生，你现在仍然是我的先生，你将来必定还是我的先生。当革命失败的时候，许多共产党员离开了共产党，有些甚至跑到敌人那边去了，你却在一九二七年秋天加入共产党，而且取的态度是十分积极的。

从那时至今长期的艰苦斗争中，你比许多青年壮年党员还要积极，还要不怕困难，还要虚心学习新的东西。什么'老'，什么'身体精神不行'，什么'困难障碍'，在你面前都降服了。而在有些人面前呢？却做了畏葸不前的借口。你是懂得很多而时刻以为不足，而在有些人本来只有'半桶水'，却偏要'满得很'。你是心里想的就是口里说的与手里做的，而在有些人他们心之某一角落，却不免藏着一些腌腌臜臜的东西。你是任何时候都是同群众在一块的，而在有些人却似乎以脱离群众为快乐。你是处处表现自己就是服从党的与革命的纪律之模范，而在有些人却似乎认为纪律只是束缚人家的，自己并不包括在内。你是革命第一，工作第一，他人第一，而在有些人却是出风头第一，休息第一，与自己第一。你总是拣难事做，从来也不躲避责任，而在有些人则只愿意拣轻松事做，遇到担当责任的关头就躲避了。所有这些方面我都是佩服你的，愿意继续地学习你的，也愿意全党同志学习你。当你六十岁生日的时候写这封信祝贺你，愿你健康，愿你长寿，愿你成为一切革命党人与全体人民的模范。"

这封信不但概括了他对人民解放事业的贡献，也充满了学生对老师的崇敬之情，赞扬了他为人师表的崇高品格。

10 年后，徐特立寿辰前几天，工作人员请示毛泽东："徐老的 70 大寿还庆不庆祝？"毛泽东毫不犹豫："庆，为什么不庆？还要大大地庆祝一番！我们一方面要为徐老祝寿，另一方面还要显示延安军民沉着应战，以鼓舞边区军民的斗志。"

当时徐特立已经撤离延安，转移到了陕北高原的绥德城。为了给他祝寿，党中央专派车前往绥德接他到延安。寿诞前一晚，毛泽东和朱德等亲临他的窑洞祝贺，俗称"暖寿"。次日，还举行了热烈的庆祝大会，朱德在会上祝词，还宣读了毛泽东以党中央名义给他的一封信：

> "你的道路，代表了中国革命知识分子的最优秀传统。你是热爱光明的，你为了求光明，百折不挠，在50岁上加入了中国共产党。你对于民族和人民的事业抱有无限忠诚，在敌人面前，你坚持着不妥协不动摇的大无畏精神，你的充沛的热情，使懦夫为之低头，反动派为之失色。你是密切联系群众的，你的知识是和工农相结合、生产相结合的，你把群众当做先生，群众把你当做朋友。你对自己是学而不厌，你对别人是诲人不倦，这个品质使你成为中国杰出的革命教育家。你痛恨官僚主义和铺张浪费，你的朴素勤奋70年如一日，这个品质使你成为全党自我牺牲和艰苦奋斗作风的模范。你的这一切优良品质是全党同志和全国人民的骄傲，把你的这一切优良品质发扬光大是全党同志和全国人民的革命任务。"

七

1949年3月，徐特立参加了党的七届二中全会，迁入北京西郊香山，随后入驻中南海，担任中央宣传部副部长。1950年，他还担任了中国历史、地理学会的名誉主席。

建国初，毛泽东政务虽然繁忙，却依然敬奉老师。

一次，毛泽东派专人邀请老师到中南海家中吃饭。席上为老师备了几样家乡风味的菜肴：一碗湘笋，一盘青椒，这是两人都爱吃的。毛泽东抱歉地说："徐老，请你来，没有好菜吃。"他笑着说："人意好，水也甜嘛！"

上桌前，他对毛泽东说："你是全国人民的主席，应该坐上席。"毛泽东马上说："您是主席的老师，'一日为师，终身为父'，您更应该上坐。"硬是让他坐了上席。

叙谈时，毛泽东请他谈对治国大计的看法，他思考片刻后说："国家初建，要防止某些同志以为革命大功告成而滋长骄傲自满情绪，还要力戒贪图舒适，追求享乐、腐败堕落的思想和作风。"他还将吴玉章70大寿时写的一首诗中几句念给毛泽东："前途之艰巨，基本在建设，幸勿过乐观，成功在兢业。"毛泽东听后，连连叫好称是。

话别时，毛泽东看他衣着简朴，革命中还牺牲了两个儿子，就将自己穿的一件呢子大衣脱下送给老师。他接衣在手，激动不已——毛泽东敬老尊贤，对自己的关怀已不是第一次。胡宗南进攻陕北时，毛泽东为了老师的安全，让他先撤离延安，离别时，发现他行李中没有热水瓶，便将自己仅有的两只热水瓶中拿来一只送给了老师……

此次会见后，他制订了一个20年工作计划和学习计划，并将自己的主要精力投入到了领导新中国的教育事业。虽已年老体衰，但仅建国4年，他就相继发表了《在教师节谈民主主义教育》《科学化民族化大众化的文化教育》《普通学校的思想教育》《小学教育自学经验谈》《小学校的体罚问题》《青年的学习问题》等教育论文。

建国后第一个五年计划开始，很多教师认为做老师没有出息没有前途，就想投身工厂或参加经济建设。他得知后，就建议教育部牵头，组织全国小学教师在《小学教师》杂志上展开了"小学教师有没有前途"的讨论。在讨论结束时，他应《小学教师》编辑部的请求，写了《小学教师的地位和前途问题》。他在文章中指出"教育建设是整个国家建设必要的任务之一"，"而小学教育是整个教育建设的一个重要组成部分"，"使广大人民群众得到科学和技术的基本教育，这种伟大的任务就落在小学教师身上"。

他的立论文章很快被毛泽东看到，毛泽东在一次中央工作会上，赞许说："徐老不老，老当益壮啊！"

徐特立不但是毛泽东的老师，也是人民的师表，使千万中国人摆脱了文盲的帽子。有诗赞叹："平凡伟大马列真，一代师表启后昆。道德文章垂万世，堪称革命一完人。"

"三位一体"教育观

徐特立在延安时，曾创造性地提出了教育、科研、经济"三位一体"的教育发展方式。他撰文指出："科学教育与科学研究机关以方法和干部供给经济建设机关，而经济建设机关应该以物质供给研究和教育机关，'三位一体'才是科学正常发育的园地。"

他认为："一切科学都是建筑在产业发展的基础上的，科学替生产服务，同时又帮助了科学正常的发展，技术直接的和生产联系起来，技术才会有社会内容，才会成为生产方法和生产方式的一部分"。"经济是社会的基础"，"科学是国力的灵魂，同时又是社会发展的标志"，"教育是社会的中心、生产的中心"。

他是"教育具有生产性"认识的先驱。

除了"三位一体"教育观外，他在 1940 年还创造性地提出了"群众本位"的教育思想：他认为近代教育"否定了封建的教师本位、教科书本位及注入式……，转变到学生本位及生活本位主义，但还没有进到群众本位"；教育"是为人民服务的"，人民以劳动创造了教育，教育属于人民；以后经过十年的研究和实践，他建构了具有中国特色的"群众本位"的教育科学思想体系，包括创造性人才培养观、身教主义等等。

在基础教育方面，他提出"以民教民""互教互学"的群众路线教学法。他在陕北根据地创立文盲师范，开展冬学运动，使陕北地区落后不堪的教育状况逐渐发生了转变。

在高等教育方面，他办好了延安自然科学院，使其成为培养"革命通人、业务专家"的摇篮。

几经辗转，北京理工大学始终以老院长徐特立的教育思想为指引，形成了富有特色的大学文化——延安精神，培养了诸多人才，成为了理工管文相结合的全国知名重点大学。

夫妻恩爱

徐特立的结发妻子熊立诚，11 岁就到徐家做童养媳，直到 83 岁去世，两人多年如一日，相濡以沫，相敬如宾，相互支持，忠贞不渝。他们共生 8 个儿女，成活仅 4 人，且都对国家做了不同程度的贡献。

一

徐特立 4 岁丧母，12 岁过继给伯祖母为孙。当时伯祖父病故，伯祖母61岁且半身瘫痪，只能靠家中30石谷的水田收租维持生活。因家中人手少，伯祖母就为他娶了个童养媳。童养媳姓熊，父母双亡，比徐特立小10个月，两人以兄妹相称。他对妻子很好，还给她取名"立诚"。

熊立诚精明能干，在伯祖母教导下操持家务；徐特立则一边读私塾一边做家务。伯祖母家教很严，为省灯油，不许他挑灯看书，每日黎明督促他早起做"晨课"：洒扫庭院后，大声朗读诗文。晚上伯祖母则给小两口讲家史，分析兴衰原因。

他15岁时，伯祖母过世，他和妻子撑起了家。在他70多岁时，曾感慨地回忆说："我受祖母的治家教育最深刻，我一生刻苦和我妻能在20岁以后脱离我，独持家政50年，都和祖母的教导有关。"

二

徐特立9岁读书；15岁辍学；18岁立志"教书兼习科举业"，一边教蒙馆，一边勤奋自学。然而，家中藏书本不多，乡下借书又不易，买书还没钱，因此很快他就无书可读了。经反复思考，他作了"十年破产读书"计划——把教书费做家中开支；把薄田变卖买书，力争10年将书读通，终至破产。

妻子对这样一个计划很支持，虽担心这会对一家人生活造成影响，但她依然相信丈夫。在妻子支持下，他买了许多书籍，如《十三经注疏》《读史方舆纪要》《御批资治通鉴》等。

1905年，他28岁，也是读书计划的第八年，这年家中的生活越来越困难。恰逢这年清政府明令取消八股文，改考经义，加试历史、地理。他打算试一试，妻子筹措了几串钱，送丈夫去岳州会试。这次会试他未能考上秀才，但在3千名考生中考了 19 名，回家后薪金大涨。这些钱除能解决家中温饱，还略有富裕。

当然，他不会满足于塾师的地位，于是他决定离开狭小的五美山，探索救国救民的道路。他随后考入师范速成班，学习自然科学、教与学、西洋史和东洋史的新知识，开始接受民主革命思想影响。

1919 年，他受毛泽东、蔡和森影响，打算赴法学习，可又放不下家庭，那时大女儿徐守珍才 15 岁，大儿子徐笃本 13 岁，小女儿徐陌青 3 岁，小儿子徐厚本才 2 岁。然而妻子却支持他，独自一人支撑起了家庭，为他解除了后顾之忧。

三

徐特立 28 岁开始外出办学，家中抚育儿女、操持家务全由妻子承揽，没让丈夫分过心。

他为节省开支，一直把妻儿留在乡下。后来他回忆说："我的收入除自己生活费用外，不事蓄积，均用在买书和办学校上。妻子不随我住长沙城，他们住乡间，这样可以节省好多费用。"

1913 年，他为了让农民子弟能有书读，就拿出自己在长沙教书的薪金，筹建了五美第一初级小学堂，免费吸收贫苦子弟，后改为五美高级小学。两年后，乡里封建顽固分子找各种借口刁难学校，他又和妻子商量，将自家老屋腾出来，改造后作为校舍，而妻子和孩子住进了新搭的茅屋。

1927 年，他加入了中国共产党，离家参加革命，五美高小的全部校务，就由妻子承担。后来，他充满感激之情地回忆说："我离家时曾将一个高级小学的事务工作交给我妻，13 年来，她一直坚守岗位，不独教育了自己的儿女，且教育了地方子弟。"

徐特立参加革命后，熊立诚独自担当起家庭的重担。她虽然从小就包了一双小脚，但养猪、种菜、纺织、缝补，终日劳累，操作不停。年过半百，依然支撑着这个家。

1937年底，徐特立回到湖南，他离乡10年，家就近在咫尺，却因为事务繁忙未回家一趟。熊立诚知道丈夫回湘后非常高兴，就带着一家长幼赶了80多里路，到城里见徐特立。然而他正在会议室接见各方人士，老伴和孩子来了他虽恨不得马上去见，却秉承工作第一的态度，让老伴和孩子等待。熊立诚带着一家老小直等到深夜，才见到自己的丈夫。

他连番向老伴解释，熊立诚露出理解又欣慰的笑容说："你为国事忙，我为家事忙，各自忙好。"他听后连连点头，拉起老伴的手说："说得好，情是真的，理是直的。"

四

徐特立革命在外，一直惦记着妻子和家人，常忙里偷闲给妻子和孩子写信。

1939年，他给小女儿徐陌青写信叮嘱："你的母亲年已60，她不独维持了一家，并且办高级小学共13年，造就了许多学生。她没有念过书，能替地方做了教育事业。许多读书识字的女人不如她，我是很尊敬她的。你是她所生，应该特别孝敬她。家中许多困难你们夫妇如能帮助，请你尽可能帮助。如不能帮助，还是把田卖出一些。"

他对"糟糠之妻"忠贞不渝的爱情，不仅在于个人，更在于"妇女解放"思想。他曾满怀深情地对邓颖超和蔡畅说："我自辛亥革命前，即进城办教育，把妻室儿女留在农村；后来离开家乡到法国留学，接着回国参加革命，与家庭隔绝，不通音讯，这都是反动派的压迫所致。我是一个有血、有肉、有情感的人。我爱自己的家庭，爱自己的妻室儿女。但国家的问题还没有解决，革命还没有成功，国破家何在？我因为长期不和妻子在一起，留法勤工俭学的时候，有人给我介绍女朋友，后来在苏联、在江西苏区也曾有人提过这种事。但我的妻子是一个童养媳，没有文化，从小与我患难与共。我一直在外从事教育和革命，她在家里抚养儿女，还兼劳动兼办学，她支持了我的事业，也成全了我的事业。我一生提倡妇女解放，我假如丢弃了她，岂不又增加了一个受苦难的妇女？"

解放后，两人古稀之年，才在北京得以团聚，朝夕相处的日子里，他常对身边工作人员说："你们对我的生活不要特殊照顾，可一定要在生活上照顾好老太太。她是家庭妇女，没有文化，容易有自卑感，不要叫她有思想负担。"他每次休养，总带夫人一起；吃饭总会把好菜让她吃；家中钢丝床坏了一边，他就把好的一边给妻子睡。

1960 年，83 岁的熊立诚去世，他深感悲痛，怀念不已，就将两人的合影随身携带，走哪带哪，可见他爱之深切。

五

徐特立与妻子生育的 8 个孩子中，4 个长大成人，都曾为革命作出贡献，有的牺牲了自己年轻的生命——

大女儿徐守珍（又名徐静涵），1904 年生，自幼爱好美术。1927 年考入上海新华艺术学校，很快成为中共领导的赤色工会积极分子。次年，因参加地下党外围组织的活动被捕。出狱后不久，上海沦陷，此后 20 多年，她与父亲完全失去了联系。

直到 1949 年上海解放后，徐守珍才联系到父亲。徐守珍的女儿徐舟回忆说:"我母亲 1928 年在上海被捕失踪,解放后突然来到北京,失散 20 多年的父女重逢了,外祖父十分惊奇。了解到母亲这些年的艰苦生活,外祖父很难过,但仍要母亲努力工作,不要光想到自己的困难,而要多想政府和国家建设时期的困难。我母亲原以为外祖父会答应她到北京来工作,听了外祖父的话,便安心回上海工作去了。"

大儿子徐笃本,1906 年生。入中学后,有人给他介绍了一个女朋友,他没拒绝,但父亲却不同意:"你还年轻,应该为革命刻苦学习,在事业上打好基础,做一个有益于社会的人。要先想为社会出力,不能先安排自己的小家庭。如果大家都只顾一己之私,社会怎能前进呢?"

徐笃本听了父亲的话,开始全身心投入学习和工作,中学就已秘密加入了中国共产党。第一次大革命时期,19 岁的徐笃本积极参与农民运动,这时父亲再次问起儿子的婚姻问题,徐笃本答道:"现在没有时间谈这个了,斗争那么激烈,革命的事还忙不过来呢。"1927 年,徐笃本病逝于长沙,年仅 21 岁。

小女儿徐陌青,1916 年生,1937 年被父亲动员学医,遂进入长沙自治女校护士班学习,毕业后进入长沙重伤医院工作。在这里她认识了自己的丈夫,即热心抗日、有学识才干的外科大夫卢振声。新中国成立后,徐陌青与母亲一起到了北京,被分配到北京铁路医院工作,1952 年调到铁道部北京铁路总医院,1956 年加入中国共产党。她在护士岗位上,勤奋工作,默默奉献,直至 1977 年退休。

小儿子徐厚本,1917 年生。他先读小学,1933 年就读荷花池长沙县第一中学,因家庭经济困难,1935 年辍学,到长沙大车修理厂当学徒。1937 年 12 月,父亲驻湘组织、动员进步青年去延安参加革命。徐厚本动了心，在看望父亲时将想法说了出来，遂和妻子一起去延安。老太太却舍不得，徐特立就做妻子工作："儿子和媳妇是去学习，去干革命，应该让他们一起去，我们怎能将他们拆散呢？父母疼爱子女，就要让他们到应该去的地方去，为社会做一番事业。"在父亲支持下，徐厚本夫妇于1938 年春奔赴延安，在陕北公学学习 6 个月，7 月被组织派回长沙，然而，徐厚本在途中染上了伤寒，回到长沙不久，就离开了人间。

参阅资料

《徐特立教育文集》. 中央教育科学研究所编. 人民教育出版社. 1979 年

《人民之光徐特立的故事》. 邹秋龙 蔡正光. 湖南人民出版社. 1980 年

《徐特立文集》. 长沙师范学校编. 湖南人民出版社. 1980 年

《徐特立传》. 陈志明. 湖南人民出版社. 1984 年

《命运之谜：徐特立传》. 柯蓝. 教育科学出版社. 1989 年

《徐特立与孩子》. 毕群生 安家正. 山东美术出版社. 1992 年

《现代圣人徐特立》. 师秋朗. 红旗出版社. 1992 年

《徐特立一生刚烈写传奇》. 徐焰.《北京青年报》. 2001 年

《毛泽东的老师徐特立的故事》. 侯典来. 上海人民美术出版社. 2009 年

《徐特立人生轨迹》. 江来登 孙光贵. 湖南人民出版社. 2009 年

《徐特立和他的儿女们》. 梁堂华.《环球视野》. 2010 年

《中外名人传记丛书：徐特立》. 陈乐民. 中国人民大学出版社. 2010 年

《徐特立教育思想启示：坚持"群众本位"精神》．侯光明．《光明日报》．2010 年

《徐特立研究文集》．邓江祁．湖南师范大学出版社．2011 年

《徐特立血雨腥风中入党朱德称其"现代圣人"》．任大猛．《长沙晚报》．2011 年

《当今圣人徐特立》．彭世华．人民教育出版社．2012 年

《徐特立研究：从人师到人民教育家》．陈桂生．华东师大出版社．2012 年

《徐特立画传》．勒贵珍 常顺英 王颖 高国庆．四川教育出版社．2012 年

吴玉章：人至期颐亦不休

吴玉章，1878 年 12 月 30 日生于四川荣县，原名永珊，字树人，号玉章，1966 年 12 月 12 日在北京病逝。他用 88 年的时间，在中华大地上，铸就了一座高等教育事业开拓者的丰碑。

他早年留学日本，去法国求学，参加过孙中山领导的同盟会和辛亥革命。

"五四"运动时期，他曾任成都高等师范学校（四川大学前身）校长，与恽代英、杨闇公等人创办《星期日》等刊物。在新中国成立前，他创办了一系列大学，这些大学后来都成了我国教育界鼎鼎有名的大学。

他主张高等教育要坚持理论联系实际，反对机械搬用外国经验；建立多种学制、多种规格、多种形式的办学体制，从速培养经济建设管理人才，尤其要关怀工农学员的成长；不断提高教师的政治素质和业务水平，不断提高教学质量。

他还在长期革命教育实践中，倡导根据文字的科学化、国际化和大众化原则，推行汉字简化和汉语拼音方案，以扫除文盲、普及教育和推广普通话，促进经济建设和文化革命。

他曾担任中国人民大学校长达 17 年，为新中国的教育事业发展，做出了巨大的贡献。

"三荣望族"之后

吴玉章生于四川省自贡市荣县双石桥蔡家堰，家族是被人称为"三荣望族"的书香门第。

他6岁开始读书，7岁却丧父，13岁又失去慈母，从此，靠兄嫂抚养成人。

他笃诚忠厚，沉毅坚韧，喜读史书，学识渊博，赢得"金玉文章"美誉。

他幼年时期，深受二哥的影响。他二哥吴永锟，号紫光（前清秀才），服膺宋人理学，是一个讲究气节的人。他就是借助二哥在成都尊经书院的助学金，踏上求学深造的道路。

他幼年时就和二哥共灯夜读"通鉴辑览"，读到南宋衰亡史实，就联想到当时中国的危局，好像亡国之痛就在眼前。他们把文天祥的正气歌，诀命词贴在墙上诵读，他们尤其喜欢读明末烈士黄淳耀所作的一篇时文，《见义不为，无勇也》。

其中几句话令他印象深刻："一则放之须庾，而已与草木同腐矣；一则忍之须庾，而已与日月争光矣。"意思是说忠奸之分就在那临危授命的一刹那间。

二哥又把黄淳耀的事迹写在那篇文章的后面。他读着这篇文章，很感动于黄淳耀的节义之举。

1892年初，他刚满13岁，就随二哥到成都，进入"尊经书院"。同伴中，有个黄芝和他二哥是同榜秀才，其父是个"刻字匠"，很多人看不起黄芝，但吴玉章兄弟却与其成了朋友。

黄芝读书多，对文字学、汉学颇有研究。他和黄芝一起，常游武侯祠、草堂寺。每到傍晚，他们一起散步，黄芝总要给他讲诸葛亮、杜甫等人的故事，有时，还联系国事危机，大发感慨。他喜读《通鉴辑览》《正气歌》《出师表》等，养成了关心国家大事的习惯。

1895年，甲午战败，而丧权辱国的《马关条约》，使少年时代的他痛心疾首。甲午战败的消息传来了，他读到光绪求和诏书中"将不知兵，士不用命，师徒挠败，陵寝震惊"，忍不住落下泪来。这时他才17岁。他后来回忆说："光绪皇帝乞和的诏书传来之后，就和二哥抱头痛哭。但痛哭思定后，自己决心为祖国寻找一条救亡图存的道路，做点有益于人、有益于国的事。"

甲午战争后，变法维新之说流行。他这时很喜欢读《时务报》。戊戌政变时，他在四川荣县乡下得到那些变法的文件，就和一些志同道合的青年到处宣传新政，人们感觉他们很疯狂，称之为"时务大家"。期间，六君子被杀，新政被推翻，守旧的人嘲笑他："早说不对嘛，要杀头哩！"他就用谭嗣同拒绝到使馆避难，甘愿作第一个变法的流血者的英勇故事来回答这些人的嘲笑。

变法失败后，他很苦闷。那时缠脚陋俗普遍，他就劝大嫂别给侄女缠脚："太痛苦了，以后走路做事也不方便。"大嫂不听，硬给女儿缠了脚。他感叹说："变什么法？维什么新？在自己家里也行不通啊！"

1900—1901年，他到县城的一户大地主家教书；次年，到威远继续读书，喜读《新民丛刊》和《新小说》。

他后来在延安写的自传中说："我有二哥二姊，大哥同父一样，读书理家，二哥与我则专门读书，未作农民。仲兄早慧，

19 岁即举秀才。"

1902 年，他去参加科举，因刚废除八股，改考策论，他就将"新学"思想加入了文章。他县考、府考成绩都很好，有一场府考还得了第一，阅卷人写了很长的批语，最后说他："此古之贾长沙，今之赫胥黎也。"只是院考时因为它文章太长，交卷时没写完，因此落第。

考试不中，他求"新学"的心更切。这年 12 月，他慕名到泸州去考"经纬学堂"，却不料那是挂"新学"羊头，卖"旧学"狗肉的学堂，一气之下就愤然离校。

随后他和二哥东渡日本，进入东京成城学校学习。

他后来在《吴玉章回忆录》一书中说："1903 年 2 月 9 日（夏历正月十二），那时还是元宵期内，到处锣鼓喧天，当人们正在兴高采烈、欢度春节的时候，我们一行九人，好象唐僧取经一样，怀着圣洁而严肃的心情，静静地离开故乡，挂帆而去。"

船过三峡，吴玉章望着两岸慢移的景色，以"东游述志"为题，写诗抒怀——

> 不辞艰险出夔门，
> 救国图强一片心。
> 莫谓东方皆落后，
> 亚洲崛起有黄人。

血性男儿

吴玉章到日本后参加了一系列爱国学生运动，成为四川留日学生中的积极分子。

1904 年元旦，因清朝末年中国的贫弱，日本看不起中国，悬挂万国旗时，故意不挂中国国旗。他挺身而出，代表留日学生向学校当局严正提出："必须立刻向中国学生道歉并纠正毛病，否则，就要举办罢课和绝食以示抗议。"在强大压力下，学校当局只得认错道歉。

当时，革命文字盛行，如邹容的《革命军》，留日学生的《浙江潮》《江苏》等杂志，随着这些读物的影响，他的思想也随之变化，认为革命是对的。

当时，读书人多看不起孙中山，1905 年孙中山到东京后，他和另外一些最激进的革命派，就和孙中山一起组织了革命同盟会。

同年，留日学生反对"取缔规则"运动失败后，一个团结学生的群众组织"留学生会馆"竟至无人过问。他一人支持了 9 个多月，终于感动了大家，恢复了组织。

1907 年以后，由于起义接连失败，东京留学生中革命者寥寥可数。他却因此更加坚定振奋，把四川的同盟会员鼓舞起来，以团结各省的革命者。当时他主办《四川杂志》；章太炎主办《民报》。《民报》经费困难，常至断炊，他竭力调和奔走，后来在四川会员中捐了许多钱去支持《民报》。1908 年，《四川杂志》与《民报》同时被封，他被判半年徒罪，因为是学生，结果缓期执行。

当时革命形势低落，暗杀成风，但他却不赞成暗杀。当时汪精卫写信要他寄些制造炸弹的药品，他回信说："征诸历史，各国革命失败时，则暗杀之风必盛。诚以志士仁人知大势已去，唯有一死以报国。其志可嘉，其行亦可悯矣。今我革命非无希望，敌人正造谣说革命处处失败，以图涣散我革命之人心。兄为我党有名而能文之士，如果亦随吾党勇壮之士实行暗杀，即使有成，亦徒使敌人造谣，志士灰心，而党亦受莫大损失。弟不赞成此举，故不能寄药品来。"

汪又回寄信说：

> "来信爱弟深挚，令人感激。但弟以为革命之事譬如煮饭：煮饭之要具有二，一曰釜，一曰薪釜之为德在一恒字，水不能蚀，火不能融，水火交煎，皆能忍受，此正如我革命党人百折不挠，再接再厉。薪之为德在一烈字，炬火熊熊，火焰万丈，顾体质虽毁，借其余热可以熟饭，此正如我革命党人一往独前，舍生取义。二者之为德孰轻孰重，颇难轩轾，要在各视其性之所近，择一而行之耳。弟自顾素鲜恒德，故不愿为釜而愿为薪。兄如爱我，望即赐寄各物。"

他虽不赞成暗杀，但看到汪精卫当时似乎颇为坚决，也就给其寄了些炸药去。汪精卫在香港谋炸李准不成，又到东京。吴玉章又为汪精卫炸摄政王布置一切，派喻云纪、黄复生到北京开守真照像馆，进行筹备。不久暗杀尚未举行，而黄复生、汪精卫被捕。

1905 年，同盟会组织了对清朝官员的暗杀活动。吴玉章对在汉口谋炸两江总督端方进行了周密的谋划。不过，这次行动，因为端方临时改变行走路线，未能实现谋炸的意图。随后，他又与人计划，集中力量去刺杀清政府最高掌权者、摄政王载沣，另外，还有几次暗杀行动。虽然暗杀均未成功，但是却惊醒了国人，鼓舞了国人起来反对封建专制的勇气。

不久，他为发动广州起义，被分配到日本购运枪支弹药，并向香港运送了五批军火。

有一次，他去购运军火，左右腋下，各挂了千余发子弹，外穿一件日本和服，脚蹬一双约四寸高的高底木屐，手上还打把伞。这负担，自然沉重，稍有不慎就会屐齿折断。谁知，刚走出秘密住所，就遇到两个警察，大家顿时紧张，为他捏了把汗，但他却沉着冷静地摆脱了警察，把军火安全运到了目的地。

还有一次，一位同志把120支手枪装进不到2尺长的皮箱里，引起了火车站管理人员的怀疑。他知道这事后，想了许多办法，居然把皮箱安全地取了出来，化险为夷。

民国元年（1912年）正月，蜀军政府派他和杨庶堪为四川代表到南京。当时，临时政府已成立。内务部次长居正和秘书长田桐一见到他就说："可惜你来迟了，各部次长位置已经没有了。内务部的司长参事随你选择一个。"他却说："我们革命不是为做官；请你们不要提这个。"后来的疆理局（即土地局）局长特意颁发了参事任命状，仍被其退回。

后来孙中山要他到总统府秘书处工作，他才接受了秘书处总务科的职务。当时正值南北和议，因此很多人不愿来秘书处做事，只有他勤勤恳恳工作。

南北和议成功后，四川的成渝两个军政府还是对立着。袁世凯托人让他作宣慰使到四川调停。他却回答说："我不作官；而且对故乡父老怎么可以用什么宣慰使的名义？"后来，袁世凯只得依他意见，改由政府派往四川慰问。他这才和朱芾煌一起回川。

回川后，有人问他："从都督和全城官员郊迎十里来看，你们好像是钦差大臣。但从你们轻车简从，到处亲切地和老百姓谈话、讲演来看，你们又像是传道师。你们到底是什么官？"

他笑着回应说："我们不是官，是革命者。我们要劝老百姓剪辫子，不吃鸦片，不赌钱，不缠足，要读书识字，要办学校，要到外国留学。我们办了一个留法俭学会，有志青年用很少的钱就可以到法国去留学。"

1912 年初，他和李石曾等在北京发起成立了留法俭学会。6 月，他又在成都与朱蒂煌、沈与白、黄复生等成立了留法俭学会四川分会。同时他们依照北京的做法，在四川设留法俭学预备学校。11 月，第一批出国学生出发，40 余人中四川就有 16 个人。

1916 年 6 月 22 日，华法教育会在法国正式成立，他任会计。他说："我非常希望吾国青年目光注于全世界，勇猛精进，必穷究世界学术之精微，由自主的择一自信者而力行之。在国家危急中痛自刻责，发奋为雄，以求生存于世界者也。"

随着新文化运动的传播，留法勤工俭学的性质也发生了相应的变化。1919 年 3 月 15 日，他在上海送别留法学生时讲话说："此次世界大战而后，政治革新之声遍于全球，我们国人亦知顺此潮流研究改革。"他又尖锐地指出："政治不良，政府恶劣，补救无方，人民起来革命，这是应该的。""谋大多数人的幸福……为社会开一新纪元。"

1922 年春，他在北京会见了王维舟，两人当时就组织新政党发表了看法，并成立"赤心社"。是年 8 月，他到成都任成都高等师范学校校长，开始宣传社会主义。1924 年 1 月，他在成都创建了中国青年共产党，这是他革命道路上的新起点，是对中国革命探索的新结果。中国青年共产党成立后，注重工人运动，支持成都各行业工人建立起属于自己的工会组织——成都职工总会。同年 5 月 1 日，追悼列宁的群众大会召开，会议遭到军阀强烈压制，他被迫离开成都回到荣县老家。

不久他到北京见到了中共领导人，并通过介绍加入了中国共产党。这时他才感觉到中国青年共产党已无存在必要，不久后解散，不少成员先后加入中国共产党。

中国青年共产党，虽然从筹备到解散只有 5 年左右，但是，他们在四川、北京宣传马列主义，为救国图强、聚集革命中坚分子产生了巨大的影响。

领导保路斗争

1904 年，四川人民为了反抗帝国主义掠夺我国铁路主权，由包括吴玉章在内的四川留日学生首倡，经四川总督锡良奏请，在成都设立"川汉铁路公司"。1905 年改为官商合办，1907 年改为商办。

1911 年 5 月，清政府宣布"铁路干线国有政策"，政策规定：宣统三年（1911 年）前所有集股商办的干线，必须由国家收回。消息传到四川，川民愤慨沸腾。

6 月，吴玉章奉同盟会之命，回川领导即将开展的四川保路斗争。

7 月 7 日，他回到家乡荣县领导反清武装斗争。

8 月 5 日，成都召开川汉铁路股东特别大会；8 月 24 日，群众性的罢市罢课风潮掀起；9 月 1 日，川汉铁路公司股东会议，通告全川不纳粮税。9 月 5 日，铁路公司特别股东大会，出现传单《川人自保商榷书》。川督赵尔丰，奉清政府严令，9 月 7 日诱捕保路同志会和股东会首要人物，封闭铁路公司和同志会。

事发后，成都数万群众相继奔赴总督衙门请愿，要求释放被捕人员。赵尔丰竟下令枪杀请愿群众三十余人，制造"成都血案"。随后事态升级，同盟会员和哥老会率领成都以农民为主体的同志军，四面围攻省城、县城。

吴玉章也与同盟会员带领荣县保路同志军，进占荣县县城。9月25日，吴玉章在荣县召集各界人士大会，宣告荣县脱离清政府，正式独立！

荣县独立，比武昌起义早半个月，是辛亥革命时期由中国同盟会建立的第一个县级革命政权。此后，荣县成为成都东南同志军反清政府的中心。

11月21日，广安州组成大汉蜀北军政府；22日，重庆成立蜀军政府，宣布同盟会的政治纲领；川东南五十七州县响应独立。27日，端方被杀，入川鄂军在资中反正；同一天，成都宣布独立，成立大汉四川军政府，清朝在四川的反动统治彻底覆灭。

吴玉章在领导四川保路运动中，做出了重大的贡献。

人大首任校长

早在1937年8月，吴玉章就受党中央委托，负责过陕北公学的筹建；此外，他还担任了延安大学、鲁迅艺术学院的校长。

1949年，新中国成立后，党中央决定在华北大学的基础上组建中国人民大学。1950年2月，中央人民政府任命吴玉章为第一任校长。

开学典礼上，他动情地说："要培养新民主主义的革命和建设的干部，为完成中国新民主主义而奋斗。"并为人大制定了

"忠诚、团结、朴实、虚心"的八字校训。

当时人大成立初，办学条件简陋，常露天上课。从这时起，吴玉章就始终将教育事业放在自己人生首位。他不顾年老体弱，深入调查，克服了种种困难，用了不到一年的时间，就把人大办得有声有色，培养出了一大批优秀的新中国建设干部。

他一生都以"做点有益于人、有益于国家的事情"来鞭策自己。晚年，他依然潜心治学，为中国高等教育和大众教育的发展做出了不可磨灭的贡献。

谢觉哉曾经这样高度评价他："况有三千诸弟子，东西南北立功勋"。

他领导了中国人民大学的创建和发展，担任校长达17年之久，直到1966年12月12日去世。他为中国人民大学确立了正确的办学指导思想和办学方针，奠定了优良的传统和独特的校风，使这所大学成为新中国高等教育，特别是人文社会科学的一面旗帜。

人大建校之初，大批苏联专家来校任教，他特别强调了联系中国实际学习苏联经验："苏联教授都是很有学问的，但他们不甚了解中国的情况，我们要把他们讲授的内容很好地和中国实际结合起来，否则是不可能做好教学工作的。"

他清晰地认识到，教育不仅要传授知识，更要培养学生的实践能力。他说："学生一经毕业，即服务社会，故在修学期中，宜多予各生以研究之机会。"他要求学生刻苦学习业务，牢固地掌握知识，"希望我们课堂里没有一个害怕艰苦的人的座位"，"更不要有一个人虚度时光而成为使自己和学校都不光彩的废品"。

他提倡普及教育，在他努力下，大量工农群众进入了大学，接受了高等教育。

1952 年，他结识了全国劳动模范郝建秀，并邀请其到人大学习。他还亲自关心郝建秀的学习生活，并请有经验的老师来辅导。

1960 年，他以 80 多岁的高龄，写下一首"自励诗"：

> 春蚕到死丝方尽，人至期颐亦不休。
> 一息尚存须努力，留作青年好范畴。

他不仅这样说，更是这样做。88 岁时，他还常登上讲台，给学生授课。

他作为革命和教育事业的"功臣"，本可以过着物质充裕的生活，但他却一生勤劳简朴。据长孙吴本渊回忆说："他眼里就没有'钱'这个概念，一生不吸烟、不喝酒、不打牌，甚至连茶也很少饮用，家里的床都是用砖头垒起来的。"

他一生波澜壮阔，自己却说："我并无过人的特长，只是忠诚老实，不自欺欺人，想做一个'以身作则'来教育人的平常人。"

总结起来，他的教育思想，有这样几点启迪作用——

一、以革命教育为主导。

他深切认识到，革命的教育工作就是要为革命工作和建设工作培养各方面的干部人才。

因此，在他主持起草的《延安大学教育方案》中，明确指出该校的办学目的："依照新民主主义社会之需要，进行各种教育，使学员获得并掌握专门业务的知识与技能；进行政治教育，以增进学员革命理论的知识，培养学员具有革命观点、群众观点、劳动观点，作为人民服务的忠诚勤务员。"

他在人大成立大会的讲话中，又一次指出：革命的大学就是要"培养新民主主义的革命与建设的干部，为完成中国新民主主义革命而奋斗"。

二、革命教育中政治思想教育十分重要。

他曾经回忆说，在中国革命的几个阶段中，有不少青年最初是热忱爱国、英勇奋斗的，但是后来就有些人经不住考验，有的消极隐退，有的腐化堕落，有的变成了反革命。原因虽是多方面的，但首要原因，就是这些人没有真正地树立起革命的世界观与人生观。

因此，他认为学生的政治思想教育十分重要，需要贯彻到教学的各个环节中去，务必使学生学会辩证唯物主义的思想方法与工作方法，牢牢地树立为人民服务的思想。

三、重视教育的普及。

他认为"大众是社会组成的基本。大众的进步与落后并不在于生性的聪明或愚蠢，而在于教育的好与坏。教育好的国家，那就人人都有力量，而教育也有力量；教育坏的国家，那就人人都没有力量，或力量很小，因此国家也不能富强起来"。

他早在留学苏联期间，就与瞿秋白等人一起制定了中国拉丁化新文字方案，在苏联的华侨中推广，取得了较好的效果。

抗日期间，他在陕甘宁边区和敌后抗日军民中，大力提倡新文字，借以扫除青壮年中的文盲和提高工农群众的文化水平。他创办了《新文字报》，并亲自主持新文字教员训练班和新文字干部学校。为了提高新文字教学的效果，他认真指导编写教材，亲自担任教学工作，常常步行或骑着毛驴到十多里外的学校给学生上课，教学生发音，解答各种疑难问题。

四、开放的教育主张。

他主张以马列主义为指导，贯彻理论联系实际的原则；根据时代的不同，从国家需要出发，办学多样化，形式多样化；要掌握马列主义的立场、观点和方法来发现问题，提出问题，解决问题；教师一定要有纯洁而高尚的品德和较高的业务水平，以自己渊博的常识和高尚的品德传授并影响学生；坚持"百花齐放，百家争鸣的方针，鼓励教师独立思考，勇于创造，敢于实践"；尊师爱生，教学相长；从严治校，从严治教，对学生严格要求，教育学生要具有高尚道德品质，树立全心全意为人民服务的观点。

回顾他担任鲁迅艺术学院院长、延安大学校长、华北大学校长、中国人民大学校长的教育历程，他第一个在中国提出"素质"和"素质"教育的概念、目标、原则和方法；他第一个把教育与国家强盛联系起来，提出了"教育兴国"的思想；他第一个在我国教育史上提出管理人才的培养问题；他第一个开创了中国函授教育的先列。

贫贱夫妻

1896 年，吴玉章与农家姑娘游丙莲结婚。游丙莲自幼缠脚，不甚识字，年龄比他大两岁。两人虽然按旧式习俗成婚，但却互敬互爱，感情融洽。

吴玉章几十年奔走革命，颠沛流离，很少能顾及家庭，全赖游丙莲在家含辛茹苦，勤俭度日，免去了他的后顾之忧。

1902 年底，他的二哥从成都回到家，高兴地告诉他，已办好了自费去日本留学的手续。他听了兴奋极了，决心跟二哥一道去日本留学。

此时，他已结婚 6 年多，有一个不到 5 岁的女儿和一个不到 3 岁的儿子。妻贤子幼，怎不令人牵肠挂肚？可是，为了挽救祖国的危亡，他毅然决定舍弃儿女私情，跟二哥一道远离故土。

一天晚上，他将自己的打算告诉了妻子。妻子先是一怔，接着低头不语，禁不住掉下泪来。他耐心地向妻子讲了"天下兴亡，匹夫有责"的道理，游丙莲理解了他，第二天起，欣然变卖田产，为丈夫筹措留学经费，支持他去日本。

1903 年 2 月 9 日，在人们欢度春节时，他和二哥等一行 9 人，满怀爱国豪情，静悄悄地离开了亲人和故乡，踏上了东渡日本的征程。

在日本，他就读于东京成城学校。由于家里经济困难，他常常拖欠学费。同学们打算替他申请官费。但他从小就受到"临财毋苟得，临难毋苟免"的教育，坚决谢绝了同学们的好意，主动把官费让给了别人。游丙莲对此毫无怨言，反而在国内更加勤俭节约，清贫自守，不断省出钱来，接济丈夫。

游丙莲虽是农家妇女，却懂得一些革命道理。一次，游丙莲写信告诉丈夫，说女儿已到缠足的年龄了，给她裹上了小脚。他知道后写信严厉反对。他说，这不简单是一个家庭里的问题，而是一场严重的新旧斗争。游丙莲觉得丈夫说得对，就把女儿那双刚刚缠上的小脚"解放"了，使她成了家乡第一个不缠脚的女子。这一举动曾遭到亲友们的非议，但游丙莲毫不动摇，随后，不缠脚的人也就越来越多了。

1905 年，吴玉章加入同盟会，有人写信说参加革命党是谋叛大逆，案发要斩首抄家。游丙莲不为这些流言所动，她相信丈夫从事的是正义事业，仍然支持丈夫。

1911 年，他回四川组织反清起义，老家就是个秘密联络点。每有革命同志来会他，游丙莲总是热情接待，视若家人。

辛亥革命后，他因策动二次革命失败，被袁世凯政府通缉，大哥被撤职，二哥悲愤自缢，他不得不流亡法国。游丙莲在家安慰寡嫂，抚养子侄，在极度困难中把家务撑持下来，以后，又毅然把儿子震寰送去法国勤工俭学。

1916 年，袁世凯暴毙，吴玉章才从法国回来，先在广州任护法军政府的四川代表，以后又在成都担任高等师范学校校长。有人劝游丙莲说："你丈夫在外面当大官，去要一笔钱来买一股田业吧，干大事的人不顾家，你要把后路留宽点。"她却淡然一笑，一分钱也没有向丈夫要。

1927 年大革命失败后，他再次受到通缉，反动派包围了他家住宅，气势汹汹，扬言要抄没家产。游丙莲镇定自若，带领子侄把丈夫留存家中的书信等物转移藏匿，使这次查抄毫无所获。

他的这次流亡，直到 1938 年 4 月，才结束。游丙莲由于长期劳累，染病在床，但她仍强撑病体养猪种菜，料理家务。他回国后看见阔别多年的病妻，不禁一阵心酸。当他听说家里全靠乡邻的照应，才熬过了艰难的日子时，便提出要办几桌水酒谢客，游丙莲反问："钱呢？"

他看看妻子，笑笑说："钱倒有，但那是公家的，我不能用，圈里不是有肥猪吗！"

游丙莲看着丈夫，笑了笑说："我知道你要打这个主意，早为你养在那儿了。"

他这次回家，却只呆了三天，就又离开家了。

他在《六十自述》中赞扬妻子说："我既从事革命，不能顾及家庭。我有一儿一女，家里又穷，在日本留学时，家曾断炊数日，终赖她勤俭得以使儿女长成。古人说，'贫贱之交不可忘，糟糠之妻不下堂'，何忍负之！"又说："我觉得我生在这新旧过渡时代，以我个人的苦痛来结束旧的道德，过渡到新的道德，使在我以后的人不致再受这种苦痛，就要建立共产主义的婚姻道德，如马克思、列宁的婚姻道德一样，以解放今后世界的女子。我很庆幸的是我的妻子比我年龄稍大一点现还健在。世人所羡慕的是'富贵双双到白头'，而我们所宝贵的是'贫贱双双到白头'。"

1946 年 10 月，游丙莲在乡下病重，吴玉章忙于公务无法分身，就派儿子吴震寰回荣县照应。

当游丙莲病逝的消息传来，他悲痛万分，立即撰写了一篇祭文《哭吾妻游丙莲》。文中写道：

> 我哭丙莲，我哭你是时代的牺牲品。我们结婚有五十年，我离开你就有四十四年。我为了要打倒帝国主义的压迫，专制政治的压迫，社会生活的压迫，在一九〇三年正月，离开家庭到日本，随即参加革命。家中小儿女啼饥号寒，专赖你苦撑苦挣，虽然无米无盐，还要煮水烹茶，使炊烟不断，以免玷辱家门。由于你的克勤克俭，使儿女得以长成，家庭免于贫困。满以为革命功成，将和你家园团聚，乐享太平。料不

到四十年来，中国的革命前途虽然走上光明，而迂回曲折，还有一段艰苦的路程。你既未能享受旧时代的幸福，又未能享受新时代的光荣。今别我而长逝，成了时代的牺牲品，能不令人伤心。

亲爱的丙莲，我们永别了！我不敢哭，我不能哭，我不愿哭。因为我中华民族的优秀的儿女牺牲得太多了！哭不能了事，哭无益于事。还因为我们虽然战胜了日寇、法西斯蒂，而今天我们受新的帝国主义和新的法西斯蒂的压迫更甚……我何敢以儿女私情，松懈我救国救民的神圣责任。我们只有以不屈不挠，再接再励之精神，团结我千百万优秀的革命儿女，打倒新的帝国主义，新的法西斯蒂，建成一个独立，自由，民主，统一和繁荣的新中国。丙莲，安息吧！最后的胜利，一定属于广大的人民。

这篇祭文情深意笃，足见他热爱祖国，忠于爱情的高尚情操。

他们夫妇生了一儿一女，长子吴震寰，早年留法学水电，是一名水利专家；女儿吴春兰中年丧夫后，多年在荣县老家，帮助母亲料理家务。

全国解放前夕，吴震寰在成都被国民党特务杀害，48 岁的儿子离世之后，给吴玉章留下了 4 个孙儿孙女，最大的才 8 岁，最小的还没有出生。解放后，他把儿媳和孙儿孙女们接到北京居住。从此，这些孩子们一直在爷爷的教育下成长，成人后都投身到新中国的建设事业之中，分别取得了显著的成绩。

他对儿孙们的要求十分严格，曾谆谆告诫说："你们是干部子弟，没有什么可以特殊的。如果说特殊的话，就是要表现得更好。你们要严格要求自己，不能成为精神贵族，不要成为败家子弟，纨绔子弟。"还说："创业难，守业更难，要把革命前辈打下的江山很好地接过去，不通过艰苦的工作是不行的。"

1966 年 12 月 12 日，吴玉章不幸在北京病逝，他虽未给子孙留下物质财富，却给后世留下了用之不尽的精神财富。

参阅资料

《论辛亥革命》. 吴玉章. 人民出版社. 1972 年

《吴玉章回忆录》. 吴玉章. 中国青年出版社. 1978 年

《吴玉章文集（上下）》. 吴玉章. 重庆出版社. 1987 年

《吴玉章的故事》. 卢军 赵云华 蔡开松. 中共党史出版社. 1993 年

《中共党史人物传先驱卷之吴玉章》. 研究会. 中共党史出版社. 2010 年

《吴玉章：做平常教育人》. 刘亚文. 《中国教师报》. 2012 年

吴贻芳：智慧女神的坚守

吴贻芳，1893 年 1 月 26 日生于湖北武昌，1985 年 11 月 10 日在南京逝世，她用 92 年的孑然人生，在中华大地上，铸就了一座"智慧女神"的丰碑。

她早年留学美国，获得生物学、哲学双博士学位。1928 年回国，出任母校金陵女子大学校长，成为我国教育史上继北京女子师范大学校长杨荫榆之后、第二位大学女校长。她先后主校 23 年，把金陵女大掌管得有声有色，蜚声海内外。

她从主持金陵女大开始，就明确了办学宗旨——培养为社会献身、为社会服务的人才。她在职二十几年，在师生中培养了一种"金陵"精神，而其核心就是爱国主义。她将"厚生"定为金陵女子大学的校训。其涵义是：人生的目的，不是为了自己活着，而是要用自己的智慧和能力来帮助他人和社会。这样不但有利于别人，自己的生命也因之更为丰富。

她从教学实践中，总结了两种教学方法：一是直观教学和实际应用相结合，不仅能让学生学懂知识，更能应用，从而改变书本和实际脱节的现状；二是循序渐进和快速教学相结合，能够符合大部分学生的学习规律，又能适应少数学生的需求，从而实现因材施教。

她不仅在女子高等教育上卓有建树，在幼儿教育方面也素有专长，曾提出幼儿教育的"三个面向"：面向现代化，联系实际在实践中发挥创造性，认真贯彻《幼儿教育纲要》；面向世界，吸取国外的先进经验和科学做法，培养合格优秀的幼儿教师；面向未来，以培养未来劳动者为目标，为他们的未来做最早的准备。

她终身未婚，将自己的全部心血都倾注在了教育事业上。1945年，她出席联合国成立大会，成为在《联合国宪章》上签字的第一位女性；1979年，她获得美国密执安大学为世界杰出女性专设的"智慧女神"奖。

知县千金多坚韧

吴贻芳出生时，上面已有哥吴贻榘和姐吴贻芬。父亲吴守训，给她取名"贻芳"，合"贻芬芳"之意。因生在冬天，故别号"冬生"。在她之后，家中又添了个小妹贻荃。

她父亲祖上，原是江苏泰兴的书香门第，后迁居杭州。吴守训的祖父是翰林，父亲是举人。吴父到武昌做官以后，全家迁往武昌居住。

母亲朱诗阁，是一位祖籍杭州的大家闺秀，粗通文墨，知书达理。她勤俭持家，相夫教子，把一个家治理得井井有条。

吴守训是吴举人的独子，苦读多年才考取了秀才，但考举人却屡试不第。为了养活妻儿老小，无奈之下做了一名私塾先生，靠微薄的收入勉强糊口，生活十分拮据。

经祖父吴举人生前故交的多方斡旋，吴守训被任命为县牙厘局局长。牙厘局是水陆交通要道征收税款厘金的机构，作为湖北重要税收机构之一，牙厘局局长也被看做是一肥缺。

可吴守训既不会利用职务之便受贿、索贿、放高利贷，也不善结交权贵、巴结上司。做事向来遵纪守法，克己奉公，是个公认的实在人。他的收入就是工资，一家老小日子虽不富裕，但算得上安逸。

1904 年，吴守训被调到湖北当阳县任知县。因当阳穷困，他决定自己一人赴任，全家仍留在武昌。一家人过着平凡而温馨的生活。

当时的中国，正发生着翻天覆地的变化，清王朝已是穷途末路。西方思想大量传入中国，女学思想也广为传播。自幼生长于闺门之内的吴家姐妹，也受到影响，两人常常私下里嘀咕：为啥贻棐可以在外上学，为啥她们就只能待在闺阁跟父亲识字念书？为啥男人能当家立业，女人只能一辈子围着锅台转？

每当看到奶奶那双小脚，姐妹俩就不禁感叹：难道自己也要走奶奶的老路？

一天，母亲朱诗阁的娘家亲戚从杭州来到吴家探亲。闲聊中说起杭州开办了一所女子学堂，名叫弘道女子学堂，专门招收女生。这所学校按西方模式教学，教师也受新思想影响，鼓励女生走向社会。

贻芬和贻芳听在耳中，喜在心头，姐妹俩私下商量后，正式向长辈们提出要去弘道女子学堂读书。哪知父亲一口回绝。吴守训认为，贻棐是独子，将来要靠他考取功名，光耀门楣，两个女儿应按老规矩，在家念念书，学好女红，将来找个好人家才是正事。

姐妹俩据理力争，还是遭到拒绝。贻芬从小性情刚烈，被拒后一直愤懑不已，竟萌生了轻生念头，趁家人不备，吞下了一枚金戒指，幸亏母亲及早发现，才捡回一条命。父亲没想到姐妹俩将上学看得这么重要，连忙从任上赶回家，与母亲和妻子商议后，决定送姐妹俩去学堂上学。

就这样，经过以命相拼，姐妹俩终于得到上学的机会。

1904 年，姐妹俩到古城杭州进入杭州弘道女子学堂学习。这一年，贻芬 15 岁，贻芳 11 岁。姐妹俩非常珍惜这来之不易的学习机会，每天发奋苦读，很少出去玩耍。而杭州的亲戚，尤其是二姨妈一家，更是给了她们生活上不少关照。

二姨妈从小和姐妹俩母亲感情深厚，二姨夫陈叔通知识渊博，是杭州名流，对姐妹俩疼爱有加，常给她们讲人生的道理。

一眨眼，两年多过去了。睿智的陈叔通发现弘道女子学堂未开设外语课程，认为这样会影响姐妹俩的个人发展，于是建议两人去上海读启明女子学堂，这个学堂有专门的英文课，由外籍教师讲课，且有生物、动植物、音乐等课程。

然而这个建议却遭到了众亲友的反对，毕竟社会动荡，两个女孩独自到陌生的上海生活，如何能让长辈安心，若有意外，可无法向吴家交代。

陈叔通却坚持己见，最终姐妹俩也接受了二姨夫的建议。

1906 年年底，姐妹俩在二姨夫帮助下到了上海，通过考试进入了启明女子学堂。这里的生活让姐妹俩大开眼界。在此过程中，两人无意中听到苏州有一所景海女子学堂，课程与英国本土学校同步，教学理念更先进，于是两人就动了到景海女子学堂的念头。

1907 年初，姐妹俩来到苏州，经过严格的考试，顺利考入苏州景海女子学堂。刚开始学习英语时，姐妹俩还感觉有些吃力，但是凭借着刻苦的钻研和不错的天分，很快就适应了，英语水平飞速提高。

姐妹俩从武昌到杭州，从杭州到上海，从上海到苏州，两人沉浸在书香里，憧憬着美好未来。就在这时，家中却突遭变故，父亲任职牙厘总局时受人唆使，挪用了公款，结果钱财亏光，成了替罪羊，最终走投无路投河自溺。

16岁的贻芳，第一次经受了人生的打击。父亲去世，家中贫寒，母亲深陷哀伤，她和姐姐不得不辍学回家。然而不久，在清华堂求学的哥哥又不幸去世，随后多病的母亲也过世了，姐姐贻芬伤心过度，在母亲的棺椁旁悬梁自尽。

一个月的时间，几位亲人先后离世，贻芳遭受了沉重的打击。二姨夫得知，主动承担了抚养她和妹妹贻荃的重任。连失亲人的打击让她几乎失去了生活的勇气，两年里整日恍惚度日。二姨夫及时发现，告诉她说："自杀是一种不负责任的表现。你上还有祖母，下还有妹妹，你已是18岁的人了，你对他们有责任啊！"

在姨夫的支持和帮助下，她逐渐走出了悲痛。虽然，她没有留下这段经历的只言片语，但经历劫难并走出的她，养成了坚强的性格和拼搏的精神。

随后，她在姨父帮助下，插班进入杭州弘道女中四年级读书。此间她与学校的美籍教员诺马莉结缘并受其关注。

1915年，中国第一所女子大学——金陵女子大学，在南京诞生。时任金陵女子大学校长的美国人德本康夫人，把学校成立的这一天称为"中国妇女新的一天"。

1916年，诺马莉受聘于金陵女子大学，入校后立即推荐吴贻芳作为特别生，插入金女大一年级读书。

就这样，她进入金陵女子大学学习。当时学校教职工和学生加起来不足 20 人，有些学生产生了疑问："难道这也算大学吗?"多年后，她回忆说："当时就想，越是条件差，越要发奋读书，才能学到有用的知识。"

她很珍惜难得的学习机会，发奋苦读，经过补考，以优异的成绩成为二年级的正式生。同时，她的成绩和组织能力受到大家信任，被选为学生自治会会长。1919 年，她和四位同学以优异成绩毕业，获学士学位，成为中国第一代女大学生。毕业后她受聘北京女子高等师范学校任英语教员兼英语部主任。

1922 年冬，美国蒙特霍利克女子大学校长到北京女高师讲演，吴贻芳出任翻译，她那一口流利的英文和出色的翻译，给这位校长留下了深刻的印象，校长推荐她进入美国密执安大学研究生院生物系深造。

在美国留学期间，她除了学专业，还自学法文和德文。有时到饭店或公寓打工，挣钱维持生活和学习。就这样，她赢得了中国留学生的普遍好感，被荐为北美中国基督教学生会长，1925 年又被推举为留美中国学生会副会长。

她虽处于紧张学习生活中，却时刻关注国内局势，当时中国军阀混战，列强欺压，对帝国主义的侵略行径，她痛恨异常。

1926 年一天，澳大利亚总理应邀到密执安大学演讲。演讲中，澳总理傲慢地称："中国不能算一个独立的近代国家，邻近的亚洲国家应当就近移民到中国去，改造中国。"

此语引得中国留学生顿时哗然，她更是气愤地当庭斥责："这是对中国人的诬蔑!"随后，她连夜赶写了一篇文章，刊登在《密执安日报》上，义正词严地批驳了澳总理的讲话。这激发了留学生们的爱国热情，赢得了很多外国学生的赞许。

999 朵玫瑰

1927 年 3 月，北伐军攻占南京，欧美列强炮击南京，造成中国军民死伤 2000 余人的"南京惨案"，国民革命军亦枪杀了金陵大学副校长文怀恩等西方传教士。南京城内气氛紧张。5月，校长美国人德本康夫人及外籍教员辞职离校。

此时，首届金女大毕业生徐亦蓁被推举为新执行委员会主席兼董事会主席，徐亦蓁上任后立即表示：新校长非吴贻芳莫属！

当时，吴贻芳正在美国密执安大学攻读生物学。1928 年，她博士毕业，谢绝所有外聘，毅然回国，11 月在阔别 9 年的母校金陵女子大学宣誓就职。那年她刚满 35 岁。

一

吴贻芳立志要"为中国女子提供最好的教育"，上任后，采取了一系列措施：扩大生源，扩充科系，重视基础知识，发挥教师的主导作用和加强学生的常规训练。经过数年努力，学校有了很大的发展。

她首先明确了学校的办学宗旨。她说："当时学校用'厚生'作为校训，立意为：人生的目的，不光是为自己活着，而是要用自己的智慧和能力来帮助他人和社会，这样不但有益于别人，自己的生命也因之而更丰满。学校用这个目标来教导学生，并通过学校生活的各方面以潜移默化的方式引导学生向这个方向努力。"

她的这个办学宗旨，来源于她所看重的基督教传达的积极人格价值：献身自我服务众生。然后她进行调整，淡化了宗教目的，注重学问与道德。

她在就职演讲中说："金女大开办的目的是应光复后时势的需要，造就女界领袖，为社会之用。现在办学，就是培养人才，从事于中国的各项工作……学校于国学科学同时并重，既培养了中国学者的思想，又能得到科学家的方法，然后到社会上去，才能应各种的新需要，运用自己所学，贡献给各种工作。"

她认为，人格教育是培养学生过程中最重要的。因此，她提出"人格教育的实现，因习惯贵在'慎之于微'，而学校尤当注重慎微的陶冶，方能使整个人生有良好的发展。""要使学生能够人格完全与否，全在教职员方面平时所与以耳濡目染的模范之良否。"可见，这种教育就是让老师以身作则，来培养学生健全的人格。

她为实现这个宗旨，以校为家，将自己的一切都献给了教育事业。她的一位学生王韵芳，后来回忆说："她认识学校的每一个学生，知道我们是哪里人，成绩怎么样。有一次我们从外面回来，吴校长看到我就说，韵芳你是江苏人吧？最近功课怎么样了？"

金陵女子大学原为美国基督教会创立的教会大学，她担任校长后，淡化了教会色彩，不再强制学生礼拜和参加宗教活动。而招生也被她调整为不再只选择有宗教背景的学生，改为通过入学考试招生，不论身份、贫富，只要考试合格，就可以被录取。

每当新生入校，她总要到宿舍去看看，关心学生冷暖、膳食。她不仅能记住每位师生的姓名，甚至他们的爱好和特长也都无一遗漏。

学校还实行主辅修制度，文理相通。甚至考试也规定不设监考，分发试卷后老师即可离去，几十年下来，全校没有一个学生作弊。而且所有老师、所有课程，都用英语教学，从而每个专业的学生都能讲一口纯正的英语。从金陵毕业的学生，毕业就能够很快找到胜任的工作。

二

当时正值日军侵华，吴贻芳很注重爱国精神的培养，她常对学生讲："我们办学的宗旨，是要把大家培养成具有高尚理想，不图个人私利，掌握一定专业基础知识，对工作认真负责，与同学相互合作，对社会有精诚服务的态度，对国家从爱国主义出发，在各自的岗位上，尽到自己应尽的义务的人。"她要求大家以"拿炭烧口"的精神投身实践，当国家民族需要时，要有"我在这里，来差遣我"的态度。

她的这种教育实践方法，促成了我国女子在传统中的解放。

因为她的教育对象是女学生，因此不得不为女大的独立和安全费尽心血。她接受女大第一件工作就是完成学校注册，而教会要求和国民政府要求有些矛盾，主体在对待宗教课程及活动的问题上，所以调节此矛盾就成了她的首要任务。最终通过她的艰苦说服，政府同意女大将宗教课程列为选修；教会要求的办学宗旨则用模糊的方式进行阐述。

教育部核准的女大办学宗旨是："校董事会在南京设立这所女子高等学院，旨在按最高的教育效率来促进社会福利及公民的崇高理想，培养高尚的人格，以期符合创办人的宗旨。"

1930年12月，金女大完成注册，因学校仅文理两个学院，不满足教育部设定的大学必须有三个学院的要求，女大改名金陵女子文理学院。

那时社会动荡，外部兵荒马乱，学校全是女学生，女大的安全很成问题。她就借用自己独特的身份，在 1934 年 6 月的毕业典礼上，邀请到了蒋介石和宋美龄夫妇莅临现场，并发表了支持女大的讲演，从而大大提高了女大的安全系数。

同时她坚决抵制政治对学术的干预，且根据办学宗旨，未对学生的爱国活动加以限制。1948 年秋季，国民党在南京展开了对学生的大搜捕。某天夜里，她听说自己有学生被列上黑名单，就连夜面见了当时教育部次长，严正地说："我以吴贻芳担保，金女大没有你们逮捕的人。为了女子大学的声誉，军警不得进入校园。"就这样，尽管当时学校里有地下党的秘密组织在活动，但金女大没有一名学生被抓走。

为了获取资金支持，她还积极参与教会工作。在 1935 – 1947 年间，她担任中国基督教会全国协进会执行委员会主席。她和国外教会以及学校内的信徒都维持了良好的协作关系，为女大的发展壮大奠定了坚实基础。

离女大步行 10 多分钟的地方，是美国基督教会创立的另一所教会大学：金陵大学。吴贻芳良好地处理了兄弟院校的关系，她充分利用就近资源，鼓励两校合作办学，如教员互请、跨校选课、成绩共享等。

金陵大学当时规模较大，且男女合招，因此一直有合并女大的意向。抗战胜利后，教育部也有两校合并的意思，但是中国基督教高等教育计划委员会和吴贻芳却倾向于不合并，因为独立女子学校有综合学校没有的优势：一是师生关系。女校的教师和学生能有更亲近的关系，能直接培养女生的实践能力；二是男女地位问题。由于当时的社会氛围，一旦女校并入男性为主的学校，无论是女教师还是女学生一定会处于从属地位，不利于女性教师，也不利于女生的培养。

她管理学生虽然严格，却充满了对学生的关爱。当时学校有些学生与金陵大学学生谈恋爱，常常晚归。有一次她发现窗下有把椅子，是一个晚归的学生被关在外，爬窗进宿舍放的。她担心学生安全，就在宿舍楼下的会客室，单独划出一部分做成半封闭小间，供恋人聊天。每晚九点前恋人可以在内交谈，只需要将瓜壳糖纸等垃圾带走就行。这让学生们很感激。

她任校长后，建立了一整套富有特色的教学制度。她是最早提倡在大学里推行学分制、绩点制的教育家之一，更是一位积极的实践者。她认为"人只能靠教育才能成人，人完全是教育的结果"。她还主张教育联系实际，让学校的女青年会办培幼小学，学生轮流任课；组织学生做社会调查，并进行专题研讨。

她的一系列教育改革措施，提高了学生的积极性，拓展了学生的知识面，丰富了学生的实践经验。而女大也因此以"教学质量高、毕业生素质好"而著称。

三

女大虽然只有文理两院，但在吴贻芳的领导下，却十分注重女性优势特点，设立了如社会学系和家政系等全国领先的特色科系。对其社会学系的成就，有学者评论认为："为我国打开了一条传播社会学与社会工作专业的通道，成为移植西方社会工作专业于我国的重要场所，在普及和发展社会学及社会工作，促进传统慈善事业向现代社会工作的转变方面发挥了积极作用。……在引进西方社会工作理念与方法的同时，并没有完全拘泥于其特定的内容，而是把工作重点放在中国农村。至于抗战期间，为战时后方所开展的社会服务工作，体现了为时代、为中国社会服务的特点。"而家政系，侧重营养学研究和婴幼儿教育，填补了我国高等教育的空白。

她独具匠心，在学生日常学习管理方面采用主辅修制，她曾说："学生可以选一个主修系，一个辅修系。"这大大扩展了学生的眼界和知识面。到1939年，女大才按当时教育部的要求取消了辅修系。

女大对课程学习实行积点制、学分制和弹性学制。学生考核制度是积点制和学分制并用，学分和考试合格，也需积点达标，否则不能毕业。积点是学生修习课程的学分和考试成绩的高低记点，仅及格不能获得积点，这就杜绝了学生及格万岁的投机心理。

她还设法延请国内外知名教授到女大授课，这吸引了很多高校学生来旁听。

四

金陵女大，校规严格规定：不收已婚学生，在校学生一旦结婚，就得自动离校。吴贻芳主校时，虽然严厉却充满温情。

有一次一位女生和一名爱国军人感情很深，两人决定偷偷结婚。她知道后带上了自己最喜欢的一枚胸针，到学生家祝贺，并委婉告诉对方，不要到学校来了。后来这位女生的丈夫在南京保卫战中牺牲，向她表达了重回学校的愿望。她接受了请求并全校宣布："因为她是烈士的妻子，我破一回例，让她继续学习，她的子女也由学校养活。"

1925年，《孽海花》的作者曾朴的妹妹曾季肃，已经35岁，在上海有两个孩子，为了摆脱封建婚姻的束缚，带着儿女到了南京，给吴贻芳写了一封信，详述了自己的家庭和婚姻情况，表达了强烈的求学愿望。她被曾季肃的执著感动，也将其破例录取了。

抗日战争期间，金陵女大被迫四处迁徙，到成都继学，她始终激励学生要有"拿炭烧口"的精神为国家和民族服务。并提出了"艰苦建校，抗日救国"、"努力读书，后援抗日"的口号，与学生们一起冒着生命危险开展了大量救死扶伤工作，真正做到了勇赴国难。

"七·七"卢沟桥事变后，她挺身而出，参加募捐活动，带领学生到医院为伤兵服务，投身由邓颖超、何香凝发起成立的战时儿童保育会，任常务理事，并以文化界知名人士的身份任国民参议会参政员，主张团结抗日，实行民主政治，在全民族的抗日斗争中赴汤蹈火、在所不惜。

她以其杰出的人格魅力和爱国精神，赢得了社会广泛尊敬。1941 年 3 月，她当选为国民参政会第二届主席之一，是五位主席中唯一的女性，董必武曾称赞她说："像这样精干的主席，男子中也是少有的！"

1943 年 3 月，她组织"中国六教授团"，率领众人赴美宣传抗日，争取美国朝野支持，当时的美国总统罗斯福，通过和她接触交流，深深被她所折服，盛赞她是"智慧女神"。

1945 年 4 月，联合国制宪成立大会在美国旧金山召开。中国政府派宋子文为首席代表，而吴贻芳则是代表团中的唯一女性。她代表中国政府在《联合国宪章》上签字，中国是第一个签字国，她也就成了第一个在联合国宪章上签字的女性。

抗日战争胜利后，全国陷入内战，吴贻芳也感到了困惑和失落。当时姨夫陈叔通告诉她，要远离国民党政府，别在官场任任何官职。姨夫的话，让她两次拒绝了担任教育部长的请求——

1946 年 2 月，她经过重庆时，宋美龄建议她出任教育部长，被她拒绝；1949年初，蒋介石"下野"后，张治中又推荐她做教育部长，她还是谢绝了。

1949年4月22日，她毅然退还宋美龄馈赠的赴台湾机票，与金陵女大一起留守南京，静静地等待着光明的到来。次日，解放军占领南京，她和金陵女大学生们一起加入到了欢迎的队伍中。

不久后，南京政府举办了文化、教育、科学界知名人士座谈会，会上她说道："金陵女大愿在信仰自由的原则上，为人民服务，在中共领导下，继续为社会培养人才。"

南京刚解放时，解放军没有制空权，国民党常派飞机到处轰炸，有人向她提出学校挂美国国旗以避免被轰炸，她断然拒绝，并掷地有声地说："不管提出这种建议的人是出于什么目的，悬挂美国国旗是绝对不可以的。现在解放了，在中国的土地上，在中国的学校里，为什么要悬挂美国国旗？这事关民族气节和国家荣誉，我们不能也决不允许这样做。"

五

吴贻芳在执掌金陵女大的23年中，业绩卓著，成了学校的精神支柱。1944年，学校校刊头条刊登了吴贻芳校长因阑尾炎住院治疗的消息，全校师生揪心，一个星期后，同一位置又刊登了她恢复健康的消息，同学们也放宽了心。

女大的学士学位，得到了英、美各国著名大学的认可。只要持有她签发的毕业证书，国外很多著名大学都可免试入读研究生。

一位金陵女子大学的校友认为，吴贻芳慷慨地付出自己的时间和精力服侍别人，珍惜利用每一分钟，这种素质和品格正是她能够为金陵女子大学和中国作出贡献的秘诀之一。

珍惜利用每一分钟,是她能为女子大学和中国作出贡献的秘诀之一。在日本侵华期间,她就习惯于利用在防空洞中躲避空袭的时间写信和开会。在成都那几年,有一次,一位学生周末早起,惊讶地发现校长在打扫宿舍的走廊,而她笑着解释说:"自己正好有空闲的时间,所以就找点事情干干。"

而她的成功,口才出色是很重要的一个因素。她在学生时代就能够出口成章,发言不需稿子。一位在金陵学习的校友回忆说:"她看起来安静、平稳和保守,像是一位出自传统家庭的大家闺秀,而不像是妇女教育界的先驱人物。我记得,特别是在她担任学生自治会主席的时候,她主持会议的方式和优美准确的表达,都令我敬佩不已……"

1919 年,女作家冰心(谢婉莹女士)在中国北方协和女子大学(北京协和女大)上学时,曾经听过她演讲。多年后,冰心回忆说:"吴贻芳的风采给了自己极为深刻的印象。吴贻芳既端庄又和蔼,她从容地走上讲台,演讲时条理清晰、声音明朗。"

在她去世后,冰心以"一代崇高女性"为题著文纪念,深情地说:"我没有当过吴贻芳先生的学生,但在我的心灵深处总是供奉着我敬佩的老师——吴贻芳先生。"

1952 年金陵女大并入南京师范大学,完成了它的历史使命。至此时,女大共培养了活跃在教育、医疗、科研等领域共 999 名毕业生,被人称为"999 朵玫瑰"。

近代第一、第二的女校长

后人大多误将吴贻芳当作中国历史上第一位大学女校长。

实际历史上第一位大学女校长是杨荫榆，不过吴贻芳的功绩和影响远超前者，故很多人以二为一。

1884年，杨荫榆（小名申官）出生于江苏无锡一个书香门第，她曾留学日本，并就任过江苏第二女子师范学校教务主任，后又获教育部委派赴美留学获硕士学位。1924年2月，40岁的杨荫榆被任命北京女子师范大学校长。

吴贻芳于1928年8月出任金陵女子大学校长，晚于杨荫榆4年，是中国第二个大学女校长。

出任校长一职后，吴贻芳以"厚生"为校训，以"造就女界领袖，为社会之用；培养人才，从事于中国的各种工作"为办学宗旨，平易近人和蔼可亲，视学生为己出，翼护学校师生。

她不禁学生恋爱，为她们安全考虑，在宿舍会客室专开场所给恋人相见；她细心到给身姿不佳的女生开矫正体操班；甚至给发育不良的女生另加营养餐；还严厉反对军警入校抓捕学生。

她的教育思想和教育实践，在当时不仅富有开创性，而且收到了实效，为办好师范学院积累了宝贵的经验。她在《金女大四十年》中阐述了自己的办学思路：金陵女子大学的文、理科所设专业不同，教育学是全校学生的必修课，体现了学校的师范学院性质。

金陵女大文理学院教育系主任兼教务主任、美国人明妮·魏特琳女士（中文名华群），曾深有感触地说："同吴博士一道工作，使我真正认识到，她的确是当代中国的女界领袖、人中英才。她才智超群，为人坦诚，工作起来不知疲倦，是名不折不扣的纯粹的基督徒。"

1937年南京陷入战火，12月，吴贻芳带领师生迁校成都。

华群留守金陵女大。1938年南京陷落，华群不顾危险，收留数万避难妇孺在校园，避免了她们遭凌辱和杀害。7月，民国政府秘密授予华群采玉勋章。然而华群因为亲眼目睹南京大屠杀，可怕的经历摧毁了她的精神，返美治疗一年后，终因难忍煎熬，自杀而亡。吴贻芳知道消息，悲痛异常。

1941年6月，华群同事发布她死讯时强调："像在战场中倒下的士兵一样，明妮·魏特琳女士也是在战争中牺牲的。"在美国密歇根州雪柏德镇郊区她的墓碑上，醒目地镌刻着"金陵永生"四个中文大字。

1948年8月，金陵女大为吴贻芳举行主校二十周年纪念活动，因她献身教育终身未嫁，所以学生别出心裁，编演了话剧：吴家小姐才貌双全，求亲之人络绎不绝，她却始终不嫁，最终"教育之神"求爱成功……以此来引申她献身教育的一生。

1979年4月27日，美国密执安大学礼堂，在经久不息的掌声中，她从密执安大学校长史密斯手中接过象征智慧与和平的银质奖章——"智慧女神奖"。慈祥睿智的她用流畅的英语深情地说："这不仅是给予我个人的荣誉，也是给予我的祖国、我国人民，特别是我们中国妇女的荣誉。"

两位校长，皆出身书香门第、留学美国、献身教育。然而杨荫榆因过刚易折，手段缺柔和变通，致使局面失控于54岁遇害身亡；

吴贻芳则刚柔并济，常将矛盾消灭于萌芽，从而执校23年，实现了教育理想。1985年11月10日上午8时30分，93岁高寿的她在人们的赞誉声中，走完了自己的智慧人生。

有针对性的教育思想

吴贻芳独具特色、颇具针对性的教育思想，是在长期办学实践中，根据女性特点，不断探索创新逐步形成的，归纳起来，有如下几个特点：

鲜明的教育目标——培养女界领袖

她在 1928 年的就职演说中说："金女大开办的目的，是应光复后时势的需要，造就女界领袖，为社会之用。"

这里的女界领袖，是那种既能脚踏实地服务社会，又能对女性解放有所贡献的人才。她在接任金陵女大校长时，学生多为政府官吏和自由职业者家庭后代，对女性解放、培养女界领袖有很大局限性，因此她扩大了招生范围，只要通过入学试，不看出身均可入学。

她希望能够通过高等教育，唤起女性的自救意识，从而重新认识自我，真正解放女性。

全人教育观——德智体群美全面发展

她主张发展女子"全人教育"和"人格教育"，明确提出："发展学生在德、智、体、群、美五个方面的全人发展。"德——树立自立自强、独立自主的价值观和爱国救国的政治观念；智——在文理兼备的综合理论知识基础上，具备社会实践能力，真正拥有较强的实践动手能力和社会就业能力；体——拥有健康的体魄和美好的形象，把美育作为女性终身体育事业；群

——积极参与贡献于社会，建立和睦的人群关系，促进女大学生的"社会群化"；美——内在美和外在美同时兼备，在拥有高尚道德情操、爱国情怀的基础上美化自身外表。

她的教育观反映在治学态度上，就是严谨、严格。如学生入学第二年，需进行英语综合测验，及格升级，不及格需补修，再考再不及格，必须自动退学；学生基础知识要扎实，同时进行主辅修，文科生需掌握一定理科知识，理科生需掌握一定文科知识。这样女大毕业的学生综合素质都很高，毕业后适应力很强，且出成绩很快。

科学的培养途径——课程教学改革

她以适应社会需要为原则，重置专业设置，取消宗教系，淡化宗教课程，逐渐停办政治系、哲学系。文科主修系设：中文、外语、历史、社会学、音乐、体育等；理科主修系设生物学、化学、数学、物理、地理、家政、医预科和护预科等。而数学、英语、生物等为基础知识。

精当的教育方式——两种教学方法

她根据从教经验，提出了两种教育方法：一是直观教学和实际应用相结合的教学方法；二是循序渐进和快速教学相结合的教学方法。第一种是让学生不仅学懂，还学会用；第二种则既符合普遍性学习规律，又适应少数学生学习需求，真正实现了因材施教。

金陵女大每年寒暑假，就会组织学生到各地实习或调研。例如，在四川，女大学生会成立农村服务站，为当地儿童和妇女提供医疗、教育等服务。她还根据国情以家政系为依托，创设了富有中国女性特色的儿童福利实验所，配备训练有素的专业人员，安置当时流离失所、无家可归、急需救助的儿童。

重视学前教育——与时俱进

她明确提出"幼儿教育也要三个面向"：面向现代化，认真贯彻《幼儿教育纲要》；面向世界，吸取国外经验，培养合格优秀的幼儿教师；面向未来，以培育未来为目标做最早的准备。她还坚持要根据孩子的认知基础，充分开发智力，培养他们的创新思维。

重视师范教育——倡导社会尊师

她根据经验知道，教师在教育事业中非常重要，因此呼吁全社会尊师重教，只有办好师范教育，才能为国家输送教育人才，从而推动整个教育事业。她还将师范教育比喻为教育的"工作母机"。

总之，她的教育思想，被校友们亲切而自豪地称为"金陵精神"，通俗来讲，"金陵精神"就是从爱国主义出发，各人在各自的岗位上，对国家尽到自己的义务。

她从入教育界开始，就始终执着于"教育救国"理念，并用"金陵精神"辛勤耕耘，用累累的教育硕果激励着后人。

参阅资料

《金女大四十年》. 吴贻芳. 江苏省金女大校友联会. 1983 年

《吴贻芳纪念集》. 江苏教育. 江苏教育出版社. 1987 年

《著名民主人士传记丛书：吴贻芳》. 王澈. 花山文艺出版社. 1997 年

《厚生务实巾帼楷模：金陵女子大学校长吴贻芳》. 程斯辉 孙海英. 山东教育出版社. 2004 年

《吴贻芳的教育思想与实践》. 金一虹等. 江苏人民出版社. 2005 年

《中国第一位大学女校长》. 王鹤.《西安日报》. 2010 年

《吴贻芳教育思想对当代女大学生培养的启示》. 樊晶 李纯蛟.《文史博览（理论）》. 2011 年

《吴贻芳：终生未婚的中国首位女性大学校长》. 巩一璇.《广州日报》. 2012 年

《人各有命：杨荫榆和吴贻芳》. 王开林.《随笔》. 2012 年

《厚生育英才：吴贻芳》. 钱焕琦 孙国峰. 南京师范大学出版社. 2012 年

《永远的吴贻芳：纪念吴贻芳先生诞生 120 周年》. 周和平. 江苏人民出版社. 2013 年

《女生"来袭"，大学阴盛阳衰?》. 李凌 田贵兴 王之月.《中国教育报》. 2013 年

孙敬修：童心不泯的"故事爷爷"

孙敬修，1901年10月12日生于北京，1990年3月5日于北京去世。他89个春夏秋冬的行走，用"小喇叭现在开始广播啦——"，定格在几代人成长的记忆中。

20多岁起，他作为一个普通的小学教师，开始探索儿童教育。

他一生讲了上万个故事，他播讲的系列儿童故事《西游记》深受几代孩子们喜爱，这是他播讲的最具代表性的儿童系列故事之一，具有永久的欣赏价值和珍藏价值。他不但自己创作故事，还广泛借鉴古今中外民间故事的优秀素材，依据孩子们好奇的心理特点，缩写了大量趣味横生的故事，不但让孩子在其中得到乐趣，也让孩子们懂得了真善美和假丑恶，更让孩子们明白了如何做高尚正直的人，。

他的声音亲切、和蔼、生动有趣、声情并茂，他的语言通俗易懂、形象生动、自然且爱恨分明，他的故事具有鲜明的民族化和大众化色彩，他用他的声音、语言和故事塑造了一个个栩栩如生的人物形象，影响着几代青少年，成为了孩子们生活中不可或缺的良师益友。

他把给孩子们讲故事，当成是一门艺术，一门科学，作为自己终生的事业。

他被人们尊称为"儿童教育家"，可在千千万万的孩子们心中，他是永远不老的"故事爷爷"。

贫民的儿子

孙敬修出生于北京南城一个贫民家庭，在家中排行第六。怀着天真懵懂之心，他来到这个充满诱惑与希望的世界……

一

19 世纪末，他还没有出生，他的祖父、父母、伯祖父原住京北，不料遇上大水灾，全家逃难，父母带上他的一哥一姐，从德胜门外来到北京城，只好在哈德门（现崇文门）边的城墙根下，用几根棍子，靠着城墙斜伸起来，顶上苦着破苇席，支起个窝棚，一家人就在"窝铺"里过着艰苦的日子。

这"窝铺"，夏天不遮雨，冬天不挡风。夏天遇雨，晚上连睡觉的地方都没有。冬天遇风，风呼呼狂钻；遭受雪天，雪花更是往里飘。

那时的北京城，没有自来水、没有电灯，也没有水泥大街，人们的交通工具，只是马车和轿子，还有人力车和一个轱辘的手推车。至于道路，仅有通往皇宫的路是用大石头铺成的，其它的街道全是碎石路面。人们常说：当时的北京城，"无风三尺土，有雨一街泥"。

常有些阔少爷身穿长袍马褂、吃得肥头大耳，提笼架鸟在街上横冲直撞。夏天的一天，他母亲和他哥哥、姐姐正坐在

"窝铺"里喝粥，突然轰隆几声，大块的城墙砖被一个个阔少爷们从城墙头推了下来，正巧砸进"窝铺"里，其中一块砖砸得他哥哥头破血流，另一块砸断了他姐姐的腿。

他父母跑上城墙去找那些阔少爷，可上去后阔少爷早跑得无影无踪，只剩下冰冷的城墙。无奈，哥哥姐姐只能靠父母医治，又因为没钱，只得四处讨土方、找草药。没过多久，他的哥哥姐姐就相继重伤死去。伤心的父母不得不离开"窝铺"，搬到了哈德门里的镇江胡同，租了间平房住了下来。

那时候女人一嫁人就得加上婆家的姓，他母亲孙氏在他出生前曾生过五个子女，却都没能养活。因此他出生后，父母给他取名：孙得宠，希望他能得到人们宠爱，能在人们的爱护下活下来；还给他取个小名"六赚"，希望他能赚钱活下来。

二

他父亲孙长清，号远举，为养家糊口，不得不去当洋车夫，又没钱买车，只得去车场找车主租用，天天向车老板交租金，每天累死累活挣回来那点钱，只够买点儿杂合面的窝窝头，熬点稀粥喝。

他5岁时，父亲被招华工，要去非洲挖金录，据说干3年，可以赚回许多金银财宝。临行前一天晚上，他妈妈边流着泪，边为他父亲收拾行李，还叮嘱他父亲出门在外千万要当心，注意安全，常给家里写信。他父亲只是默默地抽着旱烟，一句话也没说出来。

第二天清早，他父亲就冒着小雨上路了。到了秦皇岛，父亲就给母亲写了一封信，这才叮嘱自己的妻子说：你在家要好好扶养孩子，不要打他，要多疼爱他。不要忧愁我，不要想我在外头的事。我不过三年就回来了。一年我给你写一封信。多保重你的身体。

可是，这信不仅是他父亲给他母亲写的第一封信，也是最后一封。直到父亲回国时，他和母亲也没收到任何信件。

父亲走后，母亲在天津西门里一座基督教福音堂医务室当"三等护士"，算是个杂役。母亲每天的工作，就是扫地、刷地板，洗病人换下来的脏纱布，给病人接大小便。为了多赚钱，母亲每晚还学着织花边。

母亲为人善良，勤劳诚实，小时候，跟着当私塾先生的外爷，读过点书。这时，母亲常给他讲《岳母刺字》《孔融让梨》《孟母三迁》《孙悟空保护唐僧西天取经》《王羲之练字》《戚继光平倭》等故事，还给他说一些格言警句——"但行好事，莫问前程""少壮不努力，老大徒伤悲""蚕吐丝，蜂酿蜜，人不学，不如物""不怕慢，就怕站"，也给他讲一些基督耶稣的故事，还带他到教堂做礼拜。

在天津的3年，他就在母亲讲的故事、说的格言警句中成长。从小，母亲就教会了他做人的道理，让他懂得了做一个勤劳、善良、诚实人的道理，让他明白了许多爱国的道理。他7岁时，母亲把他送进天津西门福音堂附近的一个小学堂读书。

上学之前，母亲给他买了带毛儿的小毡帽、背后棉袍、缎子坎肩、新袜新鞋，一身崭新，简直把他打扮得像个有钱的小少爷。上学那天，他脑后扎着一条小辫子，母亲拉着他的手，边走边叮嘱："到了学校要好好念书，要遵守纪律，不要和同学打架，不要惹老师生气。"

那个学校像个大寺庙，里边是个宽敞的院子。老师给他们上的第一堂课是"天地日月"，第二堂课是"山水土木"。

读书期间，他给自己改名：孙德崇，取号叫敬修。古人说"敬业修身"，他的名和号，连在一起，意思就是：要想德崇，必须敬修；能够敬修，才能德崇。

三

8 岁时，他父亲从非洲回来，费了好大周折，父亲才到天津找到了他们母子，财没发多少，只是背回来的破被子里，缝了两床非洲洋毯子，这就是 3 年的全部收入。

有天他好奇地问父亲："爸爸，你咋没挣回来金银财宝啊？"

他父亲艰涩地苦笑着，摸了摸他的头回应说："我能回来见到你们母子俩，就是万幸了！一起去的人，好多都死在坑道下，回来的船上又被强盗抢，有的还被推下海了。这毯子要不是缝在破被子里，早被抢了。"

他这才知道，非洲的钱不是那么好挣的，父亲除这两床毯子外，还带回一身的伤和病。

回到天津不久，他父亲用他母亲积攒的钱，在街上开了个小药铺，挂了个"京都敬真堂孙"的牌子。可是，小药铺不赚钱，没开多久就关门大吉了。

他父亲虽然伤病缠身，可是为赚钱，就在家门前空场上，摆上几根长凳子说起书来，说的都是《水浒》上的故事。他放了学，最爱听爸爸说书，每次他听父亲说一遍，就能背出个八九不离十，他还到学校讲给同学们听。

只可惜，他父亲伤病越来越重，他妹妹出生后，全家人再也无法在天津待下去了，只好回到北京住到了他大爷家，没多久，不到 40 岁的父亲就病逝了。大爷是个基督徒，心好，可却惹不起心狠的大妈，他父亲去世后，大爷就在一个大杂院租了间小屋，安置他们。母亲在天津赚的钱早花光了，一家人过得很紧巴。

恰巧美国基督传教士招收布道员，母亲就带着妹妹去了，被分到北京西边卢沟桥福音堂做事，教妇女识字、读经，做些布道工作，每月得 6 元报酬。母亲为了能让他在教会小学读书，就将他留在了大伯家，他也因此不得不忍受大妈刁难，被当做使唤小童，做完家务活才能去汇文"蒙学馆"上学。

他大妈有三个儿子，仅三儿子在汇文中学念书，未婚妻在女校。有一天三哥三嫂回来，三哥待在屋里抽烟，他正在擦桌子，忽然三嫂端个砂锅进来。他见状马上往外走，才走两步就听"啪嚓"碎响，扭头一看，砂锅碎了，粥撒了一地。他三嫂正双手捂胸歪着头抱怨他三哥："都怪你！"

大妈听到声音，边往屋里走边惊问："咋啦？咋啦？"三哥却指着他道："都是这小子瞎撞，您看！"大妈气得满脸通红，一手揪住他耳朵，一手就扇上了耳光，打得他眼冒金星。他委屈难辩，愤怒地看着三哥，三哥却对他挤眉弄眼。

大妈打完，猛推揉着吼道："兔崽子！还不快扫出去！"他看着三哥三嫂没事人一样进了里屋，只得拿着簸箕和笤帚，流着泪清扫满地的砂锅碎片和稀粥……

四

1910 年他 9 岁时，就在母亲带领下，进入亚斯礼堂接受了耶稣教牧师的洗礼。洗礼完成后，他就成为了基督徒，从此后，他每天都要做祷告："求上帝保佑，赐给自己聪明和智慧。"

他后来回忆说："那时候，我对上帝是虔诚的，相信上帝是万能的主，每次祷告，我都真心诚意地求上帝保佑我和妈妈，让我们别再挨饿受冻，被人欺负。"

他在学校上小学时，每天都要做祈祷。小学的科目里，每周有一节圣经课，需念"四福音"中的一段。要是有学生不会背，老师举起教鞭就打。星期日，学生要排队进亚斯礼堂做礼拜。

他只有在每年的寒、暑假，到母亲工作的"福音堂"，才真正有童年的快乐。他给小妹叠玩艺儿、捏泥人儿，哄得妹妹特别开心。他为了到"蒙学馆"读书，只得离开母亲和妹妹回到大妈那冰冷的屋里去。送他去火车站时，母亲嘱咐说："孩子，要听大妈的话，好好念书，多学点儿本事，长大做个有出息的人。在大妈家要勤快点儿，让大妈喜欢你，可别招她生气。记住了吗？"

他本想说说在大妈家的苦衷，可听到母亲的声音发颤，就知道母亲的心里也难受，便忍住心中的委屈，只是用力点头。在大妈家不仅要挨骂，还需要做家务，但是他一次次在心里叮嘱自己："一定要为妈妈争气，好好读书！"

"蒙学馆"是教会办的，有《圣经》课，国文课，还有《算学捷径》《地理志略》《英文法程》。

有一次上国文课学《猴子学人》，是文言文，老师叫了他和几个同学将课文翻译成白话文写到黑板上。那时，教室除前方一块黑板供老师上课使用外，教室的三面墙全是黑板。几个人写完后，老师背剪双手转了一圈，停在了他写的黑板前，突然说："孙敬修，你过来，把你写的给大家读一遍。"他心虚虚地过去，有点胆怯地念出来。刚念完，老师就满意地对大家说："孙敬修翻译的最好，大家要向他学习，希望孙敬修继续努力。"

他没想到会得到老师表扬，坐下后心里想："将来我也当个小学国文老师多好哇！"

五

15 岁，他小学毕业。告别了大妈 6 年的责骂，到了卢沟桥的母亲和妹妹的身边。恰好，在卢沟桥那里，有人办了一所京兆师范，不仅不交学费，而且还管吃住，将来毕业了，还安排去当教师。那时，阔家孩子无人去读师范，只想去读大学入仕途。

他母亲听说后，就劝他去报考。连续两天考试过后，母亲领着他去看榜，他的名字竟然上榜了。母亲在送他去学校时嘱咐道："好好念书，长大当个好老师。教师就是为人师表啊！"他对母亲点点头，决心下苦功，读好书！

师范学校在卢沟桥西边"岱王庙"，校门在庙东边，门口挂着木头校牌，庙里大殿作为礼堂。课程设有：国文、算术、英文、地理、历史、物理、化学、音乐、国画、手工、体操、心理学、生理学、管理法、教授法，还有一门"修身"课。

晚自习，他最喜欢声情并茂地朗读《李陵答苏武书》中的句子——子卿足下、勤宣令德、策名清时、荣问休畅，幸甚幸甚。远托异国、昔人所悲、望风怀想、能不依依……

汇文从教

1921 年，孙敬修 20 岁时，从京兆师范毕业了。

一

毕业后，他开始到京西衙门口小学教书。学校在一所大庙，40 多个学生，有男有女，都是农民的孩子。全校分为两个班四个年级，每两个年级在一个教室里，实行复式班教学，这个年级做作业，老师就给另一个年级上课。

学校只有两个老师，除了他之外，便是一个 40 多岁的老教师。老教师负责 3、4 年级，他负责 1、2 年级及 4 个年级的唱歌、体操、游戏。

当他拿到第一个月工资 12 块钱时，仅留了点饭钱，剩余的都拿回去交给了母亲，母亲接过钱很开心。

然而这样的好景却不长，老教师的儿子马上师范毕业，需要一个教书职位，于是逢人就说他"年轻无知，学问太浅"，还说他"己已不分，不能胜任教学"。他只在京西衙门口小学教了一季就被辞退了。

二

离开衙门口小学，他母亲就托人为他找到一个华语学校教华语的差事。

华语学校在灯市口大街路南，校园不大，院里有座楼房。他去教在华的外国人学华语，学生年龄有大有小，不过都是青年和中年，月薪 16 元。

他第一天走进教室，只见那是用木板隔成小间的房子，屋里只有一张小书桌、两把椅子，供一对师生使用。

铃声一响，进来一个 40 多岁的洋学生，这学生会讲中国话，一坐下就问他："'不吃'和'没吃'，'不要'和'没要'，'不'和'没'有什么不同？"

他看看对面的洋学生，想了想，回应说："比方，我现在拿一个苹果，问您'要不要？吃不吃'，您摆摆手，应当说'不吃不吃，不要不要'。不能说'没吃没吃，没要没要'。等明天再问您'昨天，我给您苹果，您要了吗？吃了吗？'您就应说'没吃，没要'。不能说'不吃，不要'，虽然，这不吃、没吃，不要、没要，意思一样，您嘴里却没吃到苹果，用法是不一样的，'现在时'作'不'，'过去时'用'没'。英语不也有这样的说法吗？"

那洋学生听了，笑着对他点了点头。

他接着教下去说："请您回答，您吃过午饭了吗？"

那洋学生想了想说："我还没吃午饭。"

他又问："现在，咱们去吃饭，您去不去？"

那洋学生停了一会儿回应说："现在还不到时间，我不去。"

他看着大自己 20 多岁的学生，满意地夸赞："您很聪明，用得很对，可以得 100 分。"

那洋学生乐了，下课还同他握了握手。

第二天，他兴冲冲地刚进校门，就被传达室通知去校长办公室。

他心里七上八下的，难道昨天第一课出了问题？

一进校长办公室，校长就笑着对他说，昨天那个学生是浸礼会的一个牧师，过几天去青岛工作，想请他当家庭华语老师，每月 25 元，去青岛的路费由那学生出，问他愿不愿意去？

他听了校长的话，心才放下，表态愿去，只是要回家同母亲商量了再回话。

他母亲不大愿意，大伯却支持他出去历练历练！

他到青岛干了 3 个月，既交洋学生 5、6 岁的儿子，又帮牧师抄写文件和经文。随后洋学生全家要南下广州工作，希望他同去，月薪增加 5 元。他听了，心里想到母亲，就拒绝了洋学生回到了北京。

三

回到北京，他伯父托人帮忙，让他在美国基督教会开办的私立小学钓饵胡同小学当上了教员。

社会上的人看不起小学教员，都叫小学教员"穷小教"，他却不以为然，踏踏实实地工作。他谦虚谨慎，专心用心，不仅向老教师学习，自己还反复琢磨，想方设法把课教好！

比如，"鲜"字不好记，他就编个字谜——半面腥，半面臊，半面上山去吃草，半面河里漂。他对同学们讲：鱼不是腥吗？不是在河里吗？羊不是挺臊吗？不是吃草的吗？他这么一说，同学们就在笑声中记住了这个字。

1927年，钓饵胡同小学并入汇文小学，不久，教育局定名为"北平特别市私立汇文第一小学校"。学校合并后，他调到了汇文一小初级部工作（后改为丁香胡同小学），他回到了母校成了一名老师。

他26岁被任命为初级部主任，还教国文、算术、常识、唱歌、音乐等课，兼一些高级部的音乐、历史、地理课。并发挥自己的一技之长，给学校的同学组织各种学习小组，如歌咏队、小足球队、书画小组、讲故事、演歌剧等等……

每天早晨上课前，他要集合学生举行小朝会，为了吸引学生，他编了个"三字经"，每次上小朝会，他就大声对全体同学发问："好学生怎么样？"

他的话音一落，学生们就齐声回应：

好学生，守纪律、爱同学、敬先生。

说好话，做好事；不打架，不骂人。

真念书，不懒惰；好清洁，不肮脏。

冬天，为了让同学们能走出教室晒太阳，他又用旧小曲填词，编了个小歌儿。下课铃一响，他就在操场上举起铁皮卷成的喇叭筒，边跳边大声唱：

> 朋友朋友快出来，
> 出来跳跳多么痛快！
> 快来，快来，
> 别在屋里呆。
> 你怎么还不快出来？
> 出来跳跳多么痛快！
> 你要不出来，
> 真是个傻小孩！

同学们听见他唱歌，又看到他跳得滑稽，就都如小鸟般叽叽喳喳地冲出教室，涌向操场。

晚上放学，同学们排好队，站在各班教室门前，齐声高唱：

> 功课完毕太阳西，
> 收拾书包回家去；
> 见了父母行个礼，
> 父母对我笑嘻嘻。

他生动活泼的教学方式，受到了学生、家长和校长的赞赏。他在汇文一小一干就是 30 年，从教员到部教导主任、再到校教导主任，留下了一系列珍贵的记忆——

他 30 岁时出任汇文一小初级部主任，管理一个老师和大约

60 个学生。那时他和学生们一起就像个"人来疯"——上完这个班的图画课，就匆忙赶去下个班弹风琴教唱歌。

让师生们佩服的是：他上课学生从来不捣乱，学生甚至在晚上也不回家，而是跑到学校大礼堂听他讲故事。

1931 年，沈阳"9·18"事变后，国内笼罩在一片战争的阴影里，日军占领东三省的消息，很快就传遍了神州大地每所学校里。

这年秋天，汇文一小全体师生将日本玩具和学习用品扔进了操场中央的大火堆，而这个仪式，就是已为校教导主任的孙敬修发起的。

没过多久他编了几首抗日歌曲，其中《灭蝇歌》更是将日寇比作苍蝇，刊发在了汇文一小的校刊上。

结缘电台

1932 年的一天，北平市教育局听说汇文一小的同学会唱"抵制日货、消灭日寇"的歌，马上发来通知：北平广播电台邀请汇文一小的同学们到电台去做节目。

接通知后，师生们开始准备，除了那些歌，还围绕反日寇编了些对话和朗诵诗。表演那天，孙敬修负责带队，带着两个老师和学生赶到了电台。

表演完毕后，准备的节目过早结束了，离预定的点还有几分钟，那时电台没有录音，空出来的几分钟急得负责安排节目时间的先生直瞪眼。孙敬修也是急得满头汗，随后他灵机一动，和先生小声商量说："我给补充一个小故事吧！"正发急的先生只能无可奈何地点了点头。

孙敬修擦了一把头上的汗，清了清嗓子，对着话筒大声说："我们北平市第一汇文小学同学们的节目演完了，现在，我给同学们讲一个小故事，题目是《狼来了》……"

他曾在学校周末故事会上讲过这个小故事，一开始还有些紧张，慢慢地就进入了状态，他学着放羊小孩的声调喊话骗人，讲到狼真来了，声调又充满恐惧。几分钟的小故事被他讲得生动形象、声情并茂。

讲完故事的他两手心全是汗，当他领学生出演播室时，发急的先生笑嘻嘻地出来说："孙先生，没想到您还有这么两下子！"他"嘿嘿"笑着，不好意思地回应："什么两下子，临时抓瞎，献丑了！""别谦虚，讲得不错，以后，你每个礼拜到电台讲一次故事吧！""行啊！"他笑着应承下来，又一想说："可我讲什么呢？""讲什么由您自己定，就象今天讲的这种故事就行。""好，那我就试试！"

从这天起，他就和电台结下了不解之缘。他没想到这一天成了他一生中新的起点，更没想到自己的声音随着广播传遍了北平。

平时他仍在汇文一小教书，每星期到电台讲一次故事，慢慢几家私营电台也邀请他去讲故事。他曾先后出过 3 本唱歌集，却没拿过一分钱薪酬。

家事凝重

孙敬修的妻子陈淑田 19 岁时就嫁给了他，这位温和、清瘦的女子对当小学教员的丈夫心满意足。

每天他奔走于电台和学校之间，妻子就在家照顾孩子和老人。

然而天有不测，1941 年他最喜欢的 9 岁的二女儿孙爱来突然患病夭折，这个打击让他对上帝失去了信心。当时他抱着孩子坐洋车赶往医院，路上他流泪祷告："求上帝保佑，让我女儿好起来！"然而车还没到医院，小爱来就在他怀里断气了。他后来回忆说："从爱来死在我怀里那天起，我就和上帝在精神上分离了。"他说："我曾经笃信上帝，希望基督耶稣能把我们从大苦大难中解救出来。但在 8 年间，我接连失去了 3 位亲人，彻底动摇了我对上帝的信仰。"

1956 年 6 月 1 日，北京市少年宫举行了隆重的成立大会。这年秋，孙敬修调任少年宫辅导员，负责课外教育，直到 1966 年退休。

"文革"中，他遭到迫害离开了播音话筒。在那段时期，他几近绝望。幸好妻子始终宽慰他，成了他的精神支柱；弟子暗中帮助他、信任他，让他重拾了希望。就这样他挺过了最难熬的十年岁月。

1977 年冬天，他的精神支柱垮了——相伴 55 年的妻子陈淑田病逝了……

在他慢慢走出痛苦深渊之后，常对人说："我是个小蜡头儿，它烧了 80 多年了，已经没有多大亮了，但是，我要用这点儿光，去照亮儿童们的心。"

师徒深情

肖君，原名肖君成，是孙敬修的入门弟子。提起自己和老师的缘分，肖君总是感慨万千。

　　肖君小时候住的大杂院只有北屋有一台旧收音机，一有空他就会在窗根儿下听孙敬修讲故事、唱歌，有时他还模仿孙敬修的腔调将故事讲给小伙伴听。他做梦也没想到，自己会成为最崇拜的"故事爷爷"的入室弟子。

　　肖君8岁那年作为儿童广播剧团团员在电台见到了自己的偶像孙敬修。孙敬修教他念台词，还一起录制了广播剧《黄瓜》，为此肖君兴奋得好几天睡不好觉。

　　1961年，分别12年后，肖君和孙敬修重聚北京，从此两人既是师生，又情同父子。在"庆祝孙敬修先生从事儿童教育事业四十周年、话筒前播音二十周年纪念会"上，肖君正式拜师，向孙敬修学习讲故事。

　　开始时肖君虽尽力模仿老师的声音，但总感觉缺乏对象感和亲切感，一天他沮丧地对老师说："我给小朋友们讲了您辅导过的《赵州桥》，可他们都不爱听。"孙敬修听了说："是吗？下礼拜，我跟你一起去看看。"

　　第二个星期，师徒二人一起来到那个幼儿园，肖君又讲了一遍《赵州桥》，可就是吸引不了孩子。孙老师说："我来试试看。"他走到孩子们前，看到孩子们有些累了，便带着他们做"手指操"。待孩子们的注意力都集中后，他又讲了一遍《赵州桥》。在孩子们不懂的地方，他就停下来给他们解释，最后还唱了首用儿歌"小放牛"谱曲的《赵州桥》。讲完后小朋友们都鼓起掌来。

　　回去的路上，孙敬修告诉肖君说："你我虽然讲一样的故事，可是你的心中缺少一个爱字。爱小朋友，爱你所从事的事业。不要光在字句腔调上下功夫，要在心里、思想上下功夫才成呀！"

从那时起，肖君才真正开始懂得该如何给孩子们讲故事。

肖君在孙敬修身边没学习几年，"文化大革命"开始了，孙敬修甚至被冠以"三开"（即"在日本人、国民党、共产党时期都吃得开"）的帽子，被剥夺了讲故事的权利，开始受审查，每天都要去电台挨批斗。在煎熬中，他身体垮了，精神也垮了。

肖君一直知道老师的为人，也知道开批斗会的时间。一天孙敬修挨完批斗，身心憔悴地经过电台喷水池旁的小路，树林中走出一个人挽起了他的胳膊，正是弟子肖君："孙老师，听说今天开您的批判会，我在这儿已经等了半天了！"一听这话，孙敬修泣不成声："君成，我完了，你还敢挽扶我！""您是我的老师，"肖君扶着老师说："您的为人我知道，您不是坏人，千万别想不开呀！"

随后的日子，肖君常常像这样送老师回家。那段艰难的岁月，孙敬修因为家人的牵念和弟子的信任，重拾了生存的勇气。

当时他的儿女都不在身边，肖君就常到家里照顾他，给他买煤、买药。两人相互扶持、情同父子。可是肖君妻子因为工作原因带着女儿在西安生活，5年的时间肖君和妻子聚少离多，眼看妻子调回北京无望，便向组织提出调到西安工作的请求。

离别那晚，孙敬修亲自下厨做了弟子平时最爱吃的菜，强颜欢笑为弟子举杯祝福。第二日弟子离京，虽然强烈的愿望催促着他去为弟子送行，可已经75岁的老人心有余而力不足。他只能在楼下崇文区幸福大街楼后面的铁路桥旁，对着每一辆驶过的列车挥舞手杖，希望车上的徒儿再见他一面。

也许真的师徒有缘，当列车驶过孙老师家附近时，肖君也忍不住望向那熟悉的地方，就在这时，他看到了路边那位熟悉的白发老人。他赶忙将身子探出窗外，大声喊道："孙老师！"

只见白发苍苍的老人，挥着手杖，也在说着什么，可车轮的轰鸣淹没了所有的声音，火车渐行渐远……

"文革"结束后，孙敬修又开始讲故事了，他想起了自己远在西安的徒弟。他的一封信让肖君毅然放弃了西安刚步入正轨的事业和生活，携妻女重返北京，一边上班一边帮忙照顾老师、整理书稿、安排各类活动。

此后10年，肖君陪伴在孙敬修身边，既是徒弟又是助手；边学讲故事边帮老师整理稿件；还如儿子般照顾老师，为他做饭、洗澡、修剪脚趾甲。这段时间，肖君整理、出版了老师19部共200万字的书籍，为老师和孩子们留下了宝贵的精神财富。

1984年，肖君在孙敬修的建议下，在北京少年宫开设了朗诵班，教孩子们讲故事、表演等。1989年，孙敬修年近九旬，患肺结核住院，为了不让他有思想负担，大家都没有和他隔离，肖君更是细心守护着他，甚至不顾医生嘱咐，和老师共用一套餐具。

1990年2月27日，孙敬修住进了友谊医院。3月3日凌晨2点，他向陪床的弟子肖君示意要写字，艰难地写下："咱们爷俩为孩子造福吧，给上级汇报一下，看看能否把我们的故事拍成小品给孩子们看。"两天后，这位89岁的老人与世长辞，肖君牢牢记着老师的遗愿，并完成了老师最后的心愿。

孙敬修在晚年时，曾用一生节省下来的1万元创办了"孙敬修儿童故事研究基金会"，用以推动中国儿童故事活动发展，肖君曾任基金会秘书长。从1988年起，为了让更多孩子喜欢讲故事、学会讲故事，基金会每年都筹办北京市"孙敬修杯儿童故事比赛"。两届后，在肖君的建议下，比赛扩大到了全国范围，并改为每两年一次。

　　为了履行孙敬修生前"不要在钱上着眼，不要在孩子身上挣钱"的嘱托，比赛并不赚钱，因此每一届比赛肖君都要辛苦的找赞助找评委。肖君不无感慨地说："现在真的还有我们这一批'傻乎乎'的人，在为儿童的事业而奔忙，可惜这样的人越来越少了……"

　　2001 年 10 月 17 日，"孙敬修先生诞辰 100 周年纪念会"在人民大会堂举行。这个纪念会是由肖君一手操持，人们邀请他上台讲几句时，他却婉拒了，他坐在角落里想起了一同和老师去南方时，老师在轮船写给他的一幅字：

> 他是我的徒儿，
> 他是我的助手，
> 他是我的秘书，
> 他是我的护卫。
> 他爱护我，他关心我。
> 我需要他，
> 他是我的接班人。
> 我祝愿他永远心灵美，
> 成为对人民有益的人，
> 成为永远受人敬爱的人。
> 他的名字是肖君，
> 就是肖君成。

　　肖君曾深有感触地说："孙敬修老师的成功，可以说是天时、地利、人和。在那个以广播为主要媒体的时代，孙老师的故事得以广泛传播。那时，不知有多少孩子一听到'小喇叭开始广播了'，就专心守在收音机旁听孙爷爷讲故事。今天，媒体趋于多元化，孩子们可能很难静下来听广播里讲的故事了。但我们不能忽视讲故事这种方法在对孩子的教育中所起到的重要作用，不能忘记孙老师寓教于乐的教育观，更要延续他对孩子们深挚的爱和无私的奉献精神，为孩子们造福。"

当然，孙敬修的得意门生，不止肖君一个，他还培养了很多著名的儿童节目播音员、主持人和儿童文学作家，如鞠萍、曹灿、康瑛等。这些人才，很长一段时间都是我国儿童广播电视文艺节目的台柱。

故事爷爷

孙敬修虽不是演员或者播音科班出身，但是他了解孩子的喜怒哀乐，能用生动的情节、亲切的声音、迷人的腔调、夸张的表情来吸引孩子们，用一颗慈爱的心融化孩子们，逐渐，他成为了妇孺皆知的故事大王。

"七七"事变后，北平成了日本人的天下，电台也为日寇所控制。孙敬修用苍蝇暗喻日寇，编了个《灭蝇歌》，结果被日本人听出了弦外之音，歌被禁唱了。他不想为日本人做事，愤然离开了电台。

没几天，电台负责儿童节目的王栋岑（中共地下工作者），就找到他家里说："中国的小朋友愿意听您讲故事，电台的儿童时间，由一个中国老师讲故事，至少可以把这段时间给占领了。"

从此，他开始用"柳稚心"这个名字继续在电台讲故事，直到日本投降。

1951 年 5 月 1 日，中央人民广播电台开办了少儿节目，孙敬修成为了特约播音员，专门在儿童节目"小喇叭"中向全国小朋友播讲故事。以后的十几年他每天都会抽半天时间在电台播音，1957 年离开工作了 35 年的汇文一小后依然如此，一直到 1966 年退休。

"小喇叭开始广播啦……"他娓娓动听、引人入胜的故事，成了《小喇叭》鲜明的标致，成为了几代人脑海中抹不去的童年印记。

他在长达 60 余年的教育生涯中，积累了丰富的儿童教育经验，并形成了一套儿童教育理论，归纳起来为六点——

一是，要让学生爱，这比让学生怕好上百倍。对学生要面带笑容，着装整洁；

二是，对同学，不分男女，不分美丑，不分大小，平等对待，一视同仁；

三是，对同学说话要讲信用，说到，就一定要做到；

四是，要根据儿童的理解能力，说他们能够理解的语言，声音的大小快慢都要适合他们的接受能力，随时注意他们的反应，随时吸引他们的注意力；

五是，多鼓励，少打击，对个别学生可以单独处理，不影响全班学习时间；

六是，不同的科目，要寓教于乐，利用同学们的求知欲，多用几种方式，上好每节课。

他将给孩子们讲故事作为自己的事业，当作一门艺术，一门科学。他一生讲了上万个故事，深受人们的尊重和怀念，被孩子们尊敬地称为"故事爷爷"。

1980 年，已达 80 高龄的孙敬修，加入了中国共产党，1987

年获全国热爱儿童荣誉奖。

刘少奇夫人、第三届全国人大代表王光美曾评价孙敬修："他把对党、对社会主义祖国的无限热爱，全部倾注在全心全意为儿童服务的工作中。他更加努力提高教育教学水平，悉心钻研讲故事艺术，希望儿童听了他讲的故事，都能成为勤劳、善良、聪明、勇敢和热爱祖国的人。他对儿童充满爱心，对艺术刻苦钻研，精益求精，逐步形成独特的——通俗浅显、自然亲切、形象生动、爱憎分明，民族化、大众化的讲故事风格，把故事讲得绘声绘色，成为蜚声海内外的著名儿童教育家。在中国历史上，他是第一个成就了这项事业的人；到目前为止，还没有一个人超过他的成就。"

为了孩子

孙敬修临终前，就为自己拟好了碑文，碑文是这样写的：

亲爱的小朋友、少年朋友们！你们好！我祝福你们，愿你们都能珍惜时间，努力学习，使身体好、心灵美、知识丰富，学有专长，不受坏思想的污染，不受坏人的引诱，健康成长，早日成才！为祖国、为人民多做有益的事，成为受人民敬爱之人。

他逝世后，北京市人民政府在北京市少年宫文体楼前为他塑了半身铜像。他的骨灰埋葬在北京西山万安公墓，墓碑上雕刻了他自己写的碑文。可以说，他的生命哲学就是：一直想着孩子！一切为了孩子！连最后的文字都要写给孩子们！

"小朋友，小喇叭开始广播啦"，中央人民广播电台这标志性的声调，永远留在我们这几代人的生命记忆里！

一提起《小喇叭》，谁能不想起孙敬修？

一提起孙敬修，谁又能不想起《小喇叭》呢？

参阅资料

《怎样给孩子讲故事》. 孙敬修. 北京出版社. 1980 年

《故事爷爷讲的故事》. 孙敬修. 中国少年儿童出版社. 1983 年

《聊天集》. 孙敬修. 对外贸易教育出版社. 1988 年

《我的故事孙敬修回忆录》. 肖君 孙全来执笔. 四川少年儿童出版社. 1989 年

《孙敬修全集（10 卷）》. 李行健主编. 天津教育出版社. 1998 年

《〈孙敬修全集〉序》. 王光美. 天津教育出版社. 1998 年

《孙敬修和上帝"拜拜！"》. 李友唐.《科学与无神论》. 2005 年

《到北京少年宫看"故事爷爷孙敬修"》. 王晶晶.《中国青年报》. 2012 年

《档案揭秘：故事爷爷孙敬修的精彩人生》. 俞兆娜.《北京青年报》. 2013 年

《孙敬修的序言》. 王清溪.《北京晨报》. 2013 年

晏阳初：一生只为一个承诺

晏阳初，原名兴复，又名遇春，字阳初，小名云霖，1893年10月26日生于四川巴中四代书香之家，1990年1月17日病逝于美国。

他早年就读于香港圣保罗书院（香港大学前身），后转入美国耶鲁大学，主修政治经济专业；接着又入美国普林斯顿大学研究院，攻读历史学，获硕士学位；后来，被美国锡拉丘兹等三所大学，授予荣誉博士学位。他一生的梦想，就是实施平民教育运动，他曾许下诺言："不做官，不发财，把我的终身献给劳苦的大众。"观其一生，确然如此。

从1918年开始，他就开始致力于平民教育事业，一干就是70多年，和陶行知共誉为"南陶北晏"。1920——1930年间，他在河北定县开始进行平民教育实践，甚至后期的中华农村"赤脚医生"和相关培训计划、农村推行的村官直选等政治体制改革，均在承袭他在定县的实验内容。

1949年国民党迁台湾后，在农村建设方面，大量借鉴他的定县经验，农村的进步成为日后台湾经济腾飞的重要基础。

他离开中国大陆后不久即离台赴美，致力于向世界推广乡村教育理念，担任联合国教科文组织的顾问。在他的协助下，菲律宾、加纳、哥伦比亚等欠发达国家，纷纷推行类似计划。他协助南美、非洲和东南亚的发展中国家，推进平民教育。

在他的帮助下，1956 年菲律宾建立了国际乡村改造学院，学院运行至今，专门向第三世界国家推广平民教育思想，协助第三世界国家培训平民教育教师。

他是著名的教育家和社会学家，一生致力于落后地区的平民教育与乡村改造事业，被尊称为"世界平民教育之父"。

巴人之后

晏阳初，出生于四川省巴中市巴州区三江镇中兴村五社，是家中七个兄弟姊妹里的老幺。观其一生，充满传奇，而又令人感动。

一

他父亲晏美堂，受张之洞尊经学院"讲求实学"风气影响，沿用这一原则开设了私塾，因懂得中医学，被乡人称"儒医"。他 5 岁时就开始在父亲教导下识字、读书、写字，后入私塾。从私塾回家后，父亲会给他详细讲解若干重要章句含义，几位兄长也随时为他解惑，让他从小受到了儒家文化的熏陶。

他从小练习毛笔字，11 岁时就有街坊邻居请他写春联，并送他一些糖果、包子等，他很引以自豪。

虽然他是家中老幺，但是母亲吴太夫人却从不溺爱，而是慈爱中含威严、生活中讲规律。

6 岁的一天，他刚从私塾放学回家，路过寺庙看到了唱戏的，就伫足观看，忽然他感觉被人推了一下，转身一看是他的一个同学，故意推了他还在得意地嬉笑。他一时怒起，挥掌就狠狠扇了对方一耳光，同学大哭，他这才意识到自己闯祸了。

回到家他就躲进屋蒙头睡了。挨打的同学被母亲领着到他家理论，吴太夫人只得连声道歉，最终劝走了那对母子。随后就进屋拉起他连连批评，立即答责。

就这样，他在父母亲的慈爱严教中长大。

他后来在《九十自述》中回忆父母说："据家人说，我的外形象母。她白净清秀，颇有威仪。但在神态和性情上，我秉承父亲的成份居多。我怎样也记不起他发怒的样子，在我的脑海中，他是个典型的读书人，谈吐斯文，待人和气。最难忘的是他的笑容，温善可亲，好似春天的阳光。'春风风人'一语，用在他身上，非常恰当。从他，我想到身教的重要。

"父亲是我的启蒙老师，四五岁的时候，我开始到塾馆上学。那时的小孩真是心无二用。天不亮起床，草草洗脸、吃饭，就跑到学堂，一直读到中午。回家吃午饭。再回学校，读到晚饭时间。饭后在暗淡的菜油灯下，温习一天的功课。除了年节，没有假期，也没有周末。

"读的是传统的教科书：《三字经》《百家姓》《千字文》《千家诗》《论语》《孟子》《大学》《中庸》《书经》《诗经》。

"虽然读的书，半懂非懂，但我不以为苦，从不逃学。老天给我的记忆力颇强，读一二遍就能背。"

二

晏阳初的父亲，深知"书香之外另有世界，西学乃潮流所趋"，于是与时俱进的父亲在 1903 年毅然决定，送他去 400 里外的保宁府（今四川阆中市），进入基督教中国内地会（China Inland Mission）创办的西学堂接受新学。

中国内地会是为了向中国没有教堂的内陆省县推进教务。有个姚牧师建议教会在沿海设立西学堂，创办教育以灌输西洋新知识。1901年夏义和团失败后，清廷为缓和民意，下令书院改学堂，并选派留学生出洋。1902年，保宁西学堂成立，开始招收14到18岁少年入学。

1903年，晏阳初刚10岁，就在父母鼓励下，随长兄离家步行前往保宁府。这途中，他和背着盐包的劳工同行，第一次接触了劳工劳力，这在他幼小的心灵留下了深刻的印象。

他和长兄还有劳工步行了5天，才在夜幕降临时到达保宁府西学堂，姚牧师满脸笑容的迎接了他们。

他被留在学堂，与20多个比自己高大的同学住下，长兄却去了客栈。虽然他疲倦不堪，却怎么也睡不着，他想到大哥明日就要启程回家，自己看不到亲人，又在陌生的环境，自己如何能挺过去？越想越担心，最后忍不住大声啼哭，姚牧师听到后赶来安慰，他只得强忍着不哭出声。

第二天，姚牧师就找到他大哥说："这孩子太小，你还是把他带回去，等两三年再来吧。"大哥找到他转述了姚牧师的话，他听后心想：爹娘满怀希望送自己来上学，就这样回去，哪有脸见人？于是他就求大哥给姚牧师求求情，让他再试一晚上，再决定去留。

当晚，他虽然依然想家，眼泪直流，但是却一直忍着不发出声音。终于，姚牧师同意他留下来了。

西学堂开设有英语、算学、历史、地理、化学等课，各科课本图文并茂，加上姚牧师讲解详细，使他眼界大开，知道了宇宙的奇妙、世界的旷远。每日的体操、唱歌和课外游戏，让他从小养成了对音乐唱歌和户外运动的良好嗜好。

姚牧师对学生很好，从不对学生啰嗦《圣经》，全是以"身教"引导学生，用慈爱和蔼可亲的态度与学生们共同生活，细心照顾学生的一切。

有一天，他和几个同学夸夸其谈，有位同学问他："你将来要做怎样的人？"他想了想回应："我愿学姚牧师，以爱的教育，征服世界。"那同学说："阳初弟，你的志向高尚，但是，做事总得由近而远。救中国是当前急务。现在，我们的国家这么乱、这么弱，军队这么腐败，军官和士兵，吃喝嫖赌，抽大烟，弄得个不像人样，哪里还能打仗？扰民害民，与盗匪又有什么分别？国家需要将才来整饬军队。我看你操练时，很神气，施口令，有板有眼，威风凛凛。穿上戎装，必定更为焕发。而且你为人正派、生活朴素，能以身作则，俗情陋习，同时把基督的爱和战斗精神传扬四方，岂不善哉？老弟，你是个将才，可以做杨遇春第二。"

他那时思想单纯，一方面深敬姚牧师，希望将来能做传教士，救人、救士；另一方面看到中国日益挣扎，却无头绪如何为国排忧解难。在这朦胧思想状况下，他想：如果能把基督的精神传播到军队中去，不也是救国、救人、救己的一条路吗？他一激动，真就把名字改成"晏遇春"，这个名字他一直用到1921年。

在姚牧师的教育下，他每年寒暑假，往返800里，不仅身体强健，而且知识日厚、眼界渐开、胸怀旷达、自信心明显增强。1906年冬，他在保宁府西学堂完成了初级学业，将返家。姚牧师也正准备回英国，为妻子疗病。师生话别，恋恋不舍。

他后来在《九十自述》中回忆自己在西学堂的收获时说：

　　一是唱'圣诗'。20 世纪初叶，在保宁，圣咏还是'新文明'，大部分的教友对此道茫无所知。因为我的喉嗓不小，姚牧师让我和另一位同学站在礼拜堂的前排带头领唱。无奈这位同学和我，是初生之犊，只会慷慨吟啸，有时作了'惊人之鸣'，还不自知，因为根本看不懂谱，无论是'12345'的还是'豆芽菜'的。那位弹小风琴的伴奏者，只好将错就错，去旧立新。教友们不知所从。悠悠然各舒己意，共同参加集体创作的混声曲。后来，我们渐渐学会唱诗，把许多教友带进了圣乐，共享那庄严的韵律、那清丽的诗句。从那时到现在，我生活中最大的享受，也是我唯一娱乐，就晚间唱几首圣诗，或听圣咏的唱片，借此消除疲劳、暂忘忧舒畅胸怀。温厚从容的圣乐，给我多少心灵的慰安和精神的鼓励，没有它，生活是寂寞的。

　　西学堂给我的另一长远的影响，是养成运动的习惯。我生性好动、爱诙谐。在家里的时候，父母亲严格的管教，压抑了这种天性。到了西学堂，情况一变。德育和智育之外，姚牧师很注重体育。我们每天有室外活动。我学会打扳球（Cricket），而且打得不错。我最喜欢的是，齐步前进的操练，雄赳赳、气昂昂，每一步踏下去都感到力量，都发出回响。因为我操得很起劲儿，嗓子又大，姚牧师总叫我带头，司口令。虽然我们不用枪或刀，但一操练起来，一股战斗的气概，油然而生。青春早已消逝，但当年操练时的豪壮之情，跟随了我一生。

胫骨得到解放，我不但长得比小时健壮，而且也变得活泼有生气了。从那时起，我几乎没有一天不做身体的运动，偶尔因事情无法运动，就觉得萎靡不振。而且，我深深爱上了'运动'这两个字。60年来的工作——都是运动——识字运动、平教运动、乡村建设运动、乡村改造运动。'运动'可以有不同的诠释，我的了解是这样的：按照身体或社会的情况，制定一定的计划，进行训练，旨在促进身体或社会的健康发展，取得最好的效率。

我的身体日趋健康，还有另一个原因。每年寒暑假，我必定回乡探亲。

从巴中到保宁。一次回来，步行山路600里；一年两次，就是1200里。四年共计走了4800里，越走越能走，越走越强。我一身足力甚健，和这山路很有关系。

总的来说，在西学堂4年，我的精神、知识、体育，得到逐步增进和提升，心便为之壮，气便为之舒。'如鱼得水'，可借来形容我当时综合的思感。

三

姚牧师在离华之前，将晏阳初介绍到成都华美高等学校进修。他回家第二年，就又在父亲的鼓励下独自出行，到离家1200多里的成都，进入华美高等学校，那年他刚14岁。

他在这个新的学习环境里，勤奋努力，刻苦用功，认真学习。除了学业上收获外，还学会了打棒球（Baseball）。在这所学校，他各方面都有长足进步，心理、生理、学业上，都更加丰硕，然而，学校学生赌博、喝酒、校方不重道德教育、缺乏基督精神，这使他还没毕业就愤然离开了学校。

刚出学校他就被成都一所学校聘请，担任英语教师。那时他刚17岁，深知学习个中苦乐，讲课时深入浅出、条理分明，很受学生敬爱。

1911年的夏秋之间，姚牧师写信介绍他去见一位在成都的年轻传教士——史梯瓦特（Jemes Stewart）。那时成都各学堂没有学生宿舍，很多学子住在周围客栈，很受社会闲荡人等影响，史梯瓦特和另一个传教士决定设立辅仁学社，意为"以文会友、以友辅仁"，史梯瓦特做社长，请晏阳初协助。史梯瓦特另一个助手二十八九岁，也是英国人。

晏阳初觉得此事很有意义，便欣然同意，这年他刚好18岁，比两个英国人小10岁。在辅仁学社，他与两个英国人朝夕相处，交谊渐厚。史梯瓦特讲道，他担任译述，他从史梯瓦特身上学到了面对群众的技巧，且被对方真诚、以德报怨、献身事业的精神感动。

然而，快乐合作到当年9月，川人发起震惊中外的"保路运动"，辛亥革命随即爆发，成都很乱，各学堂一律关门放假。他为了让父母放心，就回到故乡，应聘巴中中学教英文。

1912年9月初，他又回到成都，跟史梯瓦特合办辅仁学社，他还为史梯瓦特取了个带中国味的新名字——史文轩，表达了他对史梯瓦特的友谊和敬意。

他很有组织能力，促使学社工作蓬勃有序，文娱节目兴盛，深受知识青年欢迎，也因此成了史文轩的得力助手。

一天史文轩问他："愿不愿意去香港读大学?"他听后很惊讶，因为他从没想过这事。他问："你不要我在这里帮忙了?"史文轩笑着回应道："你能帮我的地方很多。但是，我不应当为自己着想。我觉得你是可造就的，有前途的，呆在这省城，太可惜了。我希望你能深造，将来修成一位传教士，在本国弘扬主道。我自己没有经济能力供你上大学，但我在香港的哥哥和妹妹，可以照顾你。我会请同事资助你。"

他听出了史文轩的好意，很感动地回应说："你太好了！我永远不会忘记你。"

用心求学

晏阳初在史文轩的建议下，心中升腾起了一股求学热情，不过此事重大，必须禀报母亲。1911 年他的父亲就因脑血栓瘫痪在床，医治无效而与世长辞；曾送他到保宁府上学的大哥，因庸医误诊也离开了人世。

他徒步赶往巴中，将此事禀报，他母亲在丧夫丧子的双重打击下，竟毫不犹豫鼓励他求学。而母亲的支持，成为了他日后心无旁骛、致力平民教育的永恒力量。

一

1912 年冬天，晏阳初叩别母亲，回到成都，随史文轩启程前往重庆，然后上木船、穿三峡、经宜昌、过汉口，最终抵达上海，换乘海轮南下，总共耗时 40 多天终于抵达香港。

到达香港，晏阳初先在圣史梯芬孙学堂（St. Stephen College）补习，校长告诉他，需要 3 年时间，才能学完所有课程。

1913 年 1 月 20 日，他用晏遇春的名字，在圣史梯芬孙学堂注册入学，决定把握时机，用攻研习。入学不久，他就发现自己对算学、物理、化学的兴趣浓厚。因此，他每天晚睡早起，赶学新课，决定利用暑假，聘请家庭导师辅导，准备参加圣保罗书院（香港大学前身）的秋季入学考试。

经过节衣缩食，他终于凑够了 12 元，得到了聘请家庭导师 12 个小时的机会。一入暑假，他就开始集中精力抓紧算学、物理、化学的学习，同时将做练习无法完全理解的问题罗列，以便请教家教。就这样，他合理利用了这有限的 12 个小时，攻克了一个又一个难关。

是年 9 月，他参加入学考试，竟然考得第一名。当时校方有规定：第一名，如是英国国籍，可获得奖学金 1600 元。为此，校长把他教到办公室，亲切地问："愿不愿意成为英国公民？"他笑嘻嘻地摇了摇头，回应说："这对一个中国人来说，代价太高了！"

这一丰厚的奖金，按规定被学校奖给了比他低 13 分的一名香港出生、得到英国国籍的青年。此事引起了学生团体的不满。学校解释说已寄函北京，请求设立奖励中国籍优秀学生的奖学金。只是往返信函长达两年才成功，时过境迁，晏阳初到最后也没有得到奖学金的惠顾。

1916 年 1 月 2 日，晏阳初从牧师那里得到一个坏消息：史文轩牧师在法国战场，为英军祷告时，被敌炮炸伤，不幸逝世。他深感悲痛，从此，他以史文轩第一英文名 James 作为自己的英文名，永远纪念这位知己良友，同时，更加坚定了矢志为国、为民服务的初愿。

经过 3 年学习，他的学业和旅费都准备就绪，打算去美国深造。他还了解到，在奥柏林学院（Oberlin College）可以半工半读完成学业。

1916 年夏，他踏上远洋轮，奔赴美国。在船上，他遇到了一位耶鲁大学的毕业生，两人聊得很投机。毕业生再三建议他去常春藤学府——耶鲁大学，那可以自给求学，而且名师多、学术氛围浓、图书设备完善……他被说动了心，毅然改变了原计划，转去耶鲁。

9 月中旬，他用晏遇春的名字，考入美国耶鲁大学，研习政治经济。恰好，他聆听了塔夫脱（William H. Taft）教授讲授的宪法法律课，让他既震惊，又备受教益。

在这里，他仿佛受到了洗礼：周边的事实告诉他，在美国，家世和金钱并不能使一个人成功，必须要靠自己努力奋斗。这和祖国相比，那些凭家族余荫而不可一世的人，算得了什么？也从这时，他常在心里寻求一个答案，那就是中国民为贵、民为本的道理，为何无人奉行成为习惯呢？

二

1918 年夏，正值第一次世界大战，晏阳初用自己的工作报酬和奖学金，完成了两年学业。毕业第二天，他就应征到法国战场，参加青年会主持的为近 20 万华工服务的工作。是年 6 月中旬，他到达法国普蓝设立的服务中心，做些代写代读家信的工作。

工作中，他发现华工们并不愚笨粗鲁，而是个个对人热心、以工作负责，只是因为贫穷，没能读书才不识字的。他想：如果能教华工识字，让他们自己写简单的家书，那该有多好哇！

想到就做，他从中文字典和国内最近报纸杂志常见字中，挑选了 1000 多字，编成了教读的基本材料。然后，他向华工们宣讲读书识字的重要，鼓励华工来免费学习。

他每天给华工上课 1 小时，4 个月后，40 个华工有 35 人完成了课业，能够运用这 1000 余字写信了。这个效果在华工中引起了轰动，很多人涌来学习。

此时，仅依靠青年会的 3 个人明显力不从心，他就建议英军总部发函到欧洲各校，让中国留学生协助，相继林语堂在内的 100 余人，陆续到达法国。

这个识字班忙得他团团转，随后他又试行了一个新方式：让已识字的华工教不识字的人。就这样，识字的华工越来越多。

1919 年初，为巩固识字成果，交流知识，他又手写石印了一小报《驻法华工周报》，1 月 15 日创刊，他写了发刊词《恭贺新年：三喜三思》，接着他又写出《中国的主权》《和平议会》《革心》等文章。在《革心》一文中，他针对国人积弊痼疾，提出了治疗药方，确定了自己今后致力于平民教育的人生目标。

他首次把"三 C"作为他整个思想的基础："我常说，'三 C'影响了我一生，就是孔子（Confucius）、基督（Christ）和苦力（Coolies）。比较具体地说，是来自远古的儒家民本思想，来自近世的传教士的榜样和来自四海的民间疾苦和智能。"

他指出："中国不富不强的原故，是因为我们私心的人太多了。""中国穷弱，其罪不在于满清，到底还是因为我们中国人的心坏了。树根烂了，树枝不能发叶结果。民为帮本，民心坏了，那国又怎能富强呢？""今日最急需的，不是练兵、不是开学、不是开矿，也不是再革命。我们全国上下人民所急需的就是革心。把那自私自利的烂心革去，换一个新心。有新心而后有新人；有新人而后有新社会；有新社会而后有新国家。"

"我是中华文化与西方科学思想相结合的一个产儿。我确实有使命感和救世观；我是一个传教士，传的是平民教育，出发点是仁和爱。我是革命者，想以教育革除恶习败俗，去旧创新，却不主张以暴易暴，杀人放火……我相信'人皆可以为尧舜'。圣奥古斯丁说，'在每一个灵魂的深处，都有神圣之物'。人类良知的普遍存在，也是我深信不疑的。"

他希望："我爱国的同胞啊！若我们要祖国富强，非人有公德心不可。"

4月1日，青年会召开会议讨论了两大主题：一是华工善后；二是平民教育。会议决定推广以晏阳初编辑的中国基本字汇和集体教授法。据统计，当时华工初到法识字人数不过20%，推行一年平民教育后，识字人数超过了38%。

他在法国与华工相处时发现：中国农民诚朴、智慧，能力高、善学习，可惜缺乏读书求知的机会；对此他决定早日完成学业归国，终生为苦难同胞服务，教他们读书识字，让他们有发挥才智的机会！

5月20日，他服务一年届满；6月9日，离法赴美，继续求学。

三

1919年秋天，晏阳初进入美国普林斯顿大学研究院，主修历史学。

1920年初夏，他当选为北美基督教中国学生会会长。

他取得硕士学位不久，就接到家里兄长来信说母亲生病。他心急如焚，决定提前回国看望自己分别8年的母亲。

临行前，美国友人劝他："回国后当可迅速获得领导地位，以为中国学人服务。"

他听后回应说："不！我的未来早在法国为华工服务时就已经决定：有生之年献身为最贫苦的文盲同胞乳香，不为文人学士效力。"

他进一步说："中国如不能消除极大多数文盲国民，就不能进入民主时代——今日国内文学革命，提倡白话文，实已为消除文盲工作跃进一大步。今后所应努力的一在教育工具，即根据在法国编行的华工识字课本，再用科学方法重加选订，更求适用。其次教育活动，尤需要大量志愿人员共同努力。如有教育人士愿每日提供两小时教授文盲，四个月一期，中国在短期内将可达到消除文盲目标。"

1920 年 7 月 29 日，他与 10 多个中国留学生，一起跳上"俄罗斯皇后"号海轮，8 月 14 日抵达上海。

定县实验

晏阳初回国后，先回家探望了母亲，给母亲讲明心中所想，得到了母亲的大力支持，母亲要他出门，为国家做点有益的事情。

他回到上海，以上海基督教青年会为依托，开始调查研究、着手推广平民识字教育，编辑了《平民千字课》教材，分别在长沙、嘉兴、烟台几个城市进行试点扫盲，成效卓著。

1922 年夏，他发起全国识字运动，号召"除文盲，做新民"。

1923 年 8 月，全国推行平民教育的总机关平教会（中华平民教育促进总会）成立，他任总干事。最初平教会扫盲重点放在城市，城市平民教育取得成效后，他又将目光转向农村。他认为，中国以农立国，农村是社会的基础和中心，要想改造中国，必先改造农村，而改造之道就是教育。

1926 年，他开始在河北定县（今定州）搞乡村教育实验。

实验中，他认识到："仅教农民认识文字，取得求知识的工具，而不能使他们有使用这套工具的机会，对于农民是没有直接效用的。在乡村办教育如不去干建设工作，是没有用的。在农村办教育，固然是重要的，可是破产的农村，非同时谋整个建设不可。不进行建设的教育是要落空的，是无补于中国农村社会的。"

他"希望通过实验找到建设中国农村并使农村现代化的最好方法和技术"，同时开始综合的社会改造试验，实行文艺教育、生计教育、卫生教育、公民教育"四大教育"连锁并进，学校式、家庭式、社会式"三大方式"统筹进行，史称"定县实验"。

他号召知识分子"走出象牙塔，住进泥巴屋"，1929 年，他带上妻子和 4 个孩子，从北平迁居到定县。在他的带领下，一大批知识分子来到定县乡村，展开了旨在"培育国本，振兴民族"的平民教育与乡村建设实验。

晏阳初认为教育不能孤立存在，必须与建设合谋，教育为建设服务，建设反过来促进教育。所以，在"定县实验"中，更多的是建设工作，比如品种的改良，灌溉工具的改良，棉花购销合作社的组织，乡村保健室的设立，而教育则蕴涵在这些建设工作之中……

经过几年的努力，"定县实验"探索出了成就，影响轰动国内外，络绎不绝的人来定县参观考察。1930 年，国民政府首次把民众教育列入国家法规。他随即表示愿在乡村教育上与政府合作，不断游说政府，加大对民众教育的投入。

1931 年春，他应蒋介石之邀，到浙江奉化县溪口镇指导乡村建设，返回南京，与蒋氏夫妇畅谈平民教育。蒋介石深为赞许"定县实验"是实现"三民主义"的基本工作，一边派人到定县接受训练，一边派毛应章等去定县仔细考察。后来，毛应章一行人写出了近 10 万字的考察报告，呈送蒋介石，提出建议："在南京近郊择县设立实验区，将所得成绩交由各省县推广，在推广之前先责成河南、湖北、安徽、江西四省提前试办。"

1932 年冬，全国第二次内政会议通过《县政改革案》，县政建设运动自这次会议闭幕后启动，在这一过程中，全国形成了 11 个省 20 个实验县，其中以河北的定县为典型。

1933 年春天，河北省县政建设研究院成立，以定县为县政建设实验区，其目的在于"学术政治化，政治学术化，实开政治与学术合作之新纪元"。晏阳初兼任院长。

1933 年 10 月，美国著名记者埃德加·斯诺到定县参观后，撰文称赞定县的工作"很具戏剧性并且证明是最重要的生活改造工作。这是除苏俄之外，其他任何地方所未见过的"。

抗战爆发后，晏阳初带着平教总会回到四川，在成都、南充、泸县等地展开平教运动。

平民教育思想

晏阳初根据"民为邦本，本固邦宁"的古训，将平民教育与乡村改造相结合，创出了"一、二、三、四、五"的平民教育思想体系：

一大发现

一战时期，他在法国为华工服务时，发现了中国有一个巨大的"脑矿"。这是他的一大发现，也是一大创造。

他在代写华工信件时发现，华工被美、英、法官兵瞧不起，被称"苦力"，但他们却表现了中华民族勇敢、坚定、沉着的献身精神，他们并不笨，而是没有机会接受教育。他意识到应该将知识普及下去，于是为华工办起了免费"识字班"，还用白话文编写了《华工周报》。一天他收到一封战场来信，信中说："先生大人，你自办报以来，天下事我都知道了，但你的报太便宜，恐怕以后不久会关门，我愿把战争中存下的三百六十五个法郎捐给你办报。"

这件事对他震动很大，也让他知道，这近 20 万华工，是中国未来的希望。他在办识字班时，深刻认识到，所谓的"苦力"，不在于"苦"，而在于"苦力"中的潜在力，只要发掘出来，就会产生无穷无尽的力量。

1985 年 9 月，他回到了阔别 40 多年的祖国，在成都地区原乡村建设学院校友会欢迎会上，深有感触地说："我有一个发现，即三四千年来所未发现的，我发现了'苦力'的力。"他还说："在六十年前，我发现了一个新人物，这个新人就是'苦力'。是'苦力'教训了我。我不但发现了'苦力'的苦，还发现了'苦力'的力，'苦力'的潜伏力。他们最需要的不是救济，而是发扬——发扬他们的潜伏力。五十年前回到中国，生意人知道开金矿银矿的重要，忘记了脑矿。世界上最大的脑矿在中国。我们中国一般知识分子没有这个知觉……几亿中国农民穷在什么地方？为何穷得没饭吃？便是没有发现'苦力'的力，没有发现他们的潜伏力，所以埋没了他们。许多中国的像林肯、爱迪生、杜威这样的英雄豪杰被埋没了，活埋了。考古学家发现了'北京人'，那是若干万年的死人，我们发现的是活人，是这世界上有史以来的最大发现。"他说："我当时发现了苦力的力，从此有了志愿，回到中国不发财，不升官，我找到了这个大矿。并且一生要努力开发这个'人矿'、'脑矿'。"

两大发明

他发现巨大的"脑矿"后，就立志要用两大发明来开发。

第一大发明，用"平民教育"来开发"脑矿"——

1920 年，他完成学业回到祖国，看到落后的国情心里非常难受。很多留学青年回国不立足国情，照搬国外发展套路，导致了救国无门。他认为只有知国情才能救国，于是开始游历 19 个省，深入社会调查平民教育现状。

随后他和陶行知、陈鹤琴等人，编著成《平民千字课》共四册，挑选了汉字中最常用的 1300 个，每册 24 课，每课 1 小时，若每天 1 课，4 个月就能学完，学完就能看书读报。编这套书有三个目的：认识千余个基本汉字；输入千余汉字所能代表的基础知识；引起平民读书兴趣。其中第三点更为重要，因为它能促使平民继续教育。

后来，他又切合实际，编成《市民千字课》《士兵千字课》，在城市和部队推行。1926 年 4 月他在《"平民"的公民教育之我见》一文中说："教育，要适合各自国家的情况，有我国的历史文化和环境，亦当有我国所特有的公民教育，方能适应我国的需要。要知道什么是中国的公民教育，非有实地的、彻底的研究不可。"

当时我国经济落后，人口众多，80% 的人住在农村，大部分是文盲，据统计，全国八千万学龄儿童仅七百多万就学，一亿多青壮年已超过入学年龄，大都识字不多甚至不识字。晏阳初经过一年多的调查研究和探索，研究了一套适合国情的平民教育计划和方案，开始在河北定县进行实验。平民教育，就是对十二岁以上不识字和识字又缺乏常识的全国男女，实施教育。这些青壮年才是"平民教育"的重点。

第二大发明，"乡村建设理论"——

这是在"平民继续教育"基础上进行的，1923 年"平教会"成立后，他和诸同仁，开始在河北定县展开"平民教育"实验。

"平教会"当时的口号是"除文盲，作新民"。在扫文盲基础上，实施文艺、生计、卫生、公民四大继续教育，旨在实现：养成自读、自习、自教的能力；灌输公民常识，培养国民精神；实施生计教育，补助、指导和改善生活。

1933 年 7 月，他在山东邹平县召开的第一次全国乡村工作讨论会的报告中指出："在定县乡村办平民教育，我们觉得仅教育农民认识文字取得求知识工具而不能使他们有用这套工具的机会，对于农民是没有直接效用的。所以从那时候起，我们更进一步觉悟，在乡村办教育若不去干建设工作，是没有用的……不谋建设的教育，是会落空的，是无补于目前中国农村社会的。"

通过定县实验，他找到了适合我国农村特色的治国方略："人民是国家的根本，要建国，先要建民；要强国，先要强民；要富国，先要富民。"以教育为工具，推动经济、政治、卫生、文化全面发展的乡村建设理论。

1988 年，他在谈到乡村改造十大信条时说："国际乡村改造运动，溯其历史，源于第一次世界大战时期法国战区的华工教育，后来演变为中国的平民教育运动，成熟于定县实验时期。从五十年代起，以中国定县实验的基本理论为基础的乡村改造运动，在第三世界发展中国家推广开来。经过四十多年的努力，我们的平民教育和乡村改造实践与理论又有了很大的发展。"

三大方式

学校式——

平民学校的形式有"初级平民学校"、"高级平民学校"和"平民大学"。初级针对12岁以上，已超过入学年龄的文盲，进行扫盲工作。

掌握了识字工具的学员毕业后，可进入高级平民学校，进行比较系统的训练，主要课程有社会、政治、历史、经济学、农学等，以培养乡村领袖。

"平民大学"初为"平民职业学校"，对农民进行生产技术、良种选择、防虫治病等技能的训练。旨在培养高层次人才，培养县以上的专家和领导人。

学校式教育是为了实现五大目标："劳动者的体力"，教育要与生产劳动相结合，参加劳动，使身体素质得到锻练和提高；"专门家的智能"，要有"一技之长"，有了知识还要能应用；"教育者的态度"，因为"人皆可为尧舜"，作人师的要有"诲人不倦"的精神，才能使受教育者"学而不厌"；"科学家的头脑"，因为过去我们中国人有一个不好的心惯，叫做"遇事马虎"，遇事只注意皮毛，不重视深刻了解，所以，"要我们的民族能生存在这样科学的世界里，我们就要有追求真理的精神"；"创造者的气魄"，"中国人最爱享现成的福，自己却缺乏创造的精神，墨守成规，不求进步"，因此，要培养青年学生的创造精神，以"创造国家民族的新生命"。

社会式——

主要针对成年人和妇女，以平民学校毕业生的活动为中心进行继续教育，比如组织校友会、阅读农民周刊并投稿、组织戏剧和辩论俱乐部、用无线电传播农业知识、进行植树修路禁毒拒赌运动等。校友会的会员还会向广大农民表演与解说农村建设的知识技能。

家庭式——

旨在"联合各个家庭中地位相同的分子施以相当的训练"，将家庭中的男女老少，分成户主、主妇、少年、闺女、幼童五种组合，进行相应的教育。这种模式常和学校式、社会式结合进行，目的是改良家庭日常生活，解决家庭与学校的矛盾以减少上学阻力，增加家庭社会责任。

四大教育

这是晏阳初在定县实验中总结的教育思想的重要组成部分。他说："在定县，我们研究的结果，认为农村问题是千头万绪。从这些问题中，我们又认定了四种问题是比较基本。这四大基本问题，可以用四个字来代表它，所谓愚、贫、弱、私。"

"愚"——大多数人民思想愚，认为读书是读书人的事，和老百姓无关；"贫"——大多数人民生活贫困，与生死夹缝中挣扎生存；"弱"——大多数人民对身体习惯听天由命，科学治疗、公共卫生均不了解；"私"——大多数人民不能团结合作，缺乏公民意识和道德陶冶。这四病是思想枷锁，只有根治才能实现平民教育推行。

针对这四大病症，他研究出"四大教育"——以文艺教育攻"愚"，培养知识力；以生计教育攻"贫"，培养生产力；以卫生教育攻"弱"，培养强健力；以公民教育攻"私"，培养团结力。

他首先用《平民千字课》扫除文盲，通过文艺教育丰富人民文化生活，培养知识力；然后通过生计教育普及科学知识和技能，让人民具备科学头脑，解决生计问题；再普及卫生知识，培养卫生习惯，用公共力量创公共卫生，提高健康力；最后则进行公民教育，一方面培养民众公共心、团结力，使之在任何团体均能成为忠实有效的分子，另一方面则在良心基础上培养和增强民众的判断力、正义感，使之具有自信自决、公是公非的主张，加强自强自立的道德训练。

五个结合

晏阳初用五个结合整体推进平民教育，最终改造乡村，创造新生活，使广大人民成为有创造力、有知识力和公德心的"新民"。

第一，教育与农民生活、乡村建设相结合。他认为，平民教育是为了适应、改变、创造实际生活，其中生活是起点，民族再造是目标。所以平民教育不能仅教农民识字取得工具，更要教会他们使用工具进行乡村建设。他说："不谋建设的教育，是会落空的，是无补于目前中国农村社会的"；

第二，理论与实际相结合。他反对"为教育而教育"的做法，而力主理论与实际相结合。一方面，他主张教育者与农村实际相结合，要深入农村学习，"从农民生活中找材料"，编写适用于农村的教材；另一方面，"教育的内容就是建设的需要，教育的过程就是建设的过程，教育就是建设活动"，教育者应简单易行地教、身体力行的示范，让农民更易接受知识。"以教育为经，建设为纬"，用理论结合实践来灌输知识、训练技能，从而促进乡村建设，推进新民社会实现。

第三，科学与农村实际相结合。他认为，农民是国家的基础，是民族生命的源泉。他的平民教育思想的一个重要组成部分就是"使农业科学深入民间"。他深知，"农业科学家与农夫，各自为谋，不相闻问"。所以1923年"平教会"成立之初，他就动员了一大批知识分子下乡，将科学与农村实际相结合，从而用科学的方式找问题、寻答案、再推广。

第四，物质文明与精神文明建设相结合。他认为，平民教育的"平"，一是人格平等，二是人人有受教育的机会，三是治国平天下。平民教育目标不仅仅是扫文盲、授知识、传技能、解决生存问题，而应该培养民族新生命，塑造民族新人格，促进民族新团结，使民众成为有觉悟、有道德、有公共心、有团结力的新人民。他指出："假使农民的知识已经培养起来了，生产技术也改良了，科学化了，体格也强健了，要是没有团结力，所谓民力培养，完全失去目的，也是枉然！"

第五，个人与集体相结合。他知道近百年受帝国侵略、封建思想、官僚地主的压迫剥削，大多数人民变得自私自利、贪图安逸、不求上进，但是国民的自私自利并非与生俱来，而"是自私自利的教育制度造成的。自私自利的结果，成为一盘散沙的国民"。所以他创立了一套提高民族自觉心的"组织教育"方法。主要对象是儿童和青年，儿童是未来，青年是生力军，只要让他们具备了组织观念、组织技能、组织习惯，未来就能够提升祖国建设。这是个人与集体结合的教育思想，为的是培养平民具有集体主义、爱国主义和国际主义思想。

1985 年和 1987 年，晏阳初以 90 多岁的高龄远涉重洋回到祖国访问，仍然在关心农村建设，他说："科学不应是少数人享受的，而应是全世界劳苦大众都享受的，应该成为他们的知识，成为他们的技能，使专家的所有科学知识能够打入到民间去。"他表示："我们愿意把我们 70 多年在乡村深入民间认识问题、研究问题、协助人民解决问题所取得的一点知识献给祖国。"

家事掠影

1917 年冬，晏阳初当选耶鲁大学华人协会会长，同时是男青年会会员。他在此期间有幸认识了女青年会会员许雅丽——当时哥伦比亚大学师范学院体育系的高材生，曾获中国留美同学会东部分会主办的女子游泳比赛冠军。两人在多次集会活动中相遇，最终成为好友、交往密切。

1920 年 8 月，他回到上海，见到了许雅丽，当时许雅丽已经和二三好友创办了女子体育师范学校，两人重逢甚是喜悦，不久成为恋人。

1921 年 9 月 23 日，两人结为伉俪。从此后，两人并肩携手，志同道合，同甘共苦，共写人生辉煌。

定县实验之初，许雅丽就支持丈夫，并带上儿女定居到定县，还办起景慧学校，解决同仁们儿女上学的问题。

战乱时，"平教总会"南迁长沙，西移四川，许雅丽都带着孩子，与丈夫同行。重庆私立乡村建设学院开学时，日军空袭、物资匮乏、医药不足，100 多个学生、教员和家属都将许雅丽当做学院的精神支柱；遇到空袭她先督促师生家眷隐蔽，但她总是最后一个离开。可以说，她将全部的精力和时间都花在了学院里。

1950 年，许雅丽领上两个女儿，与丈夫定居美国。丈夫不停地把平民教育运动推向世界，飞往各地奔忙，她就承担起所有的家务，让丈夫没有一丝后顾之忧。

1980 年 8 月 18 日，85 岁的许雅丽，突发心脏病，医治无效，在美国逝世。

晏阳初曾这样描述妻子："那美好的仗，她打过了，并始终持守自己的信仰。她留给人们的是一种祝福，她的一生，对很多人来说就是一种激励。"

夫妻俩共生育了 5 个孩子，两个女儿，三个儿子。1949 年，他与妻子离开中国的时候，三个儿子坚持要留下来建设新中国。他就带着妻子和女儿，经台湾去了美国。

三个儿子与自己的姐妹约定："新中国"一周年时，寄一张照片到纽约。如果三人都坐着，表明他们生活得不错；如果有人站着，则表明那个人的处境危险，如果这样姊妹就都不要再回中国来了。

一年以后，照片寄到纽约，姐妹打开来一看。兄弟三人全都站着。后来，大儿子曾任定州乡村建设学院名誉院长，其他两儿子都死于"文革"，最年轻的那个还是自杀身亡。

晏阳初晚年仍坚持推广平民教育，于 1990 年 1 月 17 日病逝于美国。

1993 年，他的长女遵照遗嘱，把他的一部分骨灰送回巴中安葬，后来他的陵墓建在巴中东郊的塔子山上。

异域升华

晏阳初的一生，全身心投入到平民教育事业中，不仅业绩辉耀中华大地，而且，推进了整个第三世界国家的前进，人生光辉，还在异域不断升华。

1928 年 6 月 20 日，他出席美国耶鲁大学毕业典礼领受荣誉文学硕士学位，赞扬词这样写道："晏君自 1918 年在耶鲁膺学士学位，今已届十周年，极少的毕业生在十年间的成就，可与这位具进取心、富有才能，而且又不自私的人相提并论；他是中国平民教育计划的主要负责人，他对东方的贡献可能比战后任何一人都伟大；当他在法国以青年会干事与中国劳工相处时，设想出对中国文盲的教育观念；他在中国雅礼会所在的长沙，开始作平民教育大运动，迅速扩张成为全国性事业；他自繁多的中国文字中简要选取一千字；在这平民教育制度下，二百万中国人已经学会读和写本国文字；晏君实是世界文化中一有效能的力量。"

1943 年 5 月 24 日，他与爱因斯坦、杜威、福特等人一起，被评为"现代对世界具有革命性贡献十大伟人"之一，表扬状赞美道："杰出的发明者，将中国几千文字简化且容易读，使书本上的知识开放给以前万千不识字人的心智；又是他伟大人民的领导者，应用科学方法，肥沃他们的田土，增加他们辛劳的果实。"

1945 年秋，国民政府教育部设立全国民众教育委员会，聘请他为主任委员。11 月，联合国教科文组织在巴黎举行首次会议，这次会议以中国平民教育的经验为蓝本，制定了文教组织基本教育计划，以在世界未开发地区推行基本教育，扫除文盲、灌输基本教育为目标。他平民教育和乡村建设事业开始获得世界范围的认可。

他先后将"定县实验"推广到华西实验区 10 县，500 万人参与；推广到世界各地，如美国、古巴、亚洲、非洲、拉丁美洲，在菲律宾建立了"国际乡村改造学院"。他的平民教育运动，获得了联合国的充分肯定。

1947 年 8 月 25 日，在巴黎出席联合国"文教组织"研讨会上，他作了《平民教育与国际了解》的演讲："中国平民教育是秉承中国古训及为民所治、为民所享、为民所有原则进行：经由大众教学战胜了文盲；经由人民生活的改善克服了贫穷；经由为民所治、所有，消除了腐败政治。平民教育是一为民所有的运动。"

1989 年 10 月 25 日，美国总统乔治·布什致电祝贺他 96 岁寿辰，贺辞中说："您一生服务于发展中国家的乡村平民，给了众多美国人极大的鼓舞。通过寻求给予那些处于困境中的人以帮助，而不是施舍，您重申了人的尊严和价值。我对您通过给予平民更多的自由和机会来帮助他们摆脱贫穷所做的努力表示赞赏。您已使无数人认识到：任何一个人不只是有一张吃饭的嘴，而是具备无限潜力的、有两只劳动的手的、有价值的人。您是我们人类的颂歌，是你们同行的楷模。"

参阅资料

《平民教育家晏阳初》. 四川巴中县政协文史委. 四川大学出版社. 1990 年

《黑暗世界"点灯人"——伟大的平民教育家晏阳初》. 宋恩

荣.《中国青年报》. 2000 年

《晏阳初传》. 吴相湘. 岳麓书社. 2001 年

《晏阳初传略》. 晏鸿国. 天地出版社. 2005 年

《旧中国乡村建设的三位探索者：晏阳初、梁漱溟、卢作孚》. 张秉福.《炎黄春秋》. 2006 年

《定县实验与农村复兴运动》. 孙诗锦. 华南师范大学《史学月刊》. 2006 年

《他感动了世界：平民教育家晏阳初的实践与精神》. 鄢烈山.《南方周末》. 2006 年

《晏阳初的平民教学思想及对"新农民"教育的启示》. 杨建华.《宁波大学学报》. 2007 年

《寻找晏阳初：被遗忘的中国乡村建设先驱》. 邱建生.《南风窗》. 2010 年

《中国近代思想家文库·晏阳初卷》. 宋恩荣. 中国人民大学出版社. 2013 年

陈鹤琴：另类的儿童教育家

陈鹤琴，1892年3月5日生于浙江上虞县百官镇一个破落小商人家庭，1982年12月30日在南京病逝，他用91年的生命，探索书写了儿童教育的华丽篇章。

清华大学毕业后，他赴美国留学5年，于1919年获得哥伦比亚大学硕士学位；五四期间回国，任南京高等师范学院教授，开始长期从事儿童教育和师范教育工作，在儿童心理研究和幼儿教育研究方面取得了丰硕成果。

1923年，他在任东南大学教授兼教务主任期间，在自己住宅创办南京鼓楼幼稚园，这是我国第一所实验幼稚园。1927年他就任晓庄师范学院第二院院长。1928年至1939年间，他任上海公共租界工部局华人教育处处长，创办了多所幼稚园、小学和中学。1940年创办我国第一所公立幼师——江西省立实验幼稚师范学校，3年后改为国立幼稚师范学校。

他创办《活教育月刊》，针对我国几千年来死读书、教死书的陋习，创造了"活教育"理论，要求活读书、教活书。

他提出学前教育、幼儿教育和家庭教育理论，还编写了幼稚园、小学课本及儿童课外读物数十种，并设计与推广了玩具、教具和幼稚园设备。

他一生热爱儿童、热爱儿童教育事业，写下了 300 多万字专著、论文、实验报告，其中《家庭教育》《儿童心理学之研究》《幼稚园的课程》《中国幼稚教育之路》《教育史导言》等启迪后贤。

他曾任南京师范学院院长、江苏省人大常委会副主任、中国教育学会第一届名誉会长、全国幼儿教育研究会名誉理事长等职，被人们尊称为："中国教育界四位圣人之一"。

浙商后裔

1892 年 3 月 5 日，农历二月初七，天下着大雪。新生的婴儿陈鹤琴，作为父亲的七儿、母亲的六儿，在上虞县百官镇茅家弄陈氏杂货店，挤入这个色彩斑斓的世界。

一

他出生那天，父亲陈松年偏巧不在家，或许是因为"避邪"——按旧时规矩，女人生产被看作是血光之灾，经商的人更加应当回避。

他母亲陈张氏生他那天，正值半夜，外面飘雪，屋内阴冷，光线黯淡。这已是他母亲第六次生产，父亲曾娶过一妻，因病过世，留下一女。他母亲作为填房，进入陈家后已生了一个千金和四个男丁。

本来他母亲想找个接生婆帮忙，但因是半夜，又嫌麻烦，所以没去叫。半夜他母亲即将临盆，无人帮忙，只得忍着腹痛摸黑下楼，到厨房将水烧开，又将木脚桶拿回房间，将婴儿用的小衣服、尿布等齐齐整整放在顺手的地方。

在窄小的楼梯爬上爬下，全身浮肿的母亲每走一步都很艰难。当开始破水时，疼痛加剧，他母亲却一声不吭，最终疼昏了过去……待他母亲醒来，他已呱呱坠地。

二

上虞的百官镇虽地方不大，却西通杭州、东达宁波，距绍兴和余姚都不过百里，是个交通便利、商客集中的好生意场。

清朝乾隆年间，一个叫陈正表的 20 岁年轻人，辞别家人离开沥海故土，只身来到百官镇做起了生意。

开始时，他用全部家当几千铜钱盘下了一个铺面，开了一间山货、农具店。因其对己克勤克俭、对人亦忠亦诚，所以人缘和口碑都很好。几年后小店兴旺后，他娶了戴氏为妻。戴氏为他添了两子，老大叫大鸣，老二叫大成。大成无后嗣，大鸣则继承父业，并在金鱼湾种了三亩半水田，还有湖田十余亩。自此陈家扎根于百官镇，祖训曰：勤俭起家，忠厚传代。

清道光年间，杂货店传到了陈鹤琴的祖父陈光浩手中，因已 40 来岁仍未生子，所以祖父夫妻二人格外热心行善事。清道光三十年（1850 年），太平军起事，从南到北一路杀向南京，一天他祖父被强盗掳到离百官镇不足五里的荫岭，被连砍 13 刀，倒在稻田里。可能好人有好报，他祖父三天后幸得路人相救，大难不死，只是杂货店已只剩断壁残垣。

他祖父却不气馁，伤势刚愈就在原店址盖了几间茅草屋，做了两个牌子：一曰茅草屋临时商店，一曰陈聚兴冬夏布店。慢慢的生意好了起来，茅草屋也换成了两层楼房，店号则称"聚兴隆"。因他祖父经营有方，小店很快成了镇上的大商号。

终于，他祖父得了一个跛足儿子，就是陈鹤琴的父亲陈松年。一次，跛足父亲在上学路上赊账吃了麦果店的麦果，伙计遂上门讨钱。晚上跛足父亲放学回家，祖父就拿一块压布的方铁砸向父亲，被其躲开后，祖父的朋友见此情景质问："你只有一个儿子，不能这样打他的!"祖父却说："要从小教起，恶习惯，不可养成!"

祖父为人正直、烟酒不沾，全无不良嗜好，却只活到了53岁便因病去世。随后杂货店由祖母一手操持，伙计专事进货对外，祖母负责内部事宜，竟然将生意维持了几十年，祖母73岁过世才将生意交到跛足儿子陈松年手上。

三

店铺刚交接时生意还过得去，但是陈鹤琴的父亲却抽鸦片，身体孱弱，无心生意，六七年后聚兴隆就因经营不善开始亏损。

陈鹤琴四五岁时，家境已相当困难，他大哥在外学做生意，母亲在家照顾一家老小。当他父亲去世后，生活更加困难了。接手店铺的大哥天天往外跑，染上了赌博，又交了损友，也无心生意，最后将店铺盘给了别人。就这样陈家产业被子孙败掉了。

有一天大雪纷飞，他母亲对缩在被窝里的孩子们说："被窝里很温暖，起来太冷了，还是睡吧! 我们又可以省一顿早饭呢!"这是陈家在百官立下门户之后第一次挨饿。

除了挨饿，冬衣也是个大问题。因为缺衣少粮，陈鹤琴的衣服没得换洗都长满了虱子，可是眼见这种情形，母亲却束手无策，只能安慰自己："我还有四个儿子，总会有几个有出息的!"

从那以后，他母亲经常用"吃得苦中苦，方为人上人"来教育孩子，告诫孩子们："三四兄弟一条心，遍地灰尘变黄金；三四兄弟各条心，家有黄金化灰尘。"还教孩子"吃亏就是便宜"，"讨人便宜，人便不高兴"，母亲盼望孩子们长大后，能重振陈家。

在他父亲去世 8 年间，生活愈加困难，但母亲却信念坚定：既然能生出这些孩子，也一定能把他们拉扯大！

四

光绪二十五年（1899 年）春天，陈鹤琴不到 8 岁就进了私塾。

开学那天，二哥带他去拜见老师。私塾先生对学生因材施教，每个学生学的书都不同，上午念书，下午练字，夏天下午写字后还要对对子，先生每天会出一个对子给学生对，从一个字开始，逐渐到六七个字。这种训练方法让陈鹤琴打下了很好的国文底子。

一般孩子启蒙课本是《三字经》《百家姓》等，而先生给陈鹤琴读的，却是《幼学琼林》《孟子》，这使他更加成熟，甚至常有人向他请教学问上的事。

可惜，在私塾不到半年，他就改在二哥家中开的家塾里念书；以后，二哥病了，由他的同学来代替。过了两年，二哥去世，家塾不得不停办。于是，他又进了陈家私塾继续学业。在私塾里教书的是一位嗜食鸦片的老先生，总是一副无精打采的模样，气氛沉闷，学了 3 年。

就这样，6 年私塾，他除了认识三四千字外，其他知识学得很少。

五

1906 年，陈鹤琴跟着小姐夫去了杭州，学做生意。

　　小姐姐的婆家是开绸缎庄的，家里有些钱，但并不宽裕。他在姐夫家住了半年，因一时没好生意做，姐夫决定送他进学堂读书。

　　8 月下旬的一天，由姐夫的朋友介绍，他进了蕙兰学堂。蕙兰的学费和膳食费一共 32 元，为筹划这笔费用，姐夫把自己的皮衣服和小姐姐的首饰典当了 35 元。临出门前，姐夫叮嘱说："读得好，可以读上去；读得不好，就去学生意!"姐夫的一番苦心与告诫深深地铭刻在了他的心头。这一年，他不到 14 岁。

　　他的文化基础很差，在蕙兰中学，除了国文课外，其他课程都没接触过。蕙兰的课程设置很紧凑也很严格，他上学时已 14 岁，所以一入学就是中学一年级下半学期，那时中学课程原定五年，相当于需要连小学基础都没有的他，在四年半的时间里学完小学、中学的全部课程。这是一个门槛，而迈过它的方法只有一个：勤奋刻苦。

　　入校以后，他每天天未明即起，洗漱完毕就开始读书，英文从 26 个字母学起；中文先后一知半解地读了《易经》《礼记》《庄子》《荀子》等古书。他每天从早上五点或五点半一直读书到晚上九点熄灯就寝，几个月下来，他的成绩迅速提升，尤其英文更是找到了有效的学习方法。

　　蕙兰对学生的成绩考查得很紧。每天上课，老师总要将前一天的功课温习一遍；周六不上新课，将一周学习过的功课进行小考；每月底作月考，学期作大考，学年年考，年考成绩的优劣决定班级的升降排名。

　　陈鹤琴入学第一学期的成绩位列全校前十名，第二学期就上升至第四名，有一个学期，他甚至坐在第一名的荣誉位置上。

学业精进

1910 年末，陈鹤琴将满 19 岁，以优异成绩从蕙兰学堂毕业。他希望继续读书，得到了做生意的小哥支持。

一

当时，有两所大学可以选择，一是教会办的上海浸礼会大学（即后来的沪江大学），另一所就是当时在国内赫赫有名的圣约翰大学，也叫梵王渡大学。

当初送陈鹤琴到蕙兰读书的姐夫，此时又竭力鼓动他去投考圣约翰。次年 2 月，他如愿考入了圣约翰，开始了新的学业。

他刚进圣约翰时，因为岁数稍大，也是从一年级下学期插班开始的。校长看着眼前这个矮个子圆脸盘的学生，满脸诚恳神情，交上来的蕙兰成绩单各科都不错，因此就答应把他先插班在一年级下半学期试读两周，若读得好，可以升上去，若读不好，则将被退回中等科。

他只有硬着头皮，拼着命去死读书。他后来回忆说："全校五六百个学生中每天起得最早的总是算我了。功课虽考不着第一，起早的头名没有人敢来抢的。"

他的第一道门槛是英文。圣约翰的课程除国文外，理化算学历史等都是用英语讲授，课本也采用英文教材。因为他是中途插班，大学一年级上半学期课程没学过，他感到有些吃力。经过一个阶段适应环境，他依然像在蕙兰读书时那样的坚韧、勤奋和刻苦，终于跟上了课程进度。一年的功课须半年学完，他读得实在辛苦。学期结束，各门功课，他每门都及格，唯有拉丁文一门只考了 59 分，下一学期需要补考。

宣统三年（1911 年）6 月，陈鹤琴的小哥，从报纸上看到了清华学堂在国内招考的消息。清华学堂是由用美国所退还的部分庚子赔款建立的留美预备学校，清廷为选拔留学人才，在全国各省招考。按规定，凡年龄在 15 岁至 18 岁者皆可报名投考。初试由各省提学使主持，复试由学部尚书主持。这是清廷所举办的第三批选拔留美学生的考试。

这时，陈鹤琴已超过了 19 岁，经不住小哥和蕙兰的几位老同学的怂恿，他把年龄少报了一岁，终于报上了名。浙江报考考生共 23 人，初试取前 10 名，他位居第九幸运通过；复试一千多人取 160 名，他位居 82 名留了下来；再试 160 人取 100 名，他位列 42 名。考试结束后，他被清华学堂录取成为第三批庚款留学生。

二

经过 3 年多的学习，陈鹤琴毕业了，将随同学一起赴美留学。

1914 年 8 月 15 日，他和同学们在上海跳上"中国号"邮轮启程前往美国，他后来回忆："这次赴美游学的共有百余人，其中有新考取的 10 个女生，清华优秀幼年生 10 人，1913、1914年毕业生 70 余人以及自费生数人。我们百余人，济济多士，把'中国号'的头等舱位几乎占满了。"

航程中，大部分人都晕船，全船只有他和五六个人没有躺倒。本来上船前，他就考虑过自己未来的路：先到美国俄亥俄州的奥柏林大学读教育学，毕业后转到著名的哥伦比亚师范学院专攻教育。然而，看着邮轮随风浪颠簸摇摆，他开始怀疑自己的选择，悄然自问："我为啥要读教育？教育不是一种很空泛的东西吗？读了教育，还不是坐'冷板凳'，看别人的面孔讨生活吗？"他想学一门本事，比如学医。左思右想，三四天后，他把内心想法告诉了同船的校长。校长却笑笑回应说："你要学医，我不反对。我打个电报给留美监督，请他替你接洽美国最著名的医科大学！"

又过了几天，他重新检讨了自己的志向，又追问自己："医生是与病人为伍的，我是喜欢儿童，儿童也是喜欢我的。我还是学教育，回去教他们好了！"

他又站到校长面前，把自己的想法讲了一遍。校长听罢微笑着说："电报已经打出，不能再改了。好在霍普金斯大学文理科也是非常著名的，你还是到那里去吧！"

9月7日，"中国号"缓缓驶进旧金山港口。9月13日，全体人员到达芝加哥，就地解散，分头前往各自的学校。他在船上结识的新友陶行知，去了离芝加哥140英里的双子城伊利诺伊大学攻读市政学；他与几位同学继续前行，第二天半夜，火车到了匹兹堡，他们下车后分手。

他独自一人，换车去巴尔的摩。9月15日清晨，到达巴尔的摩火车站。他刚到出站口就看到一个中国人等在那里，就大声问对方："你是不是来接我的？"那人有些狐疑地问道："你不是到巴尔的摩来念书的？"他连连回答："是的！是的！"最终他在当地的青年会住下了。

10月15日霍普金斯大学正式开学。此前三天，陈鹤琴把自己在清华学校所读的功课和成绩送给教务处审查，结果只有一部分功课和成绩被承认。学校按照他过去的成绩，把他安排进了大学二年级。

在霍普金斯读书，首先要遵从校训："真理使你自由！"这里的真理就是知识、科学！求学就是为了学习知识和科学，是为了寻求真理。为此，陈鹤琴给自己订下了一条求学原则："凡百事物都要知道一些，有一些事物，都要彻底知道。"

进入霍普金斯伊始，他就对所接触到的一切都感到非常新奇和无穷乐趣。他的英文基础很好，经过学习，又在德文、法文上下了工夫，长进不小。在学习期间，他深刻认识到："一个游学生到国外游学，最重要的不是许许多多死知识，乃是研究的方法和研究的精神。世界上所要知道的知识，实在太多了！怎样可以在短短的五六年的时间都学到呢？若要得到研究的方法和研究的精神，你就可以回国后自己去研究学术，去获得知识，去探求真理。方法是秘诀，方法是钥匙，得到了秘诀，得到了钥匙，你就可以任意去开知识的宝藏了。"

这一时期，他感觉自己求知欲望非常高涨，什么东西都想研究，都想学习。1917 年夏天，他在霍普金斯大学本部毕业，获得文学学士学位，随即转到位于纽约的哥伦比亚大学师范学院专修教育。

这年冬天，他参加了由孟禄博士组织的一个 30 多人的考察团，考察美国南部黑人教育，考察费用由孟禄博士出面募捐。这次南方之旅的所见所闻，对他日后成为教育家的心路轨迹和人生旅程产生了重要影响。

考察的第一站是美国南部弗吉尼亚州的汉普顿学院，这是一所专门为教育黑人子弟而办的学校，这所学院里，没有种族歧视，白人、黑人、黄种人学生和睦相处，家境贫穷的学生可以通过勤工俭学所得报酬来交学费、膳食等费用。第二天，考察团离开汉普顿学院前往塔斯基吉学院，这是一所由黑人创办的学院，学院里的教师都是黑人。在校园里，他还看见许多学生正在建一座小楼。校长对他们说，学校的全部校舍都是由学生自己建筑的。学生们既会用脑也会用手。"做中学"，是孟禄博士组织他们到这里实地考察教育的目标之一。

从塔斯基吉学院出来，他们又参观了几所乡村小学。这些乡村小学可说是"夫妇学校"，每周上五天课，星期日，学校变做教堂，而教师们则成为讲道的牧师。

考察中，令他振奋和感动的是塔斯基吉学院的创办人布克·华盛顿（Booker T. Washington）。布克曾写过一本自传，书名为《黑奴成功传》，讲述自己的成功。他读了这本书后，深受感动："一个到了 19 岁开始读书的黑奴，能够努力奋斗，教导群众，为社会谋幸福，为民族增光荣！我们自命为优秀分子，曾受过高等教育，应如何奋发惕励，为国努力呢！"

1918 年夏天，陈鹤琴读满了学校规定的 30 学分，被授予教育社会学硕士学位及教育学教师的文凭。他后来回忆说："在哥伦比亚大学，心理学家桑代克教授对我们说过他的一个研究。他在水缸中做了简单的迷津，用玻璃作隔板，在迷津的另一边放了食饵，把鱼放在迷津中，鱼看见食饵，就想去吃它，但不会运用方法来达到目的，却只是把头向玻璃上乱碰，结果总吃不到食饵。这是因为鱼的智力薄弱，反应简单，假使智力较高的话，就不会这样了。在一种反应达不到目的时，它就会采取另外的途径，以求达到目的。从那以后，凡是一个问题发生，我总是多方去解决，这个方法不能解决，便运用另外的方法，直到解决了问题为止。"

桑代克这位大心理学家的理论和心理学知识，对他数年后从研究儿童心理入手开始儿童教育研究与实践，产生了直接影响。

他找到心理学主任伍特沃思教授，要求转入心理系。经审查成绩，他的要求获得同意，伍特沃思教授成为了他的导师，亲自为他定了博士论文题目"各民族智力之比较"，他用了几个月的时间选择智力测验的材料，准备来年到檀香山去做深入考察、研究。然而因为他官费留学的期限只到 1919 年前半学期，所以在 1919 年 6 月，他也只得呈请公使馆发护照和路费准备回国。

观察研究 808 天

1919 年 8 月，陈鹤琴回国了，不久就任南京高等师范学院教授。1920 年 12 月 26 日凌晨，29 岁的他初为人父。

他拿着照相机对着襁褓中熟睡的婴儿连连拍照，然后用钢笔在本子上记下了婴儿从出生那一刻起的每一个反应：儿子出生后 2 秒，就开始大哭，延续了 10 分钟，以后间接地哭，45 分钟后哭声停止；儿子连续打了 6 次呵欠，渐渐睡着了；10 个小时后，儿子流出了自己人生的第一泡尿……

尽管时值严冬，但他心中却是一片春光，幸福无比。他知道，自己正与新生儿一道，将完成一项具有开创性意义的实验。他将儿子作为对象，深入观察了 808 天，用文字和拍照详细记录了下来，就是为了研究儿童心理学。他为自己儿子起了个响亮的名字：一鸣。

在这个实验中，他自己的家就是实验室；母亲和妻子就是得力助手；儿子则是工作对象、实验中心。他将 808 天的观察和实验结果分类记载，文字和照片累计了十余本，然后将这些记录和研究心得编成讲义，开始在课堂开设儿童心理课程，甚至有时还会将自己可爱活泼的儿子抱进课堂作示范。

陈鹤琴是我国最早将观察实验方法运用于研究儿童身心发展规律的教育家。他的观察文字和摄影记录，所研究出的有关幼儿动作、好奇心、模仿力、游戏、言语能力、记忆力、想象力及知识、能力、思维发展的特征和意义，是他日后研究和论述儿童心理、儿童教育、儿童游戏和玩具、儿童道德教育、家庭教育等方面的重要佐证。

他的朋友、教育家陶行知评价他说："陈先生得了这个实验中心，于是可以把别人的学说在一鸣身上印证，自己的学说在一鸣身上归纳。"

他通过亲身经历、观察和实验，将儿童心理特点进行了归纳，并提出 101 条教导原则。他还主张：家庭教育必须依据儿童心理和生理发展规律；想教育好儿童，先学会如何做父母。

他指出："幼稚期（自生至 7 岁）是人生最重要的一个时期，什么习惯、言语、技能、思想、态度、情绪都要在此时期打下一个基础，若基础打得不稳固，那健全的人格就不容易形成了。"要培养孩子健全的人格，父母之责是重中之重，父母不但应该以身作则，更需为孩子打造良好的外部环境，如阅读环境、游戏环境、劳动环境、艺术环境、科学环境等等。

幼儿教育

1923 年秋，陈鹤琴在自己住宅的客厅里，开办了南京鼓楼幼稚园，自己亲任园长，聘请了 2 位教师，招收了 12 名流浪儿，开始开展儿童教育实验。

他让自己的女儿当小先生，教流浪儿识字、唱歌；他还和孩子们一起玩识字游戏；甚至还和孩子们一起表演节目。当时我国的儿童教育还是一片荒漠，陈鹤琴留学归国，就在南京创办了5所实验学校和幼稚园，最早在高校开设了儿童心理学课程。

有人在背后议论："堂堂大学教授，搞娃娃教育有什么出息？"他却回应说："我就是要从小孩教起！"

他更是用自己孩子为模板，进行教育实验，并归纳总结了科学的儿童观和教育观，开创了中国研究儿童的先河。

1925 年，他的《儿童心理之研究》出版，这是我国第一本儿童心理学研究专著。另一本《家庭教育》是前书的姊妹书，更是记载了他对儿子一鸣和女儿秀霞进行教育的心得，因而被陶行知评价为"当今中国出版教育专著中最有价值之著作"，此后几十年中，此书再版了15次。

虽然那时幼稚园开在家中客厅，但他却胸怀大计划：建筑中国化的幼稚园园舍；改造西洋的玩具使之中国化；创造中国幼稚园的全部活动。1925 年，新幼稚园舍落成，他和学生、助手张宗麟等，开始开展幼稚园课程、教材、教学法、设备和儿童习惯培养等实验。而他们总结、整理的实验成果，若干年后成为了我国首部《幼稚园课程暂行标准》的核心内容。

当时我国幼儿教育有三种病：外国病、花钱病、富贵病。陈鹤琴和陶行知等新教育倡导者们甚为感慨，希望能将幼稚园课程从外国模式中解放出来，创造符合儿童特点和国情的课程和教法。1926 年 2 月，他和张宗麟等发表了《我们的主张》一文，其中提出了有关幼稚园教育中适合国情、幼儿心理、教育原理、社会现状的 15 条主张，成为了我国现代幼儿园教育的最早纲领。

1940 年，年近半百的他又创建了我国第一所幼稚师范学校，学校没有门和围墙，只在两颗松树间横了一个写着"国立幼稚师范学校"的牌子，字下面画了一只红色的小狮子。他常对学生会说："我们的幼师，就像一头觉醒的小狮子。"他自封为"老狮子"，在这荒山上与师生们边教学边劳动。学生的印象里，他就是"那个穿着工装裤，白衬衫，满脸红光，精神抖擞的老顽童，总是带着大家又唱又做"。

"活教育"思想体系

1940 年，陈鹤琴在江西创办省立实验幼稚师范学校提出了"活教育"的思想体系，经过 7 年的教学实践，1947 年他在上海逐步整理出"活教育"的思想体系，包括三大纲领，目的论、课程论、方法论，以及 17 条教学原则和 13 条训育原则。这是他长期教育实践的概括和总结，是中西文化与教育融合的产物，有着深厚理论基础。

他经过认真研究分析，得出活教育与死教育的十大区别：

1. 活教育的一切设施、活动都以儿童为中心，学校一切活动都是儿童的活动；死教育正好相反，一切以教师为中心；

2. 活教育目的是培养做人的态度，养成优良的习惯，发现内在的兴趣，获得求知的方法，训练人生的基本技能；死教育则只注重灌输许多无意义的零星知识，养成许多无关紧要的零星技能；

3. 活教育的一切教学，集中在"做"，"做"中学，"做"中教，"做"中求进步；死教育则是集中在听，教师口里讲，儿童用耳听；

4. 活教育是分组学习，共同研讨；死教育则是个人学习，班级教授；

5. 活教育以爱以德来感化儿童；死教育则是以威以畏来约束儿童；

6. 活教育让儿童自订法则来管理自己；死教育则是教师以个人主见来约束儿童；

7. 活教育根据儿童的心理和社会的需要来编订课程，教材根据儿童的心理和社会的需要来选定，所以课程有伸缩性，教材有活动性且可随时更改；死教育则是固定的课程，呆板的教材，不问儿童能否了解，不管时令是否合适，只是一节一节上，一课一课教；

8. 活教育时，儿童天真烂漫，活泼可爱，工作时很静很忙，游戏时很起劲很高兴；死教育时，儿童呆呆板板，暮气沉沉，不好动，不好问，俨然像个小老头；

9. 活教育是师生共同生活，教学相长；死教育则是师生界限分明，隔膜横生；

10. 活教育的学校是社会的中心，师生集中力量，改造环境，服务社会；死教育则是校墙高筑，学校与社会毫无联系。

针对此，他提出了"活教育"的思想体系——

"活教育"的目的

他说："活教育的目的就是在做人，做中国人，做现代中国人"，不过这需要受教育者具备以下条件：

首先要具备健全的身体。他认为：一个人身体的好坏，对于他的道德、学问及从事的事业有很大影响。国人身体素质不好，一向被人讥笑为"东亚病夫"，因而具有健全的身体，是首要的条件；

其次要有建设的能力。当时国家百废待兴，建设能力培养更适合国家建设需要。

再次要有创造的能力。他认为，中国人本来有很强的创造能力，但近几百年来因循苟且不知创造，"及至科举一兴，思想就格外受到束缚，一般文人学士，摇笔呐喊的能力本领虽有余，而创造的能力则不足。时至今日，我们亟需培养儿童这种创造能力"他认为儿童创造力本来极强，只要善于引导、教育、训练，就能培养起来；

其四要有合作的态度。他认为，中国人喜各自为政，缺乏团队合作意识。"所以我们对于小朋友要从小就训练他们能合作团结，才能使他们配做一个新中国的主人翁"；

最后要有服务的精神。他说："如果我们训练的儿童，熟知各种知识和技能，可是不知服务，不知如何去帮助人，那这种教育可以说全无意义。"他认为教育的目的，就是让孩子知道如何服务他人、如何帮助他人。

"活教育"的课程设置

他认为死教育教出的只有书呆子，生搬照抄国外模式，却与实际脱节，应该进行活教育，反其道而行，向大自然和大社会学习。

他说："大自然，大社会，都是活教材"，"活教育的课程是把大自然＋大社会做出发点，让学生直接去学习"。他认为"大自然＋大社会"才是活的书，直接的书；而书本上的知识都是死的书，间接的书。书本知识只能当作学习的副工具，国语、常识、算术都是副工具。所以他说："现在我们在这里主张大家去向大自然＋大社会学习，就是希望大家能把过去'本万能'的错误观念抛弃，去向活的直接的知识宝库，探讨研究。"

他将"活教育"课程归为五类，人称"五指活动"：儿童健康活动（包括体育、卫生等学科）；儿童社会活动（包括史地、公民、常识等学科）；儿童自然活动（包括动、植、矿、理化、算术等学科）；儿童艺术活动（包括音乐、图画、工艺等学科；儿童文学活动（包括读、作、写、说等学科）。

"活教育"的方法

他说："活教育的教学方法也有一个基本的原则。什么原则呢？就是：做中教，做中学，做中求进步。"活教育教学注重室外活动、实物研究对象、直接经验、生活体验等，仅以书本知识为辅佐参考。而获得经验和体验的方法，就需要先做实验观察，然后进行阅读参考，后发表创作自身观点，最终进行研讨批评。教师的职责仅仅是引发、供给、指导和欣赏。

他曾详细阐释了"活教育"的原则："凡是儿童自己能够做的，应当让自己做，凡是儿童自己能够想的，应当让他自己想"，"你要儿童怎样做，就应当教儿童怎样学"，"鼓励儿童去发现他自己的世界"，"积极的鼓励胜于消极的制裁"，"积极的暗示胜于消极的命令"等等。

他的"活教育"，也在随着社会发展而不断完善。抗战期间，他提出"做人，做中国人，做现代中国人"，这是爱国热情；抗战胜利后，他提出"做人，做中国人，做世界人"，因为中国是世界之一环，无法脱离世界，这是世界眼光。

他提出"做世界人"，就要"爱国家，爱世界，爱真理"。国是基础，爱国才能担起历史任务，使国家进步繁荣；世界识潮流，因为只有了解世界，融入世界，才能世界大同共同发展；真理是准则，因为它是客观的，只有养成求真的态度，才能认识真理，才能维护真理的权威。

挚友陶行知

1914年8月15日，陈鹤琴公费留学，乘坐中国第一艘自制邮轮赴美，正巧陶行知在这条船上，也是公费留学。这次相识，是他们终身友谊的开始。

两人抵达美国后，陶行知进入伊利诺大学攻读市政，1915年获政治学硕士学位；又入哥伦比亚大学师范学院获都市学务总监资格证书；1917年回国任南京高等师范学校教育学教员。而陈鹤琴则是获霍普金斯大学学士后，1917年到哥伦比亚大学师范学院攻读教育学和心理学，和陶行知是先后同学。他1919年回国任南京高等师范学校教育科教授，此时陶行知已任该校教务长，暂行代理主任。两人又成为了同事。

两人均受新教育运动影响，并同师承新教育运动领袖、美国著名教育学家杜威，又同以引进新教育改进中国教育为己任。可以说两个人共同的理想和事业，为他们终身的友谊奠定了基础，提供了动力。

20世纪30年代生活教育社和北方明日社掀起了一场论战，实为陶行知和尚仲衣两教授之战。陈鹤琴力挺陶行知，断言道："陶行知先生是近百年来一个伟大的教育家。"尚仲衣却不以为然说："这话不会过分吗?"后来，尚仲衣与陶行知相逢一笑泯恩仇，在实践中也接受了他对陶行知的评断。

1947年7月，陶行知病逝。正赶暗杀风波，陈鹤琴不顾个人安危，主持治丧工作，他在公葬仪式上宣读祭文，泣不成声。次年，他接连收到两封恐吓信却不为所动。

陈鹤琴自留学归国，先后创办了南京鼓楼幼稚园、燕子矶幼稚园、上海劳工幼儿团，均是幼儿教育的实验基地。

在此基础上，1940年他又创办了江西省立实验幼稚师范学校，将主要精力集中于"活教育"系统理论建设和幼稚师资培养方面。1943年，该校升为国立幼稚师范学校。1946年他来到上海，又创办了上海市幼稚师范学校。这两所师范院校，为我国当时刚起步的幼教师资培养提供了最佳范本，在我国儿童教育史上具有里程碑意义。

在我国儿童教育领域，陈鹤琴拥有无可争辩的权威地位。1929年"中华儿童教育社"成立，他被推选为主席，该社是当时我国最大的儿童教育学术团体和研究、推动儿童教育的中心。他曾在1947年9月于自己主办的《活教育》杂志上，回应了陶行知"只要你真的有些思想，会有后人替你理出来"的遗言。

在文章中，他将两人的生活教育理论融合到了一起，至今仍对我国教育具有指导意义：

第一，教育目标方面，陶行知以"追求真理做真人"为首；而陈鹤琴则以"做人、做中国人、做世界人"为首。

第二，教育内涵和课程方面，陶以"生活即教育，社会即学校"为主旨，注重教育与实践结合；而陈主张"大自然＋大社会"是活教材活老师，注重教育与实际生活、自然界结合。

第三，教育方法方面，陶提倡"教学做合一""在劳力上劳心"，注重手脑并用；而陈则提倡"做中教，做中学，做中求进步"，以"做"为中心，而做中求进步就是创造。

两人在求知教学方法和步骤上也有相似之处。陶提出"五路探讨"：体验、看书、访友、求师、思考；陈则提出"四个步骤"：实验观察、阅读参考、发表创作、批评研讨。

第四，两人都主张教育和训育统一，启发学生自觉性，指导学生自治，并注重实践。陶说："知识与行为分不开，思想与行为分不开，课内与课外分不开，做人与做事分不开，即教育与训育分不开"；陈则说："实际去训导学生的应当是全部教职员，把分家的训教两部分工作重新联结起来。"

第五，两人均认为教育的关键问题在老师，因此师范教育是根本。陶在 1926 年《中国师范教育建设论》中提出：师范教育是"中国今日教育最迫切的问题。"陈在同年写的《师范教育之根本问题》中指出：对于教育进行中的"船舵"的师范教育，必须实事求是的在事实上用功夫。

由此可见，陈鹤琴和陶行知的事业追求何其吻合，当可称得上是彼此挚友，一生知音！1979 年 7 月 14 日，他在一首诗中这样总结和陶行知的深厚友情：

> 我们教育战线系同志
> 我们奋斗目标系同道
> 我们出生时代系同年
> 我们海外求学系同学
> 我们回国任教系同事
> 我们立志伟人系素率
> 行知对我是一生系楷模。

家事走笔

1914 年，陈鹤琴在等待办理留美手续期间，曾回过一次家乡，奉母之命，订下了自己的终生大事。

他的未婚妻俞雅琴比他小 5 岁，是典型的淑女，清雅俊秀、知书达理、贤惠善良，颇具大家闺秀的风范。她曾就读于湖郡女校，与曾任北洋政府总理熊希龄后来的夫人毛彦文同窗，家政、英文、钢琴、针织刺绣样样精通，还在话剧《威尼斯商人》中饰演过角色。

在上虞百官镇，陈俞两家毗邻而居，俞家街门对着陈家后门，仅隔一条狭窄小街。俞父俞京周在招商局跑航运，家境很好，据说曾拥有三条货船。

当时陈家已经中落，杂货店也关张了，日子很拮据。然而俞父看对门院的陈鹤琴平日很用功、待人谦逊、也很孝顺，同时在圣约翰和清华上学，又即将留洋，所以对这个品学兼优的年轻人很有好感，因此回绝了其他有钱人家的提亲，将钟爱的独生女许配给了陈鹤琴，并允其学业结束后完婚。陈母也对俞雅琴很中意，于是两家老人一商量，就将婚事订了下来。

当时陈鹤琴22岁，俞雅琴17岁，因陈鹤琴即将出国，所以俞雅琴就去照相馆拍了一张照片，嵌入一个盘子大小的椭圆形镜框里，赠予了他。

陈鹤琴从此将未婚妻的照片随身携带，国外读书期间，他将照片悬于寝室墙上示之以人，戏称"挡箭牌"来拒绝他人的追求。他曾风趣的告诉子女，在留学期间曾有好几位漂亮、有学问的女留学生向他表达爱慕，都被他这个"挡箭牌"拦住了。

当时留洋学生中，很多人在国内均有婚约，甚至有的还结婚了，然而留洋见过世面后，却见异思迁、另觅新欢。而陈鹤琴却对爱情有始有终、白头偕老。

他和俞雅琴于1920年结婚，共育 7 个子女，子女均在他亲切教诲下加入了中国共产党，成为了出色的国家干部。这长达甲子的风雨岁月中，俞雅琴一直陪伴在他身边，同甘共苦、风雨同舟、相濡以沫、情感笃定，这份深切的感情被传为佳话。

参阅资料

《怀念教育家陈鹤琴》. 北京教育科研所. 四川教育出版社. 1986 年

《陈鹤琴全集（第六卷）》. 江苏教育出版社. 1992 年

《家庭教育》. 陈鹤琴. 华东师范大学出版社. 2006 年

《陈鹤琴文集》. 陈秀云 陈一飞. 江苏教育出版社. 2007 年

《陈鹤琴传》. 柯小卫. 江苏教育出版社. 2008 年

《陈鹤琴：一生为童稚》. 蒋昕捷.《中国青年报》. 2009 年

《我所知道的陈鹤琴》. 陈秀云. 金城出版社. 2012 年

《活教育》. 编者柯小卫 陈秀云. 南京师范大学出版社. 2012 年

《陈鹤琴画传》. 柯小卫. 四川教育出版社. 2012 年

《我的半生》. 陈鹤琴. 上海三联书店. 2014 年